品格學堂20年

證嚴上人開示

人生的希望工程

釋證嚴

時間過得真快，今年已是慈青與教聯會二十周年。

「是日已過，命亦隨減」，過了一天就少了一天的生命；宏觀天下，災難偏多，天地告急，我們還能等嗎？天天都說「來不及」，所幸在這「來不及」中，看到慈青在長大，看到教聯會老師，退休後還承擔起教育志業；可見時間可以完成學業，也可以成就志業。所以，更要好好把握當下的每一分、每一秒。

慈青：謹守本分，勇於承擔

教聯會老師一生為教育付出，用「靜思語」教育學生，改變了許多行為偏差的學生；退休以後，還自掏腰包，為慈濟撒播愛的種子。過去二十年來，因為有你們的努力，才有今天的成果；未來二十年，就要看現在我們所做的。

當初在大學時加入慈青社的孩子們畢業後，已在社會上就業，都很有成就，發揮良能。不少慈青學長也受證慈誠、委員，承擔菩薩大招生的志業。

在慈濟裡，能一路精進走來的人，關鍵就在於是否照顧好這一念心。

曾有一位研究佛學的年輕人說：「聽法都能理解，可是碰到境界卻無法控制。」我問：「什麼境界讓你無法控制？」他說每次經過墓地，總是很恐懼，不知是什麼原因？我說：「因為心不正，所以滿心鬼影。」他想一想也對，是自己雜念妄想太多，心就無法照顧好。

佛陀要求在家弟子生活要有規律，起碼要持守五戒——不殺生、不偷盜、不邪淫、不妄語、不飲酒。守戒，能防非止惡，排除許多障礙和雜念；心正則邪不侵。希望慈青學長，都要好好謹守本分，調伏身心，啟發愛心。在幸福中要知福、惜福，最重要的是多造福；用心用愛付出，走入人群行菩薩道，才能福慧雙修。

天下事總是天下人要承擔。雖然挑責任很辛苦，不過「能受天磨方鐵漢，不經磨練是庸才」，來人間一趟，不要浪費生命的價值，要勇敢擔負起天下事。看到年輕一代紛紛出來承擔，這是讓我最安慰的。

教師：自我改變，樹立典範

此外，教育的靈魂在人文。教育若沒有人文為內涵，就等於一個人沒有靈魂一樣；教育的人文，就要從老師樹立典範開始。

也許有些老師覺得教書很簡單：按時間上下課，孩子的作業拿來批改，對了就給分，錯了就扣分，就盡了老師的責任。可是，慈濟的教學理念卻不是這樣；在慈濟，沒有教不好的學生，只有不用心的老師。

老師的言行都是學生的模範，尤其是小學生，就像一張白紙，老師的身教、言教，都看在學生眼裡，進入心裡；所以，老師們想把孩子教得好，一定要先做孩子的典範。

學有德，教也要有德。德，來自於內修、外行；內心真正用心吸收，富有學養，然後很誠懇地教給孩子，這就是無形的德；有德，自然孩子不必太費心教，就能信服教導，歡喜力行。

對學生而言，重要的就是「學」——是學好，不是學壞。所謂「隨心所欲」，不是我想要什麼就有什麼；也不是只要我喜歡，沒有什麼不可以。人世間很多價值觀是學來的，所謂「差之毫釐，失之千里」；因此，心念，的確要很用心照顧好，哪怕只是少許的惡，都不能學。

教育是人生的大工程，是人生的希望。人的希望在於「學」，老師很用心、用愛，盡責任、盡使命，無非是要引導孩子有明確的人生方向。

希望大家要多用心，好好把握時間，能做的要盡量付出，才不會空過人生。

序一

山水有清音——慈濟教聯慈青二十年

王端正（慈濟基金會副總執行長）

大家都在感嘆「師道不尊」、「老師難為」；大家也在抱怨「教育失敗」、「學生難教」，究竟是「師道不尊」，還是「學生難教」？是「教育失敗」，還是「老師難為」，一時之間，大家也都說不清楚了。

「師道不尊」與「學生難教」，其實是一體兩面，但究竟是先有「學生難教」，才演變成「師道不尊」呢？還是先「師道不尊」，才演變成「學生難教」呢？確實是千絲萬縷，「剪不斷，理還亂」，不僅說不清，也難理得清。

但有一點可以大致清楚的是：「師道不尊」與「學生難教」兩者互為因果，都是「你中有我，我中有你」，也就是果中有因，因中有果；因成熟為果，果又變成另一個因，因又成果，如此因果循環，交織成一個巨大而複雜的網絡，讓人乍看起來眼花撩亂，不知何者是「因」，何者是「果」，事實上，兩者都可能是因，也都可能是果。

誠如韓愈在《師說》裡所說的：「古之學者必有師。師者，所以傳道、授業、解惑也。」雖然是短短的一句話，其中卻包含許多的微言大義。因為時空變異與社會變遷，現在我們對這句話，或許在認知上，有所同異；在詮釋上，有所差別，但不論如何，「古之學者必有師」這個概念，時不分古今，地不分南北，仍然被接受，還是被認同。

仔細讀完《師說》這篇文章，每個人的感受與感動各有不同，其中最能觸動我心的是那句：「師道之不傳也久矣！欲人之無惑也難矣！」的感嘆語。我常想，唐朝不是中國難得一見的盛世嗎？怎麼韓愈會有「師道之不傳也久矣！」的喟嘆呢？盛唐不是當時世界的超級文明強國，各國都爭相派遣唐使前來朝聖取經嗎？怎麼身為大唐高級官僚與知識分子的韓愈，還說：「欲人之無惑也，難矣！」的這樣既無力，又無奈的話呢？難道一千多年前大唐社會發生了什麼事？大唐盛世果真是虛有其表，浪得虛名？當時的社會風氣果真出了嚴重問題？

沒錯，任何一個時代，任何一個社會，都會有那個時代的弊端與隱憂，即便是大唐盛世也不例外。這就是為什麼「世風日下，人心不古」這句話，歷朝歷代，都被引用，而且歷久不衰的原因。現在，許多人也在大嘆「世風日下，人心不古」；也發出

「師道不傳也久矣！欲人之無惑也難矣！」的嘆息。但這些嘆息，嚴格地說，並不是「無病呻吟」，也不是「無風起浪」，而是我們現在要面對的教育問題，確實比過去嚴重得多，複雜得多，「師道之不傳」的憂慮性，確實要比過去更讓人擔心得多。

嘆息僅是一種表達感觸的方式，但如果不能將嘆息的憂慮，化為一股強而有力的改革行動，到頭來嘆息還是嘆息，問題還是問題，不僅於事無補，問題會更越發不可收拾。

二十年前，一群認同慈濟理念，受證嚴上人《靜思語》高度啟發的老師們，開始醒悟了，開始自覺了，開始凝聚起來了，他們把《靜思語》的人生錦囊與處世智慧，融入教學當中，試圖用來找回不傳已久的「師道」，彼此分享實施「靜思語教學」的方法與成果，「不傳」的師道找回來了，「不尊」的師道也就逐漸回溫了。正確的路紮定了，堅實的信心握穩了，他們更進一步成立了「慈濟教師聯誼會」，集眾人之智慧，群策群力，研發了「靜思語教學」教材、教法，擴大了「靜思語教學」的穿透力與影響力。

匆匆二十年過去了，「慈濟教師聯誼會」的老師們，回憶過往慈濟教聯會的草創與推動「靜思語教學」點點滴滴的陳年往事，一股甜中帶苦，苦盡回甘的情懷油然而生。當年不計毀譽，堅持理想的傻勁，猶讓人津津樂道。

「教聯會」一心心念念所想要找回的師道，想要實現的理想，不僅止於知識的傳授上，更在品德的形塑上，生活的輔導上與人文的涵養上。他們認為：一個盡責的老師還有比傳道、授業與解惑更重要的，那就是：自己必須劍及履及，以身作則，成為學生品德與生活修煉的「模」；人文與氣質涵養的「範」。他們認知到：「師道」，不僅止於「言教」而已，更在於「身教」，只有「言教」與「身教」徹底「合體」，「師道」才能重新歸位，功力大增；只有老師扮演好「模」與「範」的教化角色，老師的尊嚴，才能再受肯定，備受尊寵。

「師道之不傳」與「師道之不尊」，互為因果；「老師難為」與「學生難教」，互為表裡，師生儼然是一個生命共同體，榮者共榮，枯者同枯。今天教育之所以受詬病，不純然是老師的問題，也不純然是學生的問題，而是師與生、學校與家庭，教育政策與社會風氣等因素互為影響，相互交錯所形成的所謂「共業」。如果「師不師」就不能怪「生不生」；如果「朝不朝」，就不能怪「野不野」，但不管如何，師者，典範也。典範受尊重了，權威被樹立了，學識的傳承才會有規範；人格的養成才會有標竿。

孟子說：「富歲子弟多賴，凶歲子弟多暴，非天之降才爾殊也，其所以陷溺其心者然也。」環境能成就一個人，也可以毀滅一個人，並不是天生資質與才能有所不同，而是在於個人的心性是否照顧得好、建設得好；是否能把持得住，自己的心性不受外在物欲的引誘而沉淪。為了協助學生建設好心靈，調適好心性，老師「模」與「範」的引導，就顯得至關緊要，當然，年輕人的自我惕勵與覺醒是關鍵。

就在「慈濟教師聯誼會」成立的同一年，「慈濟大專青年聯誼會」也正式宣告成立了。但有別於「慈濟教聯會」欲尋回久已不傳的「師道」與「師尊」，「慈青聯誼會」的成立是源於青年人的自覺與熱忱。因為他們的熱忱，所以願意貢獻一己之力，義無反顧地走入人群，服務社會；因為他們對人生價值的自覺，所以更增添了他們正知正見的熱忱，在自覺與熱忱的相互激盪下，「慈濟大專青年聯誼會」從剛開始的涓涓細流，到現在逐漸形成的壯闊的巨流，他們的良能越來越顯著，他們的影響力也越來越擴大。我們真的很期待「慈青」的澄化作用，能夠進一步引發現代青年的自覺風潮，對淨化人心，祥和社會，產生一股「莫之能禦」的力量。

「慈濟教師聯誼會」與「慈濟大專青年聯誼會」已成立二十年。由曾裕真老師等人策劃的《品格學堂二十年》——教聯與慈青二十年專書即將正式出版。有幸當年曾參與其中，並一路見證他們從播種、發芽、成長到茁壯的慘澹經營過程，那種「堅苦卓絕，永不放棄」的作為與精神，令人動容。這是當前臺灣教育最需要的清流與典範，只要熱忱不息，只要典範永在，我們就有理由：「不信師道喚不回，不信年輕人的豪情難發揮。」專書出版在即，奉曾裕真老師之命，樂於為之序。

序二

青青子衿　悠悠我心

王本榮（慈濟大學校長）

一九九二年是慈濟教育志業很殊勝的一年。五月三十一日，「佛教慈濟大專青年聯誼會」（以下簡稱慈青）於慈濟臺北分會正式啟航；七月二十三日「慈濟教師聯誼會」（以下簡稱教聯）於花蓮正式成立。

在古代，青色的衣衿是讀書人穿的衣服。「青青子衿，悠悠我心」是源於《詩經．鄭風》中的〈子衿〉篇，青青的是你的衣領，悠悠的是我心中的思念；描寫的是一位少女惦念著埋首讀書情人的心情。曹操的〈短歌行〉引述這兩句話卻有完全不同的意涵，表達著這位亂世英雄對於賢能之士的渴慕之意。在慶賀慈青與教聯成立二十周年的紀念專書中，我也以這兩句話為題，則是讚歎著傳承法脈、弘揚宗門，一路走來，始終如一，慈青莘莘學子的求道之志與教聯煌煌師表的傳道之心。

教育也者，教而化之，育而成之，是國家的百年大計，也是人類的希望工程。邁入二十一世紀，全球化與資訊化的加速進程，不但影響地域的平衡，改變了世界的面貌，也不斷衝擊著傳統的價值與人類的生活。生產刺激消費、供給創造需求的經濟模式；價格凌駕價值，利害超越倫理的社會風氣；恃強凌弱，重利輕義的國際與人間關係；資本流通，交通便捷的時代變化。種種關係的連動，造成了欲望的空前解放，經濟的相對剝削，疾病的全球蔓延，環境的加速破壞，在在都使人類的文明與生存面臨最嚴苛的考驗。

新時代的青年所面對的是知識經濟的時代，迎接的是資訊革命與全球性的競爭，必須具備有全球性的視野，終身學習與主動求知的能力。在瞬息萬變，複雜多元的社會形態中，更需要有淨化自我的修持與奉獻利他的精神，才能安身立命，進而成為社會國家的中堅，地球優質的公民。

「慈青悲智行，聯誼啟慧根」是慈青成立的宗旨，將慈濟精神導入校園，讓青年透過道德的修持與實踐，體認生命的意義，確立人生的理想。目前全臺各大專校院已有一百二十四所學校成立慈青社。

更在一九九七年六月二十一日，在慈青慈懿會負責人呂芳川師兄，慈濟大學的「國之三公」劉佑星教授、曾漢榮教授及范德鑫教授協助下，在慈濟臺北分會舉辦了第一次慈青學長回娘家活動。證嚴上人正式宣布成立「慈青學長會」，任務為輔導各地慈青社，以及培訓成為慈濟委員或慈誠。許多慈青學長也回到志業體服務，成為中堅主管與同仁。

上人以「慈悲喜捨清淨愛，教師宏願育英才」，勉勵教聯老師們以清淨的愛來搭建與學生溝通的橋梁，用感恩心來培養孩子健全的人格。老師在課堂諄諄教誨，傳授學識是為「經師」；上人期盼為人師者，更要做人間「導師」，以身作則，成為人品典範，潛移默化引導學生向上、向善。許多教聯老師深入校園，以靜思語及慈濟美善故事作為教材，已蔚成校園的一股春風、一股清流。在世界各地災難現場，教聯老師也深入災區，撫慰受創心靈，引導向上力量。

慈大在二〇〇九年十一月開始啟動「無毒有我」的教育宣導活動，我第一次震撼於教聯會老師的熱忱和力量。我們先在北、中、南、東辦了四場種子老師培訓。我告訴老師們，毒品氾濫與藥物濫用已是席捲全球的問題，成為全球的精神刺激革命。在臺灣同樣無孔不入，無處不在、黑白不分、大小通吃、上下其手、老少勿論地侵蝕社會每個角落、每個階層。吸毒不但造成個人的殘害，也會造成家庭的破碎，治安的惡化與愛滋的蔓延。

臺灣六萬名受刑人中，約有近一半是與煙毒罪犯相關。檢警追緝如同「夸父追日」，法官判刑如同「吳剛伐木」，醫療介入如同「玉兔搗藥」，財政投入如同「精衛填海」，其結果註定成效不彰。毒品的根本問題在教育，現在應是「仲尼走路（Johnnie Walker）」，教育要貢獻力量的時候。

教聯會老師不但學習精進，並研習彙編教材，深入社區、學校，配合大愛臺兩部感人肺腑、毒海重生的影片《逆子》、《破浪而出》，在全臺舉辦超過三千場教育宣導活動，逾四十萬人次參與，而這樣的推廣還在日日增長中。教聯會老師出錢出力，遍及海內外的反毒教育宣導，其成果和效率使政府機關自嘆弗如、敬佩有加。

謹祝福慈青與教聯二十歲生日快樂，慈濟教育之美善無處不在，無遠弗屆。

目錄

第三堂　他人之鏡，反觀自己

第四堂　走過921

第二堂

感恩「那些陪伴」

第三堂

回首「我的成長」

第四堂

發現「青年使命」

第五堂　守住「初發的心」

親子篇

教師篇

照片／慈濟基金會提供

第一堂

把老師的心找回來

計程車司機的故事

文／羅世明

一九九〇年臺灣光復節的傍晚，臺北街頭的秋意漸漸濃了起來，街燈在黃昏中亮起，陳美羿和郭馨心，還有郭馨心的妹妹淑媛，這三位老師才剛剛從長安東路的慈濟文化中心走出來；三個人還沉浸在剛剛聚會的話題裡，你一言我一語，七嘴八舌興奮得停不下來，沒有一個人認真在看著路走，更無視於天色的轉暗，要不是陳美羿家中還有一個聚會得趕過去，她們真的可以就這樣，站在街頭，天長地久地一直聊下去……

這一天，其實是陳美羿邀約了四、五十位的老師，一起到慈濟文化中心聚會，讓老師們分享彼此在慈濟裡成長的心得。

陳美羿之所以舉辦這場聚會，是因為不久前，在她主持的慈濟「筆耕隊」的聚會裡，張淑純分享剛進入校園時，深受不公平待遇，資深老師把事情全都推給她做，最後她竟然還被學校「留級」——全校擔任國小一年級的導師們，只有她沒有升上去教二年級。

張淑純說：「幸好，後來遇到一位家長，他是慈濟志工陳金海。」陳金海引導她體會「多做多得」的道理；體會到教師原來是一份難得的天職，能當孩子的貴人更是一種福報。張淑純的心路歷程，深深打動在場的每一個人。「一個不快樂的老師，怎麼可能教出快樂的學生呢？」那天晚上，在陳美羿的心中，生起了要把散布在各處，參加慈濟的教師們共聚一堂，分享慈濟經驗、彼此打氣的念頭。

馬路旁，這三個人信手招來一部計程車，簡單向司機說明要前往汐止之後，在後座又繼續聊著，話題總不外乎──「慈濟需要老師的力量，老師更需要慈濟的精神」。

突然間，只見司機很不高興地轉過頭來問：「妳們都是老師嗎？」原本熱鬧的氣氛倏然靜止下來，三個人愣愣地回答：「是啊！」沒想到計程車司機立刻又補上：「我最討厭老師了，今天真是倒楣，載到了三個老師。」隨著憤怒的話語剛落，司機的動作突然加大，每次轉彎都用力地甩尾，坐在後面的三個人幾乎都快摔成一團……陳美羿鼓起勇氣反問司機：「您為什麼會那麼不喜歡老師呢？」

「老師沒有一個是好東西！我的小學老師，只要成績不好就打人，我就是從小被老師打到大的……最後還把我留級。」司機一輩子對老師的怨恨，此刻全寫在臉上。

「當然啦！不可能每一個老師都是很好的，但不可否認也有很多很好的老師啊！」郭馨心試圖打圓場。

「哼！老師沒有一個是好人，我兒子的老師自己也在玩股票！」

陳美羿對司機那尖銳的反應，很能理解；當時臺灣的社會風氣丕變，股市狂飆萬點，「大家樂」的賭博遊戲更是盛行，玩股票、看明牌，成了全民運動，純樸的人民開始努力向「錢」看。因此，陳美羿只能在內心苦笑了一下，暗忖：「路程還遠，總不能這樣從頭挨罵到尾吧？」陳美羿決定試著轉換一個話題，開始問司機有沒有聽過「慈濟」，她耐心地向司機解釋：「花蓮有一位師父，發心蓋醫院不收保證金，救助苦難眾生……」

「好像在電視上有看過。」司機的表情開始有點緩和，三個人打鐵趁熱，趕緊把手上的《慈濟》月刊、錄音帶通通拿出來送給司機。

「妳們當老師的也學佛？那倒是很難得。」司機冷不防又說出這麼一句，陳美

陳美羿（右）和郭馨心搭計程車的經驗，讓她們加快了推動慈濟教師聯誼的腳步。照片／郭馨心提供

羿心中不免嘀咕了一下：「什麼叫做『很難得』？難道老師都是這麼沒有愛心嗎？」

耐住性子，陳美羿繼續告訴司機最近她們在教課之餘，也去當慈濟志工，幫助窮苦人家，也從這些窮苦人家的生活中，體會到自己的幸福……說著說著，司機的表情愈來愈柔和，當計程車終於停到家門口的時候，司機突然冒出一句話：「今天好榮幸載到妳們三位老師。」那天計程車司機堅持不肯收車錢，三位老師將車錢捐給了慈濟。

這段經歷讓陳美羿印象深刻，她相信那位計程車司機一定是個菩薩，適時出現帶給她刺激，激勵她在心中暗自發願，一定要透過聯誼分享，把慈濟教師帶動起來，改變很多人對老師的印象，也讓社會上減少像這位司機一樣，在不正當教育態度下受傷一輩子的學生！

從那天之後，陳美羿更加積極舉辦慈濟茶會，她不辭辛勞奔波全臺分享她個人成長的心得，鼓勵老師們加入慈濟的行列，組織定期的教師聯誼聚會，帶動各地慈濟教師飛快地成長。

一九九二年七月二十三日，「慈濟教師聯誼會」正式在花蓮召開成立大會，從開始推動，不到兩年的時間，就有來自全臺灣一千多位教師參加。二十年後更是開枝展葉，蔚然成林，成員遍及海內外……

囚車裡的那雙手

文／郭素霞、羅世明

一輛押解犯人的囚車從警察局前開了出來，正好和開車經過的尤振卿錯身而過，他本能地把行車速度放慢，打算讓囚車先過去……突然間，他看見囚車裡伸出了一雙手，從他眼前閃過，一陣尖銳的哭喊聲直竄入他的耳裡：「尤老師——尤老師——尤老師再見！」

尤振卿震驚地往車裡看去，一位少年戴著手銬的雙手急切敲打著窗沿，一張稚氣的臉隱藏在車內，「那不是我曾經教過，而且引以為榮的好學生嗎？」尤振卿驚愕地回不過神。

車行漸遠，尤振卿還兀自愣在那裡，不知如何面對周遭路人的目光；這位在屏東大同國小赫赫有名，以明師自居的「尤老師」，此時內心的感覺，卻只有「羞愧難當」四個字。

那一夜，尤振卿輾轉難眠，歷經了從事教職以來，人生最大的挫敗。

他不斷地捫心自問「嚴師出高徒」這句話是不是錯了？他一直認為「教不嚴，師之惰」，只有讓學生愈怕他，才會愈認真讀書，曾經有學生被帶到他的辦公桌前，就嚇得尿褲子，學生們在私底下都喊他——「希特勒」，他不以為意，因為他可以理直氣壯地對任何人說：「我所做的一切都是為學生好。」

「我的教育到底哪裡錯了？為什麼會教出一個犯罪的學生？」尤振卿百思不得其解，直到一九八九年，慈濟志工黃寶慶送給他一份《慈濟道侶》刊物，文章裡一句證嚴法師的話——「要改變別人之前，先改變自己。」猶如當頭棒喝，從因車伸出的那雙手的影像再度浮現眼前，他情不自禁地問自己：「我如果不能親身力行、以身作則，要怎麼教導學生？又怎麼能教出真正的好學生？」

他決心改掉自己的壞脾氣，有的學生看著他的改變，竊竊私語：「『希特勒』怎麼變得好假？」尤振卿不為所動，他相信證嚴法師說的——「假久也會變成真。」

隔年，慈濟志工潘蓮花邀請他到慈濟屏東分會，那天，分會牆上懸掛的一幅幅「格言」，不斷吸引他的目光，「天助我也！」尤振卿暗自歡喜著：「這些『格言』拿來教學生多好啊！莫非是佛菩薩在指引我一條明路？」他拿出紙筆拚命抄寫那些字句，渾然忘我之際，潘蓮花的聲音在他身後響起：「不用抄啦！這些都是證嚴上人的『靜思語』，有結集出版的。」

尤振卿才恍然大悟，原來自己平日從《慈濟道侶》抄錄下來的好話，就是證嚴法師的「靜思語」。尤振卿決定轉換自己對「好學生」的觀念，以「人格教育」作為教學的根本。那一年暑假，他開始編輯「好話教學」教案，有計劃地將「靜思語」融入下學年「生活與倫理」課程中。

為了提升學生的興趣，尤振卿將「靜思語」編寫成符合學生真實活動的劇本，以布袋戲、相聲、數來寶、話劇等方式交互呈現，有時候學生也會將自己的故事套入靜思語，即興演出；漸漸地，背地裡「希特勒」的稱呼逐漸隱退，取而代之的是布袋戲裡慈眉善目的「老聖公」，當他經過教室走廊，聽到學生窸窸窣窣地喊著「老聖公──尤老師──老聖公！」他都會假裝沒聽到，卻忍不住微笑。

從一九八九到一九九九年這十年的時間，尤振卿不曾停止「好話教學」。有一天，當他帶著學生到校門口打掃，一位排班的計程車司機突然間走過來，從口袋裡掏出一千元，要他買糖果給小朋友吃，那位司機說：「老師，您這班學生真的很乖，每

退休後的尤振卿，仍四處演講推動靜思語教學。攝影／施玉惠

一天看到我都會打招呼，讓我很歡喜。」

就在他為學生喝采的當下，他卻中風了，百般不願地從教職退休下來，但他仍然堅持以志工的身分，應邀分享「靜思語」教學，二〇〇二年更遠赴美國與加拿大示範教學；他從不擔心自己的身體負荷不了，只希望善盡生命，讓囚車裡的那雙手不再上演。

一場美麗的相遇

文／陳怡伶、沈國蘭

「曾經在一本刊物上讀到某位記者的自述：『……記者經常揭露黑暗，卻往往無力點燃光明。』」蕭春梅笑著提起二十多年前的前塵往事，省思自己過去站在教育工作的第一線，不僅無力點燃學生內在的光明，更帶著孤僻、陰霾的習性走上講台，愛發脾氣、好鑽牛角尖，用這種態度想把學生教好，卻常常做出錯誤的身教。

加入慈濟之後，有一次教師聯誼聚會，陳美羿老師臨時有事無法趕來，臨危授命下由她代為主持，為了表現慈濟人一貫的親切笑臉，那一天她「卯盡全力」地讓自己一直笑著撐完全場。沒想到回去之後，臉部兩頰的肌肉卻足足痠了一個星期。

「別人的笑是自然的，我的笑卻是硬裝出來的，可見我真的從來不懂得笑。」然而，就是從學習慈濟人一個簡單的微笑開始，漸漸讓她走進了光明之路，並且和學生家長林淑真，共同在她任教的天母國小，創造出一片愛的天地。

「來來！大家來拾寶！拾出您心中良善的珍寶！」聚會中，陳美羿總是這樣親切地招呼大家。

一九九〇年二月，蕭春梅邀約林淑真，一起參加陳美羿成立的慈濟筆耕隊。

每次陳美羿都會手抄一份「拾寶」，內容都是聖賢格言或座右銘一類的句子，用來勉勵大家，其中最多的就是證嚴上人的靜思語。同時陳美羿還會安排慈濟志工現身說法，以志工在慈濟投入訪視、扶貧等等的感動，啟發大家用文筆呈現慈濟之美。

每次筆耕隊聚會，感動留存於心中，久久不散。蕭春梅和林淑真常會在晚餐之後，拿起話筒，將深刻難忘的感受與體會，相互分享。

「淑真，我要學習改變自己……」深夜裡，兩人的熱線再度接上。蕭春梅不知道擁有兩位優秀兒子的林淑真，正打算等兒子上大學就與先生離婚。婚姻經營不善，夫妻早已形同陌路，硬撐出來冷峻高傲的外表下，包藏著一具行屍走肉的靈魂。而在筆耕隊認領撰寫慈濟委員故事中，林淑真從中了悟凡事必有因緣，決定改變自己。

「憎恨對方，真的有讓自己過得更好嗎？」「拾寶」裡面上人的一句話：「原諒別人就是善待自己。」讓林淑真苦思良久，最後她毅然主動找先生，除卻沉默凝結的氣氛，開誠懇談：「不論你的想法如何，我都決心改變自己。」沒想到她的誠意，意外地讓冰凍的婚姻，從此消融。

「拾寶」讓林淑真觀照到了她那顆讓先生無法接受、頑強剛硬的鐵石心腸。受益於「拾寶」，蕭春梅邀約林淑真一起進入校園推廣慈濟精神，兩人同時發願：春梅將好話帶進班級；淑真進入學校擔任導護、在輔導室輔導學童課業，並且參加媽媽教室，要將上人的「好話」帶給家長和社區。兩人個性一靜、一動，相輔相成地在天母國小推動她們所感受到的慈濟精神。

學笑的蕭春梅，開始將「拾寶」改為好話，一日一則抄給孩子，還利用「生活與倫理」課的導師時間說故事。沒想到短短時間就見到了成效。一位學生寫著：「我最喜歡的好話，就是『勿輕己能，不要小看自己』。因為我在聽到這句好話之前，常常以為自己很笨，考試總是考不好，乾脆死了，一了百了算了。我想，如果這句好話被那些想自殺的大哥哥大姊姊聽到的話，可能也會打消自殺的念頭吧！」

眼看學生們的心態和氣質有了轉變，蕭春梅恍然悟出：「不是學生強硬，是我們還沒學會柔軟。」

「拾寶」裡上人的一言一句慢慢敲入她的心裡。「教育學生，先從教育自己開

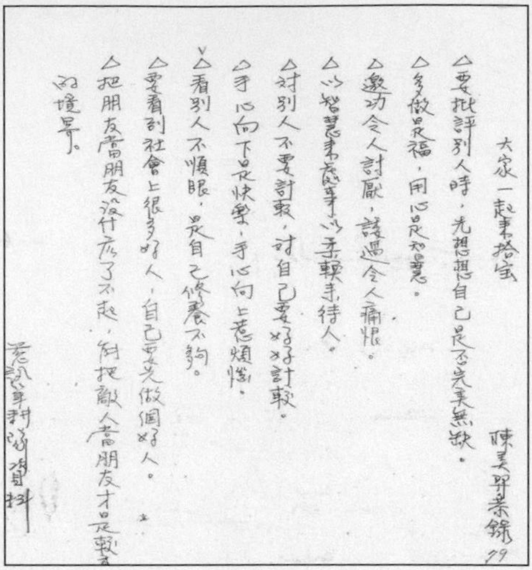
大家一起來拾寶　陳美羿集錄
△要批評別人時，先想想自己是否完美無缺。
△多做是福，用心是智慧。
△邀功令人討厭，諉過令人痛恨。
△以智慧來處事，以柔軟來待人。
△對別人不要計較，對自己要好好計較。
△手心向下是快樂，手心向上是煩惱。
△看別人不順眼，是自己修養不夠。
△要看到社會上很多好人，自己要先做個好人。
△把朋友當朋友沒什麼了不起，能把敵人當朋友才是較高的境界。
慈濟筆耕隊資料　99

陳美羿在筆耕隊提供給學員的「拾寶」好話，整理自證嚴上人開示法語。照片／蕭春梅提供

1999年8月蕭春梅帶領學生與家長在街頭為土耳其地震募款。照片／蕭春梅提供

始；要自救，才能救人。」蕭春梅頓悟，原來身教重於言教，要先改變的應該是自己。她從調和聲色做起，把音調放低、放輕，學習以幽默、撒嬌、讚賞的語辭來軟化學生和家長的心。

隨後她將好話融入教學的成果在筆耕隊作簡短分享。不久，陳美羿發起慈濟教師聯誼聚會，春梅和美羿商議，希望把教育工作者結合起來，共同腦力激盪。於是，號召全省一百五十餘位教師舉辦首次「學佛營」，以靜思好話交流為主，蕭春梅再度把學生及家長的回饋，提出來與大眾交流。

於是，透過教師茶會分享、各地教師

經驗交流，慈濟靜思語教學的輪廓逐漸成形。

另外，在愛心媽媽的帶動上，林淑真將在筆耕隊所受到的尊重感，如法泡製在每次的聚會中，為愛心媽媽們恭敬地奉茶，也從生活中的小細節去除我慢。她也經常影印上人的智慧語錄，或是《慈濟》月刊、《慈濟道侶》上的好文章與社區媽媽結緣。過程中她發現有不少和自己一樣，雖然家境富裕，心靈卻異常苦悶的社區媽媽，她試著分享自己的經驗，沒想到對她們產生莫大的幫助。

「慈濟的教化可以改變家庭的氣氛。」林淑真深刻體會到這一點，積極帶動這一群媽媽，一起來重建心靈、改造家庭。

林淑真熱心謙卑的服務態度，以及蕭春梅教學的成效，在學校裡面引發極大的迴響，令天母國小陳巧雲校長對慈濟印象深刻，決心予以大力支持。一九九〇年十二月二十六日，同意在校園內舉辦天母社區第一場慈濟茶會，志工現身說法慈濟助人的故事，獲得極大的好評。

隔年初，學校主辦「親職教育講座」，邀請慈濟委員紀陳月雲蒞臨分享，有多位家長反映慈濟志工平實切身的演說，扣人心弦。時任輔導主任的陳美麗，在受邀實地參訪花蓮靜思精舍後，恍然大悟：「原來輔導的精神就是慈濟精神。」於是，在春梅、淑真的協助下，一九九一年三月，灌注慈濟精神的「父母成長班」，在天母國小首創開班。

衝勁十足的林淑真，透過頻繁的社區慈濟茶會，邀請慈濟委員分享做志工的心得，就像她們在筆耕隊一樣，感動的效應不斷傳揚開來。隨著部分上國中的孩子，慈濟的「父母成長班」延伸至天母國中等鄰校開辦。不久，北區教聯會成立後，蕭春梅及林淑真同時成為士林、北投、淡水區的負責窗口。

二十年後，林淑真在社區耕耘的心願已經開枝散葉，蔚然成林，天母區慈濟幹部大多是當年成長班的學員；而蕭春梅一雙推動搖籃的手，也開啟了北區「靜思語教學」的源頭活水，一股清流從校園湧出，遍灑全球。

老師的法寶

文／薛燕春

用完午餐，與泓揚一起去執行午餐工作的盛傑，忽然全身溼答答地跑回來教室，呂美雲嚇了一跳，心想，到底發生什麼事？

盛傑不疾不徐笑笑地說：「美雲媽咪！泓揚剛才忽然吐了，他不小心吐在我身上，我已經自己洗過了。」

呂美雲想起過去，盛傑是個情緒障礙又過動的孩子，在學校常常情緒失控，生氣時會狂掃桌上所有的東西，和同學起爭執的情況層出不窮……

記得盛傑第一次發飆時，他狂掃桌上所有的東西，即使坐在鄰近座位的孩子，迅速地撿起被掃下的東西，仍停止不了盛傑瘋狂的動作。

呂美雲示意大家安靜，要孩子們對盛傑「沒有責怪只有祝福」，而她也在盛傑不斷的叫囂聲中，沉穩地繼續上課；她訓練孩子們用愛與關懷，安靜耐心地等待，並讓一個情緒障礙過動孩子受到公平對待。往後幾次，當盛傑脾氣一來又發飆時，面對這樣的風暴，「安靜祝福、沒有責怪」就成了孩子們彼此間最佳的默契。

「盛傑，讚！讚！讚！」每天的午休過後是呂美雲班上的「讚美時間」，孩子們發自內心的讚歎聲響徹全班，盛傑害羞地謝謝全班同學給的讚美，呂美雲微笑地掩飾自己心裡的激動；她相信孩子受到鼓勵、肯定，愈能展現才能，而且讓孩子公開接受讚美與感謝，不僅學習欣賞別人的好，更能引發孩子向善的心，有樣學樣，就能學出好榜樣。

從事教職以來，呂美雲對於「班級經營」很有方法，也成為家長間口耳相傳的名師。一九八九年呂美雲在《慈濟》月刊讀到證嚴上人法語，聽完慈濟出版的「悟」系列《童心映月》錄音帶，覺得自己和上人像是有很深的因緣，不知為何竟然久久無法言語，錄音帶的內容在她腦海裡不停地迴盪，坐在樓梯間，眼淚不停地流。

她發現原來在她的班級經營中，缺了最重要的一角，就是以好話教育小孩，那晚她告訴自己：「我也要在班上教導說好話，讓小朋友有所改變。」

一九九二年當慈濟志工陳昭和、陳也春、江淑清邀請呂美雲加入即將成立的「南區教聯會」，天生樂觀不怕多事的她毫不考慮就答應，同時也在她家裡的客廳開始了每個月的聚會討論，在各校園推動「靜思語」教學。

「人總要有點雞婆，稍微勇敢，不怕麻煩，堅持好事做到底。」呂美雲為剛要成立的南區教聯會寫出第一張邀請函，廣邀臺南、高雄、屏東等南部地區的老師們加入教聯會，從那時候起，每月的聚會呂美雲都會親自寫邀請函，並且每週寫「家書」給家長，二十年從未間斷。

在那個改革教育剛起步的年代，許多老師難以適從，加上認識慈濟的人並不多，「想發邀請函總要有對象吧！」呂美雲不斷想著：「這邀請函要送給誰呢？」呂美雲千思百想，熱情的她將邀請函送給全校老師，希望老師們都能接觸到慈濟的「靜思語」，發現它的好。

「發什麼發！」啪！呂美雲的邀請函被同校的張老師重重地摔在桌上，怒吼聲劃過辦公室，這時呂美雲剛好踏進辦公室，一位年輕的老師趕緊將她拉到一旁：「張老師好生氣，說妳為什麼在學校發慈濟的邀請函？教什麼靜思語？還將宗教帶到校園裡來。」因為宗教信仰不同，引發同校老師的質疑和反彈，但呂美雲並沒有因為這樣而停止，她仍堅持每個月把邀請函送到張老師手上。

呂美雲設計許多創意課程，讓教學更豐富，並提起學生學習的樂趣。
照片／呂美雲提供

幾年過去了，有一次張老師教到呂美雲帶的班級，因為精神不好無法專心講課，孩子們卻沒有任何一句抱怨，反而善解人意地在下課時間，跑去抱抱老師，鞠躬感恩老師，讓張老師終於了解靜思語教導孩子的是真、善、美的生活教育。

一個晴朗的午後，張老師朝著呂美雲迎面而來，她一開口就說：「美雲，妳真是個好人！」當從來不誇獎人的張老師說出這句話時，呂美雲感動不已，她永遠記得當時張老師臉上感恩的笑意。

呂美雲起初只是在自己班上推動靜思語教學和班級經營，後來她體會到若是只有自己的班級經營得好，影響到的只有一個班級，於是身為學年主任的她帶動學年老師策劃學年活動，將靜思語融入活動中，並編輯學年會訊《愛在春風裡》，透過家書的方式，把愛傳出去。

班級經營的成績獲得莊敬國小五任校長的肯定，呂美雲透過視訊、活動中心大課堂、歌聲傳情……策劃全校節日活動，讓孩子們學習體貼關懷，在將近一百班的大型學校裡，師生、同事情感綿密，校園氣氛溫馨、祥和。

漸漸地，呂美雲將品德教育融入班級經營的成果，在教育界傳開，引起廣大的迴響，愈來愈多的老師願意加入慈濟教聯會參與「靜思語」教學，同時，高屏區教聯會總幹事陳昭和也帶著當時的高雄市教育局長到花蓮參加營隊，親自了解慈濟的教育理念，並在高雄靜思堂（當時的慈濟高雄新會所）舉辦高雄市校長、老師「靜思語」研習營。

「我一定要把妳推出去參加師鐸獎，妳沒參加，學校還有人敢去嗎？」原本一直覺得不需要去參加的呂美雲，因為張老師這句話的激將法，只好趕緊整理資料送出去。呂美雲的教學成效卓著，在高雄教育界獲得好評，一如眾人所預期，二〇〇八年呂美雲很順利地獲頒教育最高榮譽——師鐸獎。得獎的榮耀，並未在呂美雲心中停留太久，她最關心的還是如何做出真正有益孩子的教育。

為了配合教學觀摩，呂美雲訓練學生成為「解說小天使」，讓孩子做教室的主人，負責解說班上的各項活動，孩子們表現得落落大方，童言童語謙恭有禮，往往贏得觀摩來賓的滿堂采。

在創意設計裡，當孩子自認有冤屈時，「判官請了」就成了申冤的管道，呂美雲以民主的方式，讓孩子們寫下投訴書，利用週會時開庭，由同學來公斷，她常常告訴孩子：「忙人無是非，是非就在轉念間。」有趣的是判官法庭的案子愈來愈少，孩子學會了體諒，不再動不動就告狀，呂美雲教導孩子們「原諒別人就是善待自己」。

「幸福小孩、快樂老師」是呂美雲努力前進的方向，她體悟到一隻手可以牽起更多手與更多的家庭。雖然她因為子宮內膜異位症無法生育，但她不覺得自己的生命是有缺憾的，她將每個孩子都當成自己的寶貝來疼愛，孩子純真毫不掩飾的回饋，是她生命中最大的資糧。

「噹——」學校鐘聲響起，呂美雲走進教室，她並沒有急著站上講臺，而是走到每個孩子身旁，給他們每一個人「愛的抱抱」，這個舉動，不知是何時開始的，她也從不想停止。

象腿老師的新生

文／徐淑靜

　　一群學生在教室的走廊上追逐嬉戲，看到沈聯珠抱著作業簿迎面走來，學生們故意繞到她的背後，學著她走路的樣子，沈聯珠因為慢性腎臟病發炎，身軀腫脹，尤其是一雙異常水腫而沉重的腿，走起路來就像大象般笨重吃力，當她感覺背後有異狀時，回頭一看，學生們早已哄堂四散，離去時仍不忘大喊：「象腿老師！」

　　沈聯珠氣得想追過去罵人，無奈「象腿」依舊沉重不堪，只得繼續慢步走到車棚，準備騎上摩托車，突然發現輪胎已經被刺破，她的心也再度洩了氣，夏日的夕陽仍然悶熱，她就像老牛拖車般氣喘吁吁地推著摩托車走了好長的一段路，好不容易來到摩托車店，補好輪胎，卻還是發不動，經過老闆仔細檢查，才發現連油箱也被惡意地灌了水……接踵而來的打擊，讓她心灰意冷到了極點。

　　這件事經過學校調查，發現原來是她班上幾個調皮同學做的，這些學生雖然事後被懲處，但學生不聽教導、不守規矩的情形卻愈來愈嚴重，就像瘟疫般在同學間擴散開來，每天上班成了沈聯珠急著想逃脫的夢魘……

「承瀚，你在哪裡？」一次的戶外教學活動，班上的承瀚竟然不見了，她沒命地尋找，校長和其他的老師也趕來幫忙，一群人漫無目的沿著溪邊、水溝旁或小路搜尋，從白天到黑夜，眾人聲嘶力竭地呼喊，仍然不見承瀚的蹤影；直到晚上八點多，有一位老師聯絡上承瀚的家長，才知道孩子早已經回到家裡了，沈聯珠心中的大石放了下來，眼淚也掉了下來。

那晚她整夜沒睡，一早來到校長室，她對校長說：「是我沒有盡責把學生帶好，才給您惹了那麼大的麻煩，還登上新聞版面，真是對不起！」她深深吸了口氣，哽咽地說：「我恐怕沒有能力，來帶這些孩子……」

校長正想安慰她，就看到承瀚的爸爸一臉歉意帶著孩子來到校長室，承瀚低著頭囁嚅地說：「老師，對不起！我不該惡作劇，故意躲起來，後來出來的時候，找不到大家，很害怕，所以就跟著別人上車……」校長極力慰留沈聯珠不要辭去老師的工作，雖然承瀚的事情暫時告一段落，但心中的陰霾仍壓得她喘不過氣。

她努力想替自己的痛苦尋找出路，知道民本電台有「慈濟世界」的廣播節目，她開始每天收聽，發現在聽「慈濟世界」的時光，是她心情最平靜的時候，雖然和學生的關係沒有太大的改善……有一次她從廣播中聽到證嚴法師談教育，她拉高了耳朵仔細聽著，「……天下沒有教不好的學生，只有失職的父母和老師……」從收音機傳來的話語讓沈聯珠整個人愣住了，她問自己：「我是失職的老師嗎？」

突然間，她明白學生反抗自己的原因了，原來在她的心中，學生只有兩種，一種是「好學生」；一種是「壞學生」，她用成績好壞來「標籤」學生……那天的她，羞愧得無法直視學生，她決定改變想法，也改變上課的方式。

她開始在每天第一堂課時，和學生分享一句「靜思語」，再搭配講述一個真實的動人故事，無精打彩的學生總會被故事吸引住，原本吵吵鬧鬧的教室就會變得安靜許多，她每天去教書的心情愈來愈好，她發現慈濟教師聯誼會設計的「靜思語」教學方式非常好用，更勤於向身邊教聯會的老師們討教。

在一次親師座談會時，沈聯珠提議將孩子們聽完故事後的省思，以及家長的回饋印製成「靜思小天地」與「班刊」，家長們欣然接受；只是開始編印之後，她才知道這不是一件容易的事，熱心的家長看到她每天辛苦教學，下課後還要熬夜編寫刊物，

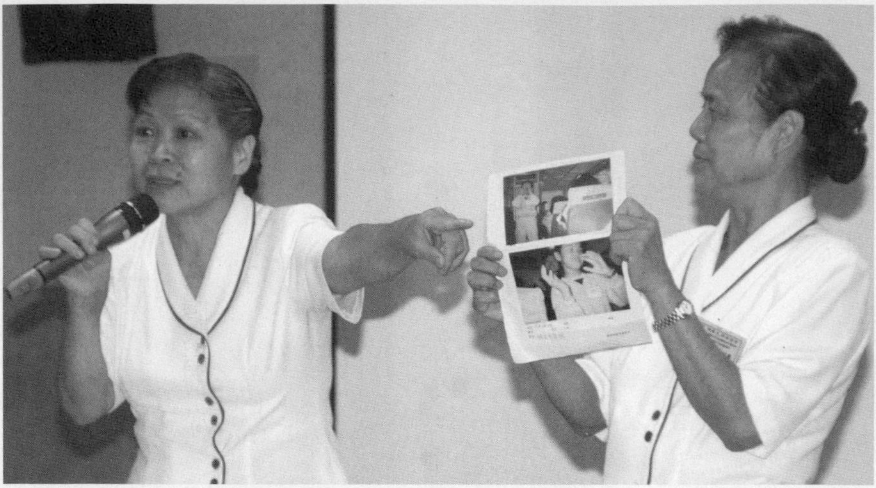

靜思語教學研習營，沈聯珠（左)分享靜思語教學經驗。
攝影／詹秀芳

於是主動地分攤了收集資料、策劃、編輯、打字、美編等工作，連家長都跟著熬夜趕工，奇蹟似的，這「土法煉鋼」的「靜思小天地」、「班刊」總是能順利準時出版。

每天一句靜思好話，一個真實的動人故事，引導孩子去自我反省。無形中孩子的品德提升，也間接影響家長的心念。靜思語教學不僅在學校頗獲好評，更成了老師、學生與家長間最佳的溝通橋樑。

「若有慈濟好做，免呷（吃）、免睏（睡），嘛嘸要緊（都不要緊）。」凌晨兩點多，丈夫半夜醒來，見沈聯珠仍未上床睡覺，語帶調侃地關心她。

「我是尚早睏欸！（我是最早睡的）」為了帶動靜思語教學，沈聯珠挖空心思設計教案，經常忘我地忙到三更半夜，對丈夫的關心，也總以幽默回應。

有一次，桃園縣教育局吳卓勳主任督學和駐區林逸青督學親自到建國國小視察，沈聯珠當場向他們示範「靜思語」教學法，並展示教學成果作品及相關資料，兩位長官詳細翻閱一個多鐘頭……她有些忐忑不安，沒想到她竟在當場獲頒「教學優良績優獎」據說這個獎項是他們在視察時，若發現有特殊教學表現優異者才當面頒發的。

教了這麼多年的書，沈聯珠未曾受過如此的榮譽，當她接過這張獎狀時，雙手不停顫抖。吳卓勳臨走時還告訴她，已指示校長全力推展靜思語教學法，並同意將「靜思語教學」列為各校老師們的研習課程及認證時數。

為了推廣靜思語教學，沈聯珠採主動出擊的方式，利用課餘時間跑遍縣內十三個鄉鎮的國中、小學，到各校舉辦靜思語教學座談會或經驗分享，有時候甚至一週連續跑了三、四個學校。十五年來，她帶動出桃園縣一千四百多位老師，開始運用靜思語教學。夏日的天空藍得耀眼，沈聯珠順手拿起早已泛黃的四年三班《愛的新芽》專刊，看見一句自己寫在上面的靜思語──「把樹根照顧好，枝葉果實自然茂盛。」她不自覺笑了起來，自言自語地說：「我這個曾經飽受學生嘲弄、教學失敗的『象腿』老師，現在的心靈可是像白雲一樣輕柔喔！」

阿公的一巴掌

文／陳淑貞、潘俞臻

當大愛劇場《那一年鳳凰花開時》一上檔，畢業後分散各地的學生，不約而同地打來祝賀的電話，讓王貴美接到手軟，心中卻也相當歡喜！

王貴美從小就立志當老師，也始終做個「乖乖牌」的學生，沒想到長大後當了老師，遇到一群頻頻「出招」的高職生，三不五時丟來好多「考題」考驗她，她曾經就被考倒過，獨自在辦公室裡哭得唏哩嘩啦。

「王老師都在做好事，怎麼這麼『歹運』教到這一班？」當年，同事一句不經意的話，在她內心起了一分「慚愧心」，因為已經加入慈濟的她，猶記上人說：「要用媽媽的心去愛普天下的孩子，用菩薩的智慧來教導自己的孩子。」但到底要用什麼法子呢？一直以來都是乖學生的她，百思不得其解……

在王貴美加入慈濟時，還沒有《靜思語》這本書，慈濟出版的書很少，錄音帶也不多。曾經有志工從花蓮回到臺南後，向組內的志工們分享一句：「上人說：『多

臺南慈濟中學人文室主任王貴美，帶領學生前往杉林園區擔任一日志工。攝影／吳芳姿

做多得，少做多失。』」這句話慢慢地傳開了，那時候不管遇到什麼境界，許多志工都會拿這句話來互相勉勵，覺得很受用。

漸漸地，上人說的「好話」愈來愈多，譬如「不要做牙籤尖尖，兩頭都會去戳人」、「一個杯子不要看缺角，要去看它圓的地方」……在各級學校，漸漸有少數老師在校園內推廣這些好話。

王貴美是其中一位，剛開始推動靜思語時，有《慈濟道侶》半月刊、《慈濟》月刊等資料，所以她就在任教的班級裡，每一班都放一份，希望透過裡面的故事去引導學生，更希望他們能夠付出行動。

接著，王貴美經常在訪視回來後，整理

個案病苦、「心」苦等故事，再與學生們分享。當她在描述個案的時候，從學生們傾斜著身子、專注的眼神中，發現他們是興致盎然的，這些故事不但可以啟發學生，還深入到學生們的內心。

早期推動靜思語時，還沒有豐富的教材，王貴美想用一些故事來佐證，必須靠自己去蒐集。除了個案故事、生活中的所見所聞，甚至連報紙上的新聞事件也是題材的來源，她常說：「看報紙不是為自己看，而是為了找一些可以影響孩子的題材，去引導孩子。」

某次剛開學時，她在黑板上寫下：「掃地、掃地、掃心地，不掃心地空掃地。」孩子們一邊掃地一邊唸，覺得很有趣，接著每天更換一句不同的靜思語，像「甘願做，歡喜受」、「要自愛，才會人見人愛」……不只教會了學生，還「教會」了班上任課的老師。

這些老師對靜思語既喜愛又期待，在還沒有踏進教室之前，就先想：「今天黑板上不知道又寫了哪一句？」因為靜思語曾經轉變了他們的心念，所以覺得它很受用，也有其他班級的孩子追著王貴美問：「老師！老師！您有什麼靜思語供我們做參考？

我們要用來做班上的標語。」

「其實靜思語是滿生活化的東西，會拿它來教孩子，也是因為自己先受用了！」王貴美認為，平常就要把靜思語放在心裡做「儲糧」，當境界來時才能夠把它實踐出來。若是有人講出負面或不太正向的話，她也會用靜思語來幫他們「轉、轉、轉」，轉到心中生起正念為止。

曾經在某個學期剛開學時，王貴美以「抽籤」方式分配學生們的掃地工作，其中有位學生特別不喜歡倒垃圾，卻偏偏抽中「倒垃圾」，因此覺得很不開心。可是過了幾天後，這位學生卻漸漸轉變了念頭：「中午剛吃飽飯，出去走一走，消化、消化也不錯！」並且得出一個結論：「想要這個機會，還不是每個人都有的呢！」靜思語的妙用就在這裡，把不好的事情轉念，變成好的事情。

除了分享靜思語，王貴美還帶著學生們到老人院關懷阿公阿嬤。在某次的關懷活動中，她看到一位學生，拿著一支尼龍材質的掃把，在水溝旁邊一直拚命地刷、刷、刷，王貴美問：「怎麼了？」這位學生說：「老師！我好不容易找到一個『工作』！」因為好不容易才找到一件可以讓他定下心來做的事，所以顯得特別賣力。

接著，王貴美陪著班上的男同學進到阿公的浴室裡。其中有一位平常不太愛說話的阿公，他的手不是很靈光，那一天不知怎麼回事，「啪！」一個巴掌打在男同學的臉頰上，那男同學當場愣了一下，而在一旁的王貴美也愣住了，「怎麼會這樣？」

學生們當作什麼事都沒發生，仍繼續手上的服務工作。在幫阿公們洗澡的同時，天氣很冷，學生們都說：「阿公！忍耐一下，很冷喔！忍耐一下，我們很快就會幫您洗好了。」

事後，王貴美問那位被打的男同學：「你以後還要不要來幫阿公洗澡？」他毫不猶豫地回答：「要！」這回答讓她好感動！因為在家裡，如果父母多唸他幾句，或阿公、阿嬤多唸他幾句，他可能就受不了了，更何況眼前是位非親非故的老人家？「原諒別人，就是善待自己」、「理直要氣和，得理要饒人」，原來這位男同學已經背熟了這兩句靜思語，並且身體力行，很自然地表現出來。

除了課本上的知識，王貴美相信這些真正能夠進到孩子內心的靜思語，才是可以讓孩子一輩子帶著走的「禮物」。有一次，有位阿公在做復健時，鼻涕和口水直滴下來，隨侍在側的一位男同學看到了，馬上用衛生紙很輕柔地幫阿公擦乾淨。王貴美被這一幕深深感動，心想：「有多少人能夠做到這樣？」但這些學生在與人互動時，所表現出的那分體貼，令她非常讚歎。

「教靜思語不是當作一句好話來教，而是在他真正遇到境界來的時候，是不是用得上？那才是最重要的。」王貴美平常在引導孩子的時候，無不都是讓他們轉念：「因為靜思語是讓每個人從不同的角度去看待事情，其中如果有一句拿來受用了，它就是妙法。」

「我的媳婦是您的學生呢！」聽到學生的婆婆說這話時，很是得意的樣子，令王貴美感到相當欣慰。畢業前，她送給每位學生《靜思小語》當作「嫁妝」，期待的是學生畢業後不管走到哪裡，都人見人愛，在每個需要他們的地方發揮良能。

書局裡的靜思語

文／張麗雲

一九九〇年的某一天，洪妙禎像往常一樣，送女兒去學琴後，順路到附近的書店看書。一踏進書店，赫然看到靠近門口的書架上，一張海報明顯地寫著：「本週排行書榜——《靜思語》：證嚴法師著」，她感到很好奇，心想：「我看了那麼多林清玄的佛學著作，怎麼從來都沒聽過《靜思語》這本書？」

她好奇地隨意翻看——「要用心來轉境，不要讓心被境轉」、「生氣是短暫的發瘋」……發人省思的幾句話，鮮明地在她眼前跳躍著。她繼續一頁一頁地翻，「有意思！有意思！這就是『靜思語』喔！很白話，可是說得很有道理呢！」她一面咀嚼著每一句話，一面喃喃自語，懷著振奮的心情，將書買下。

「我明天到學校，就選一句讓孩子抄在聯絡簿上，讓他們帶回去跟家長分享，太棒了！」她愈看愈歡喜，滿心期待明日趕快到來，盡快跟孩子分享。

「不過……證嚴法師？」在回家的路上，邊騎著車，邊想著書本封面寫的「法師」而感到很納悶：「我聽過人家說『師父』，卻從未聽過『法師』？臺中民權路……好，我下次去他們廟裡看看，至少還可以請本《大悲咒》回來。」她很喜歡《大悲咒》，一心想著到證嚴法師的「廟宇」去請本《大悲咒》。

「小朋友，老師今天抄一句很棒的話給你們喔！」隔天，下課時間已快到，老師照例要讓孩子們抄聯絡簿，洪妙禎總覺得心情特別好，「咦？我今天好像還沒生氣過耶？」

一直以來，她求好心切，凡事都要求完美。不論是寫作業，或是清潔比賽，都很嚴格地要求學生做到最好，一旦不如她意，必定以棍子伺候，孩子雖然被管怕了，但痛一下也就過了，隔幾天，壞習慣又照犯，有時候洪妙禎也會感到很無力，內心很悵惘。

「『生氣是短暫的發瘋』，你們跟著我唸一遍。」她話一說完，有的孩子已在竊竊私語，偷偷地笑著。

「你們笑什麼？有什麼好笑的？」

「……」沒有孩子敢回答。洪妙禎像平日上課一樣，有點命令似地要孩子們趕快抄，收拾起書包，排隊放學了。

「不要吵！」同學們鬧哄哄地，洪妙禎習慣性地喊了一聲，猛一抬頭，一群孩子正注視著她。

她立即將臉轉回黑板上，「生氣是短暫的發瘋」耀然地掛在眼前……

「好了，好了，對不起，你們要乖乖排隊，不要惹老師生氣。」

還有一次，一位學生沒做好作業，還有點吊兒啷當，她看了很生氣，氣一上來，順手就拿起講桌旁的棍子，並要這孩子到講臺前。只見這位學生不慌不忙地走了過來，洪妙禎想：「奇怪了，今天這孩子變啦！竟然一點也不怕我打他的樣子！」

這位學生一走近，劈頭就說：「老師，您不是說『君子量大，小人氣大』？」剎那間，她像是被電到，頓了一秒鐘，回神一想：「對啊，這不是我每天在對孩子說的話嗎？怎麼自己卻沒做到呢？」心裡這麼一想，怒氣便消了，她改以柔聲地勸孩子回去補寫作業，有問題再問同學或問她。

這時，洪妙禎發現，「靜思語」已慢慢印入孩子的心，對她自己也很受用，可以隨時提醒自己的行為。

「我應該來跟其他老師推廣。」有了這個想法後，她找來了班上的科任老師盧春安。她向盧春安表示自己很喜歡這位「法師」，很想捐錢「添油香」。

「他每講完一章節經文，就會說一句：『凡事要多用心啊！』我去臺中分會買了六卷他的《靜思晨語》和四卷其他的錄音帶，一個下午就聽完了，非常歡喜，連晚飯都沒煮給婆婆和老公吃呢！」盧春安看她那麼嚮往，就介紹一位在學校當大愛媽媽的慈濟委員陳淑敏與她認識。

認識陳淑敏的第二個月，洪妙禎應邀搭乘慈濟列車前往花蓮靜思精舍參訪。在車上，也是慈濟委員的鄭秀雲老師分享，精舍常住師父們自力更生、刻苦克難的生活點滴，讓她很震撼。回來後，積極地投入募款，隔年（一九九一年）即受證，成為上人的座下弟子。

受證後，心中總感覺有一股強有力的聲音在敦促著：「我應該邀請更多的老師來投入。」當時，陳美羿老師也在北區發起教聯會。洪妙禎與中區總幹事劉阿照商量，希望邀請更多老師來參加教聯會，得到她的大力支持後，於是她和盧春安等幾位老師，每個星期六中午一下課，便騎著機車直奔當時還是日式房子的臺中分會會所，討論如何接引老師。

「盧老師，快幫忙想想看，我們要如何帶老師們共修啊？」當時，並沒有一定的共修模式，洪妙禎很擔心好不容易邀到的老師，會因為學不到東西，而不再來。

「不然……我們先帶大家禮拜《法華經序》，然後心得分享《靜思語》，如何？」腦中閃過一點頭緒，她問問在座幾位的意見。

「太好了！那我們就先這樣做做看。」老師們分享在班上推靜思語的心得，讓其他老師也可以學著做。每週末輪流分享，一個邀一個，希望愈來愈多老師參加。

可是一段時間後，來過的老師並不一定會繼續來，洪妙禎又急了。「這樣也不是辦法，不如……對啊，我們是不是來辦一次研習營？」

「對！老師的求知欲都很強，辦專業研習也許有用！」於是大夥兒集思廣益，辦了中區第一次由教聯會發起的「輔導知能研習營」，由洪妙禎負責規劃課程，邀請不同領域的專業教授來分享，並在課程中加入兩、三堂慈濟人文課程。

她向救國團商借場地，謝西洋老師製作一份明信片大小的邀請卡，上面印著密

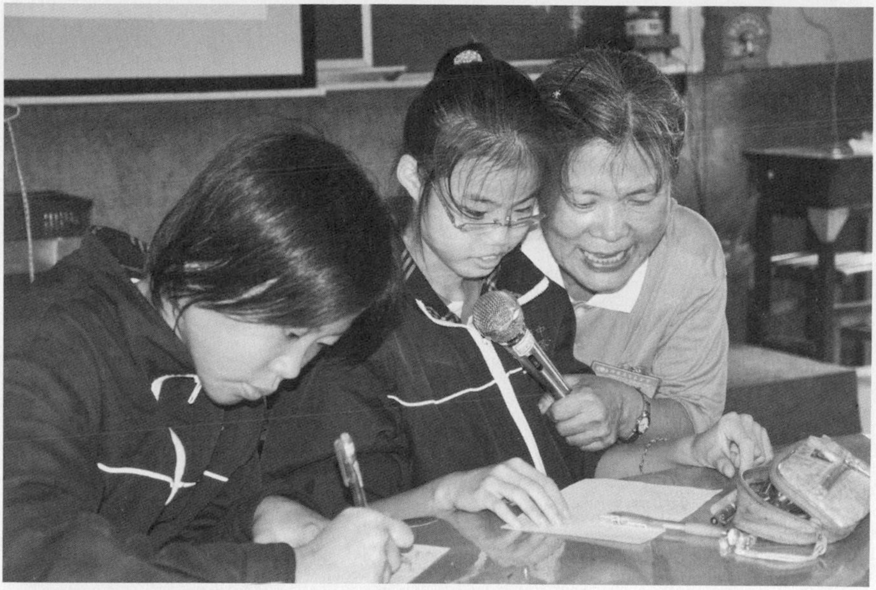

臺中向上國中慈少班活動，洪妙禎邀請同學分享心得。
攝影／簡鴻海

密麻麻的課程內容，讓老師們邀請學校的老師，或由志工們到自己孩子的學校去邀請。最後總共來了六十幾位老師，大家的信心因此大增。

有了第一次辦大型活動的效果和經驗，洪妙禎想積極規劃一次戶外活動。當年，因為半年多沒下雨，大甲溪上游的溪流已出現乾涸，由於教自然科對環境的敏感度，她覺得應該種樹救水源，所以，想帶老師到大甲溪上游種樹。她聯絡大甲溪生態環境維護協會，請他們提供櫸木、樟木等三千顆樹苗，那天老師來了不少，並陸續加入教聯會。

「辦大型活動比較有效喔！」幾位老師非常興奮，妙禎也更有信心。中秋節剛過，民眾在石岡水壩附近賞月後遺留下的垃圾，堆積如山，洪妙禎計畫邀請老師們去淨山。

三部遊覽車載著老師，浩浩蕩蕩花了一個小時，撿了一百零一個大型黑色塑膠袋的垃圾，老師們都認為這次活動成果是一部撼動人心的生命教材，值得與學生分享。這也是後來促使洪妙禎積極在學校推廣環保的契機。

為了接引更多的老師，她的心思都花在如何辦更多的活動，其中雖曾碰到一些反對聲浪，讓她在夜裡哭了好幾回，還好有總幹事劉阿照的鼓勵，她才得以一步一步地往前邁進。

回首當年，一段從無到有的拓荒期，洪妙禎覺得受益最多的是自己，她希望能讓更多的老師運用上人的法來教育孩子。在接任慈濟中區教聯會總幹事後，她也帶領教聯會老師在九二一慈濟的援建學校裡，推廣「靜思語教學」長達一年，影響很多老師和校長積極投入慈濟，帶動中區教聯會第二波的成長。

攝影／林義堡

第二堂

靜思語開講

好話連篇

文／羅世明、沈昱儀

「當我們談好後，我就說這本書可以賣五十萬本到一百萬本，他們兩位同時哈哈哈大笑說：『何師兄，你是外行人，這是不能的啦！出版業如果能賣到兩萬本，就是暢銷書了！』」

二〇〇九年慈濟委員何國慶在「靜思智慧語 好話二十年」系列活動中，回想起二十年前，與慈濟基金會王端正副總執行長及前《中時晚報》社長，也是第一本《靜思語》主編的高信疆先生三人，一起討論發行證嚴上人《靜思語》一書，兩位出版界的前輩哈哈大笑的情景。

二十年後，何國慶開心地說：「還是我的看法對了！」

因為從證嚴上人智慧法語結集而成的《靜思語》，文字淺白，老少皆能朗朗上口，其中蘊藏著一輩子也學不完的人生道理；從生活的小細節，啟發生命的大智慧；從隨機問答中，點醒世俗的迷惑。《靜思語》讓無數人在徬徨時有了依靠、在昏暗裡發現明燈、在困頓中找到轉機。

《靜思語》迄今發行已超過三百四十五萬冊，包括中文、簡體中文、日文、韓文、印尼文、泰文、越南文、英文、西班牙文、法文、德文等十一種語言版本，證明了這種建立在人性真實需求上的價值，是一種普世的需求。

而在臺灣，《靜思語》發行的這一年，靜思語「好話」在學校教學上的價值，也開始被發現。屏東大同國小尤振卿老師，在這一年裡收到第一份《慈濟道侶》，他發現上面的「好話」，可以運用在學生的品格教學上。陳美羿老師也將上人的「好話」書寫成一張張的「拾寶」，提供給慈濟筆耕隊的學員省思，隔年北區天母國小蕭春梅老師加入筆耕隊，開始將「拾寶」裡的「好話」，運用在教學上。

於是「靜思語教學」出現了，並且隨著教學上的需求，「靜思語教學」的講義、出版品也慢慢出現，如尤振卿的《慈濟小菩薩班刊》、駱純美的「好話教案」、吳秀英的《春風化雨》、林慎的《諄諄教誨》等等。其中又以吳秀英老師的《春風化雨》最具影響力。

一九九三年吳秀英第一次聽到蕭春梅「靜思語教學」的分享，回去之後開始把靜思語分類融入教育部「生活與倫理」課程的中心德目裡，每日抄一句靜思語給學生省思。因為成效良好，她乾脆花一年的時間，整理出一本靜思語教學講義，取名《春風化雨》，提供給需要的老師運用，結果書一出版，大受歡迎。隨著她在全臺灣密集演講，座無虛席，這本書也跟著廣泛流傳，自己印製送人，加上他人拿到後翻印，整個流通量十分驚人，成千上萬位老師都受到這本教材的啟發。

此時，新竹有一對小學教師——呂素琴和古宏深，因為參加教聯會，社區的張美惠老師送了他們一本吳秀英編的《春風化雨》。有老師發現書中沒有故事輔助說明，不容易立即上手教學，請呂素琴幫忙。呂素琴自認是一位愛說故事的老師，估量自己腦海中至少有超過五百個故事，她打算用故事結合《春風化雨》書中的每一則靜思語，讓這本書在教學上更好用，於是先打電話給素未謀面的吳秀英；吳秀英很爽快答應讓她使用，並且把手邊的故事也一併提供給呂素琴，後來這本書就成了吳秀英和呂素琴共同著作的《妙語生華》。

那一年，臺北市建安國小的林肇音老師，帶著學生活潑動人的「靜思語圖畫」創作前去花蓮拜會上人。上人感受到孩子單純美好的心靈，告訴林肇音，希望教聯會可以舉辦教學成果展，讓大家藉由交流而有更創新的教學成效。

當時「靜思語教學」正如雨後春筍在校園啟動，補教界的陳乃裕老師這一年剛接任慈濟教聯會總幹事，眼見相關出版品不斷，眾多的教師在聽過演講分享後，開始嘗試教學，感受到「靜思語教學」未來的發展可期，他想要全力推動。

「何不辦成果展呢？」在一次的幹部會議上陳乃裕提出了他的想法，希望透過彼此交流觀摩，大家的教學能夠更進步。同時，他也想知道，到底有多少老師個別在做「靜思語教學」。

大家雖然支持陳乃裕的意見，但不免有人擔心：「大家都這麼客氣，會有人敢拿出來嗎？」

「只要你敢把作品拿出來，我們就找牆壁給你貼，沒有牆壁我們都會去借牆壁來。」陳乃裕以堅定的口氣回覆大家。

在陳乃裕堅定的意志下，一九九六年二月五至六日，第一次「靜思語教學成果展」在臺北分會開展。內容包括老師們研發的靜思語教材書、教學技巧與班級經營；還有學生的靜思語作文、書法、圖畫、漫畫、靜思語聯絡簿與親子作業；更有家長的迴響心得等都羅列其中，一張張成果海報貼滿了牆壁，連移動式的看板都用上了。幾次之後，參展的老師數量愈來愈多，展場更是換到有一千多坪大的汐止聯絡處。

在一連串的成果展中，發生了一件插曲，觸發了後來《大愛引航》這本書的編輯出版。有一次陳乃裕邀請臺北市教育局副局長單小琳來參觀，在她要離去的時候，突然好意地對陳乃裕說：「你們的靜思語教學，其實沒辦法登大雅之堂。」陳乃裕聽了思索了一下，卻無法回應什麼，畢竟對方也點出了一個事實，成果展只是每位老師的各自呈現，缺乏有系統的整合表現；但換個角度，陳乃裕心想：「另一個意思就是說，我們應該要往能夠登大雅之堂的方向去努力囉！既然是這樣，我們就照著教育部相關規章來編書嘛！」

於是陳乃裕向呂素琴、古宏深提出他的看法，正好呂素琴也感覺到，如果能依照教育部公版書籍的規定去編寫，就有機會獲得教育部核定為正式教材，讓更多孩子能夠接受到這樣的品格、生活教育，而且老師們也不必利用課外的時間來帶「靜思語教學」了。

不過，這構想在剛編好第一套「靜思語教學」教材，準備出版時就遇到了困難

每次的「靜思語教學成果展」，總是會吸引許多教師前來觀摩、學習。 攝影／林宜龍

──教育部編書的規定又有修改。陳乃裕和呂素琴感覺，這樣下去不是辦法，花錢、花時間，卻永遠趕不上教育部的變化。他們決定，要照自己的標準來編，把品質顧好，未來再尋求教育部事後的認可。

於是一個前所未有的「靜思語教學」編書計畫出現了，經過靜思語教學成果展的歷練，老師們不斷從別人的創意教學觀摩中，激盪出更多教學的想法，整體提升了大家「靜思語教學」的能力。陳乃裕覺得已經蘊釀了足夠的能量，來推動更大規模、更全面性整合的編書計畫。

這套事後由上人選定命名為「大愛引航」的靜思語教學教材，由呂素琴、古宏深擔任主編，整合「靜思語教學」老師各種創意的教材、方法，陳乃裕全力支持推動，協調全臺灣「靜思語教學」老師，一起投入共同研發教學、編輯出版。

《大愛引航》原始架構參考自《春風化雨》，每則靜思語再放入故事說明；另外，呂素琴也參考林肇音設計的學習單，以及活潑生動的教學方法，最後再綜合歸納成為：體驗、故事講述、省思、靜思（心得）、生活實踐等五個活動內容。

如此規劃，是希望在境教的實做「體驗」中，瞭解某一句靜思語的涵義；利用「故事」情節的內容，設計「省思」問題，引導學生反觀自己，藉由推理和判斷的過程，達到價值觀的澄清；然後藉由同儕領悟的「心得」，啟發學生，幫助他聯結起自己的經驗，找出如何將那句靜思語，正確「實踐」在日常生活中的方法。

這是一本為培養學生品德、人格教育而編的書。為了研發、蒐集這套教材的內容，《大愛引航》動員了兩百多位的老師，以一年的時間，分上、下學期採用這套模式試教，最後再整理試教成效卓著的內容，以及值得典藏的學生體驗「靜思（心得）」，放入書中。

一九九九年五月，這套集眾人智慧、人力，以嚴謹過程編輯完成的《大愛引航》一至六年級教材終於出版了，短短不到一個月的時間，就已售出了七千套，每套六本裝，共計四萬多本，堪稱為「靜思語教學」集大成經典之作。雖然迄今仍未能獲得教育部認可為正式教材，但卻被廣泛運用在慈濟教育團體——教聯會、社區親子班、兒童班、慈少班、大愛媽媽成長等各種教學、活動中，為社會的品格教育養成，提供一股源源不絕的動力。

媽媽老師的精力湯

文／陳淑貞、潘俞臻

「林老師！您家怎麼了，是開補習班喔？」

「沒有啦，是我把學校的孩子帶回家來啦！」

「哇！您真有『美國時間』（空閒時間）耶！」

每到假日，林金拔常常會帶學生到家裡來過夜，鄰居剛開始看到總覺得不可思議，但對林金拔來說，卻是非常自然的事，因為她早已把這群孩子當成自己的心肝寶貝，而且來家裡過夜，可不是來吃喝玩樂，反倒是孩子們生活教育的大驗收。

林金拔採男、女分梯，每週六位，讓每一位小孩都有輪到的機會。從進門脫鞋子、書包的擺放、自己洗餐盤、拖地……一點都不能馬虎，主要是驗收孩子本身生活的自理能力；即使來到老師家，該做的事情還是要做。六個人一起做功課、忙家事，陪老師散步，雖然是生活秩序的大驗收，但每個孩子都覺得「好享受」呢！

「會不會有人以為我們都是老師的孩子？」

「可是他們也會懷疑，這個老師怎麼生的？一下子生了六個一樣大小的孩子！」

孩子們和她在公園散步時交頭接耳的對話，讓她聽了啼笑皆非。說他們不是自己的孩子，事實上卻像自己的孩子一樣親。「老師心，媽媽的心」這也是林金拔從「靜思語」學到的道理。

一九九三年，當她第一次聽到那些「靜思語教學」老師們的分享，整顆心就被觸動了：「教書怎麼可以教得這麼快樂？可以把孩子帶得這麼好？」於是就許下一個願：「回到學校，我也要開始教『靜思語』。」

帶著兩本《靜思語》到學校，裡面簡短的話語，卻讓她覺得道理很深，「我怎麼有辦法教會孩子這些道理？」林金拔感到十分苦惱。後來，她才發現，自己必須先內化這些靜思語，才能用最簡單的方式，找到與生活、習性有關的聯結，然後再將靜思語帶進來；因為這些靜思語，不是拿來寫的，也不是拿來背的，而是必須落實在生活當中，和生活串聯在一起。

於是，為了教一句靜思語，她用心去找畫冊或故事書，有時候一些「新聞報導」，也兼具警惕與教育的意義，她也會拿來引用，甚至從小朋友平常生活中的一些偶發事件，富有教育意義的，也融入《靜思語》教材中。

剛開始，家長不免懷疑：「奇怪！課內的不上，上到課外去了？」甚至有些家長會說：「你們老師真囉嗦，今天要你拖地板，明天要你洗碗筷；今天要你搥背，明天要你說故事……」林金拔認為，雖然《靜思語》不是一門正式的課程，但它卻是孩子生活、品格教育非常重要的內涵。像「多做多得，少做多失」，就是鼓勵孩子要多做事，從做中去感受體會一些做人、做事的道理。

推動兩年之後，林金拔發現，過去她只曉得一成不變地要求學生，卻讓自己長年生活在緊張、不快樂的日子裡，惹來一身的病痛。現在她不再把孩子的成績擺在第一，而把他們的生活自理能力和歡笑聲，當作自己最大的成就。現在孩子的進步，不再是老師故意安排、逼迫的結果，而是來自他們自發的努力，尤其讓她感到欣慰的是，從教學生活中獲得快樂，身體也恢復了健康。

從教室內貼滿「榮譽榜」可以看出，孩子們現在個個是「做事高手」、「貼心小天使」、「微笑小天使」，教室裡充滿了歡笑聲，宛如快樂的小天堂。從獲得「榮譽榜」的孩子中再選出「榮譽小天使」，可享有到老師家住一晚的資格。孩子們都很努

每次學生到家中住宿，學習生活自理，也是林金拔老師的創意教學。攝影／林炎煌

力爭取這項榮譽，也會用心做好每一件該做的事情。

常聽上人說：「沒有教不會的孩子，只有找不到方法的老師跟父母。」林金拔深信這句話，更以「老師心，媽媽的心」，走入孩子的世界，帶動他們一起成長。

在一次志工早會上，林金拔聽到上人呼籲：「當老師的，雖然平常在學校沒有時間去做好事，但是要做好事就是『在工作中做好事』。」這一番話，讓她想起自己班上的阿山。阿山出身在一個單親家庭，跟著爸爸一起住。爸爸不管他們的生活，每天就是放五十元在桌上，給他和姊姊買早餐。如果哪一天爸爸忘了放，那麼阿山和姊姊就只好餓肚子上學了。

只要看到阿山哪天又沒早餐吃，林金拔心裡就很難過。聽完上人開示後，她決定要幫阿山解決有一餐沒一餐的問題。

「阿山，以後你的早餐不用在家裡吃，到學校來，老師幫你準備。」

隔天，林金拔從家裡帶來早餐和她親手打製的果菜汁精力湯，端到阿山面前。突如其來的早餐，吸引全班小朋友的注意，當他們知道這是老師特別為阿山準備的早餐時，大家開始喧鬧了起來，七嘴八舌地向林金拔抱怨：「老師！我們也要喝！」

「好！好！好！」聽到孩子們純真的話語，林金拔當下便答應了。有些孩子早餐是帶來了，卻因為下課貪玩，顧不得用餐，一個上午下來，沒吃的早餐就擱在桌上，往往一不小心就被打翻，弄得滿地都是，這時，當老師的就必須拿拖把處理善後，也是很麻煩的事！

所以她乾脆向全班四十幾個孩子宣布，以後每天上課，她會幫大家準備果菜汁，孩子們歡聲雷動。

這件差事答應下來，說不累是騙人的。剛開始提供精力湯的時候，林金拔還抓不到廚門，每天早上五點就得起床，開始洗菜、整理水果，打汁，然後再一罐罐裝起來，前前後後差不多要忙上兩個小時，直到七點多，東西整理好才能去上課。

有時候因為慈濟活動實在太多，晚上開完會結束時已很晚，深怕隔天太累會爬不起來，讓她壓力很大。有一次真的受不了，決定偷懶一次，沒想到隔天到學校，學生就跑來說：「老師！我今天還沒喝果菜汁！」被學生這麼一問，她羞愧得差點答不出話來，只能說：「對不起！我昨天太累了，沒辦法打果菜汁。」

自從那次以後，她就不敢再偷懶了。因為林金拔明瞭，如果老師自己本身沒有說到做到，將來要怎麼跟孩子講道理呢？因此，往後如果知道晚上有會要開，她總會在下課回來就先把果菜洗乾淨、整理好，隔天一早只要切塊就可以直接打汁了。

透過持續不斷提供果菜汁給孩子的過程，林金拔也跟孩子們培養出一分濃得化不開的情感，讓大家都覺得上課好開心！而「老師的精力湯」從第一杯開始到最後一杯，竟也持續了十一年之久，直到她退休才停止。

退休前一天，林金拔和學生話別。孩子們問她：

「新老師是哪一位？」

「我會請校長找一位比我更好的老師。」

「不可能啦！除非校長能請到師公上人，來當我們的老師。」學生萬分捨不得老師離開。

雖然臨別前，師生有不准哭的約定，但說著說著，大家的心緒還是忍不住潰堤，「不管了！」全班乾脆關上所有的門窗，一齊哭個過癮……

動力火車頭

文／張明玲

一九九二年歲末，強烈大陸冷氣團籠罩，寒意陣陣逼人，萬家燈火吹起熄燈號後，大地一片沉寂，此時人們早已進入夢鄉，駱純美卻還在挑燈夜戰。

她目不轉睛地盯著電腦螢幕，生疏地操作著這有如另一個世界的產物，緊閉的唇瓣間透顯著專注，強忍睡意的臉龐掩不住優雅氣質，儘管敲鍵盤的速度緩慢，但她深信：只要繼續堅持不懈，桌子另一端的列表機，定能和她熾熱的心窩接通頻率，印出一份「好話教學」教案。

隔天一早，駱純美神采奕奕地走進校園，臉上全然沒有留下熬夜的痕跡。上「生活與倫理」課時，她對著班上四十個學生說：「我是你們的老師，老師也有一位老師，我們稱他上人……」

「老師，那我們要叫您的老師什麼？」國小二年級的學生天真地提問，引起全班竊竊私語：「老師的老師，好酷喔！」

「你們要稱呼他師公上人，在你們看不到的地方，師公帶著很多好人，默默在做許多感人的好事。你們也要期許自己做一個手心向下，幫助別人的人。」駱純美看著學生們似懂非懂的神情，轉身在黑板上寫下給孩子們的第一句靜思好話：「普天下沒有我不愛的人。」

寫畢，她以說故事的方式，講述了蘇聯解體，外蒙經濟困頓，許多外蒙的孩子在零下四十度的冰天雪地裡，飢寒交迫，不是凍死就是餓死，亟需各界伸出援手。

「你們雖然還小，但可以省下零用錢，少吃一個漢堡，少買一瓶飲料，將愛心化為行動……」

「老師，他們好可憐，我有一隻豬公撲滿……」

「老師，我可以捐漫畫書給他們看嗎？」

「老師，以後我不要再喝可樂了，這些錢就可以救他們……」

同學們你一言、我一語紛紛搶著發言。這次名為「小朋友來救小朋友」的活動，除了孩子們愛心如流，學生家長也熱烈參與，親師生同心協力，初次體驗到助人的美好滋味，無形中也啟發了大家的慈悲心。

自此，駱純美體會到實施好話教學，受益最多的其實是自己。一九七九年初執教鞭，她就一直抱持著，「孩子怕我，表示我善盡職責，夠嚴格。」在嚴格的教學方針下，學生學科成績表現優異，但高壓手段下的孩子，並未發自內心遵守常規，只因害怕受處罰而表面聽話，一旦老師不在教室，秩序便一團混亂。

這次的成果，讓駱純美更加堅定推廣靜思語的決心。一九九一年暑假，初次見到證嚴上人，看到上人單薄的身軀，心裡惦念的、口中開示的，卻都是「如何去援助苦難眾生」，駱純美深刻感受到上人肩頭上的千斤重擔：「這些事不應該由上人一人來承擔！」她發願要幫助上人。一九九三年，慈善、醫療、教育、人文四大志業正推展到教育志業，於是，林雅美及紀靜暘推薦由駱純美及陳乃裕共同推動教聯會。

好東西與好朋友分享，正符合駱純美的個性，何況，推廣靜思語等同傳達上人的法語，何樂而不為？因此，她將在慈濟的所見所聞，以及和學生分享靜思語視為自己的責任。她每天請孩子在聯絡簿上抄一句靜思好話。

「小朋友，今天的靜思好話是，『心美看什麼都順眼』，老師來講一個老榮民與胖媽媽的故事……」

駱純美的創意靜思語教學，帶給學生無數快樂、美好的回憶。照片／駱純美提供

駱純美說，有位老榮民娶了不聰明的胖太太，大家以為他會很無奈，沒想到榮民每天都很歡喜，逢人就說：「我太太有很多優點，既不會和我吵架又不會亂花錢，讓我有個溫暖的家……」

說完，她鼓勵孩子主動去發掘別人的優點，「小朋友，回去後，想一想你的兄弟姊妹有哪些優點，將它寫下來，發現一項優點可以得到十分……」

「老師，我妹妹很討人厭，她沒有優點，我要怎麼寫？」這個學生的媽媽曾向駱純美抱怨，孩子在家常與妹妹爭吵不休，搞得雞犬不寧。

駱純美笑了笑，要大家將黑板上的好話「心美看什麼都美」大聲再唸一遍。隔天上課，沒想到這個學生搶先要求分享，「我妹妹會自己洗澡、洗臉、刷牙，媽媽累了，她會幫媽媽捶背……」他一口氣說了十五項，最後，還露出自信的神情說道：「妹妹有這麼多的優點，我好喜歡她喔！」

從這一天起，班上有了「優點轟炸時間」，大家選出一位優點寶寶，同學輪流說出他的優點，當大家將同學的優點「轟炸」出來時，大夥兒的感情愈來愈好，「善解、包容」的心也漸漸被啟發。

親師生的轉變，經過口耳相傳、交流分享，學校的老師如獲至寶，爭相要求索取「好話教學」教案的電子檔。向來不藏私的駱純美，甚至深入他校宣導，將她的心得與經驗毫無保留地分享給周遭的人。一場又一場的教師茶會、教師讀書會、教師學佛營及教師訪視之旅，在駱純美的帶動下如火如荼地展開。

這一天，駱純美帶領「五常國小靜思吟唱隊」的學生浩浩蕩蕩遠赴花蓮表演，回到臺北天色已暗，確定孩子都已安全回家，才放心地拖著疲憊的身軀繼續挑燈夜戰；她熟練地敲著鍵盤，睡眼惺忪的臉龐依然掩不住優雅氣質。深夜，桌子另一端的列表機再度嘎嘎作響，送出一份「教聯會關懷瑞芳感恩戶之旅」的企劃書。

駱純美就如同動力火車頭，又將帶領大家投入另一趟沒有終點站的旅程……

老師，不准考試！

文／蔡翠容

身材嬌小的李美金仰著頭在黑板上寫著自己的名字——李美金，粉筆摩擦黑板發出「嘰——嘰——」的聲音，她轉過身說：「各位同學，暑假結束了，我是你們五、六年級的導師……」李美金放下手中的粉筆，看著講臺下萬頭鑽動、交頭接耳的學生，她笑了一下，這樣的「考驗」對她而言，已不是第一次了。

「比較高的同學往後面排。」朝會時間，李美金站在隊伍的前頭，叮嚀學生們依身材高矮整隊；隊伍的後端，她看到一個身材高壯的學生，雙眼注視著她，並舉起右手在頭頂上比畫了一下，再往前指著她，隨後把手掌往下壓，一臉挑釁的神情……李美金明白學生的動作，她露出無比燦爛的笑容，也以手勢指著自己的頭，她的神情清楚地傳達給學生——「要比我這裡。」

幾個月過去了，這個新班級沒有特別脫序的行為，時光就在孩子們朗朗的讀書聲與嬉鬧聲中，一天天地過去，她覺得自己彷彿天生就是當老師的料。

「各位同學，大家要開始學背課文。同學兩人一組，明天互相考試，兩個人都要會背，才算通過；沒有通過的話，通過的人要留下來，陪同組同學背到會。」臨下課前，李美金叮嚀學生們要將國語課文背誦牢記。

「為什麼要背？教育部有規定要背書嗎？我不要背！」教室後方傳來不悅的喊叫聲，她循聲看過去，「又是張旗！」李美金有些不悅，覺得這個學生有點「難搞」。「因為我兒子讀國中時要背很多科目，很辛苦，你們現在開始練習背，以後讀國中才會輕鬆。」李美金望著張旗，試圖耐心地解釋著。

張旗不愛唸書，但是如果通不過背書這一關，同組的同學就要跟著他留下來「陪背」，他對於這種「連坐」的方式很不能認同，但是為了不要拖累同學，他痛苦地考了三次才通過這一關，但是不滿的情緒已經高漲。

這一天，國樂比賽合奏練習結束，回到教室上課，李美金對全班宣布要進行複習考試，為即將到來的月考做準備。「不可以考！」張旗馬上大喊，他選擇拒絕考試，竟然還離開了教室……

「你的椅子沒有收進桌子底下，進來收好。」李美金氣得吼他。

張旗走回教室，用力地讓椅子「叩」一聲地靠著桌子，隨即走向李美金大聲地嘶喊：「做老師有什麼了不起？說要考就可以考？考什麼考，考個『屁』！」

「啪——」李美金舉起右手，重重地落在這個個頭比自己還高的孩子的臉頰上，她怒不可遏地說：「我要替你的父母教訓你；替你的祖宗八代教訓你；替中華民國教訓你，你這麼沒有禮貌……」一向備受家人寵愛的張旗，不可置信老師居然打他一個耳光，深感委屈地嚎啕大哭；李美金以顫抖的聲音對他說：「老師不應該打你，打你是老師不對，但是，我要讓你知道這樣的行為是不應該的，要你永遠記得。」李美金並要他打電話請父母到校，她要當面向家長致歉，她也向校長報告，會為此事負責。

隔日早，張旗與媽媽在教室裡等候。「老師，我是特地帶張旗來道歉的。」任職於教育部的張媽媽，要孩子當面向老師道歉，接著說：「老師，妳愛他才會教他。」

因為教學認真，李美金總是被派任為資優生的班導師，然而聰明的學生總是有令人意想不到的行為與想法，每每考驗著她的耐心與智慧，她期許自己能夠加強孩子們的品格教育，因為她知道「成績」不代表一切。

一九九五年，過完暑假，孩子們升上六年級，那天學生都感到老師似乎心情特別

李美金完全融入與孩童互動的情景。攝影／蔡宗發

好，她站上講臺，連珠炮似地說：「昨天老師去參加一個茶會，我有得到很多寶物，你們想不想知道？」原來李美金參加了慈濟志工舉辦的茶會，在茶會中她翻閱了一本記錄慈濟志工吳秀英老師將證嚴法師「靜思語」用來教學的書——《春風化雨》，她深受感動，第二天便迫不及待要和學生分享。

「『口說好話如口吐蓮花，口說壞話如口吐毒蛇。』我覺得這句話很好；因為，我們班有很多人喜歡取笑別人。」教資優班的李美金知道孩子們競爭心重，喜歡比較、計較，而時常口出惡言；當她讀了靜思語如獲至寶，也就此展開了在班上的靜思語教學。

「老師，張旗今天吐了三條毒蛇。」上課

時，學生舉手向老師「告狀」，張旗承認自己的錯誤後，依老師的指示將所說的「毒蛇」一條列下來，並向同學道歉；「老師把你的『毒蛇』放在抽屜裡，看你還會不會再說這樣的壞話。」張旗揮動著雙手直嚷著：「不會了。」後來，張旗經常走到她身旁輕聲地說：「得理要饒人，理直要氣和。」

畢業典禮這一天，張旗拿著一束紫色鬱金香，跑到李美金面前說：「阿母，這束花送您。」

「為什麼叫我阿母？」李美金很是驚訝。

「您說一日為師，終生為父；那您是『母』的，所以叫您『阿母』。」逗趣的對話，讓一旁的師生及家長都笑了起來。

送走這一屆的學生，緊接著又是一群同年齡的孩子們，接受李美金的諄諄教導。

總有家長打電話到學校，問起校長：「為什麼李美金老師教的學生，回到家來都會洗碗、做家事、會講好話？怎麼學靜思語的孩子，都很乖？我孩子的班上可不可以也教『靜思語』？」

校長也只能回應：「靜思語是老師自願教的，學校不能強迫老師啊！」而私下校長也會拜託李美金幫忙推廣、鼓勵學校老師們進行靜思語教學。自一九九八年至今，敦化國小每週都透過校內的「兒童電視」播講「靜思語故事」，學生們也做「靜思語」的「生活實踐」記錄，把靜思語落實在生活中。

二〇〇三年，李美金申請退休，告別將近四十年的教學生涯；校長無法再慰留，但請她繼續回學校與輔導老師共同以靜思語故事策劃「心靈早餐」課程。

如今在敦化國小的教室裡，仍然可以看到這位個頭嬌小、聲音卻非常宏亮的李美金老師，她依然迎接每天不同的考驗，永遠不變的是她臉上燦如朝陽的笑容與永遠用不完的活力。

好話能治病

文／林淑懷、陳瓊玲

「盧老師您好！我是琪琪的媽媽，特別到學校來看看您！」

「是嗎？」盧春安滿心疑惑，才剛教書不久，為什麼就有家長要特別來看她呢？

「老師，請不要誤會！」琪琪的媽媽堆滿笑容，不斷地讚美盧春安把她的女兒教得這麼好。「我女兒很聽您的話，每天放學回家，總是老師長、老師短地，不停地講，讓我很好奇想來看看，到底您是怎樣一位老師？用什麼方法來教育她？」

盧春安笑了笑，其實她教孩子的方法很簡單，就是不打、不罵，用愛心和讚美來鼓勵孩子。愛的教育得到家長的肯定，讓初入教職的她，獲得很大的信心。

早期的孩子乖巧、聽話，盧春安教起來得心應手。但隨著社會型態轉變，她感覺到孩子開始變了，家長對老師的期許和要求也不一樣了，其他班的老師也發生同樣的問題，愛的教育漸漸使不上力，打罵教育漸漸盛行……

「小珍！如果妳再不寫功課，老師就要罰妳了。」盧春安放學前，對向來不喜歡寫功課的小珍特別交代。小珍對老師點點頭：「好啦！」盧春安滿意地笑了笑。

第二天上課，小珍一如往常進教室上課，收作業時，盧春安發現，小珍仍然沒寫作業，對於昨天的承諾，完全忘得一乾二淨，根本不把它當一回事。忍無可忍，盧春安心中一把怒火猛然衝了上來……

「妳是說謊的小孩！我要報警，走！」盧春安拉著小珍，急匆匆往教務主任辦公室去。「主任，我要報警，她是一個會說謊的小孩！」主任很清楚盧春安的個性，輕聲幫忙打圓場，轉身對小珍說：「這一次我請老師原諒妳，不打電話報警，但妳回去一定要將作業寫好，好不好？」小珍不解老師為何要生這麼大的氣，仍是單純地回應：「我明天會寫的。」

然而，事情並未因此而圓滿結束，重複的劇碼在教室裡一演再演，愈演愈烈。「孩子們犯錯了竟然不懂得懺悔？被罵的時候為何永遠都是一副不知所措的可憐樣，但又從來學不到教訓？」盧春安心中有無數的問號和焦慮，她愈是急著想把孩子拉回常規中，孩子卻有如橫衝直撞的野馬，讓她束手無策。

束手無策之餘，她開始氣極敗壞地罵學生，罵到聲嘶力竭，不久，喉嚨受傷了。

中、西醫都看了，外加每天一杯濃茶、一杯中藥調製的澎大海、菊花茶，儘管如此，卻無法有效改善沙啞的情況，一週只能勉強維持三天能發聲。盧春安的聲帶受損了，連帶愛心、熱心及耐心也漸漸地消失，剩下來的只有無盡的傷心，以及特別容易焦躁動怒的內心……

正當盧春安的教學幾乎走入窮途末路之際，一九九〇年暑假，慈濟中區教聯會洪妙禎老師購買了暢銷書排行榜前三名的《證嚴法師靜思語》送給她。裡面的內容句句都打動到盧春安的心，她反覆翻閱，每天最期盼的，就是開學後，趕快把「靜思語」帶到教學之中。

在實施「靜思語」教學的過程中，每當怒氣要上來時，「脾氣嘴巴不好，心地再好，也不能算好人。」、「理直要氣和，得理要饒人。」這兩句靜思語，總是很快在腦海中浮現，她深深吸了一口氣，然後用溫和的語氣與孩子們互動，不再大聲地嘶吼。

漸漸地，不但治好沙啞的聲音，改善了和學生的關係，孩子逐漸上軌道，家長的態度也改變了，甚至有些已經辦好轉學的學生問她：「盧老師，有其他與您一樣的慈

盧春安歡喜分享靜思語教學的成果。攝影／林昭雄

濟老師在其他學校教嗎？」這樣的鼓勵，讓盧春安重拾教學的熱忱與信心。

在盧春安擔任導師的三年級班上有位女學生張佑亦，在一、二年級時，常常打電話回家說：「媽！我肚子非常痛，老師叫您來帶我去看醫生。」張媽媽確實看到孩子臉色蒼白，常常不是頭痛，就是肚子不舒服，就診後，醫生卻說：「身體並沒有怎麼樣！」

盧春安聽了張媽媽的敘述後，進一步了解佑亦的情況，知道是孩子的學習跟不上其他同學，覺得讀書是一件很痛苦的事，因此害怕上學。為了建立佑亦的學習信心，盧春安不斷地讚美她。有一天，張媽媽特別到學校對老師說：「孩子給妳教過之後，就再也沒打過電話回來說，哪裡不舒服，要去看醫生了。」

又有一次，盧春安看到這孩子的一張照片，照片中是跳舞的一個姿勢，就說：「這跳舞的姿勢很美耶！」就這樣子，受到老師讚美肯定的佑亦，對自己的舞蹈有了自信，後來考上大學舞蹈系。

盧春安不只用「靜思語」教學，還加上手語歌教唱，佑亦回家後，都會和媽媽分享，不知不覺中，張媽媽也記得不少靜思語。

張媽媽經營自助餐店，有一天，正當很多客人在用餐時，她想到女兒放假在家，便叫著說：「佑亦，洗手檯那裡有抹布，拿來幫忙擦一擦桌子。」佑亦走到洗手檯，用大拇指和食指拿起抹布，卻又迅速地將抹布放回原位，「抹布油膩膩的，我不要。」張媽媽眼見女兒的動作，回答：「妳們老師不是說，雙手完好不肯做事，如同無手嗎？」

佑亦聽到媽媽也學會用靜思語，二話不說趕快洗抹布，走到桌子前，用力地將桌面擦得乾乾淨淨。此後，她不只會自動協助擦桌子，還會幫忙洗鍋子、碗盤等。女兒變得願意主動幫忙做家事，不只爸爸、媽媽高興，盧春安聽了也很安慰。

盧春安不只在學校使用靜思語，對學生理直氣和，讓自己及學生家長都受惠，對家人、朋友、同事也都是如此，因此結了很多善緣。她有感而發地說：「慈悲也要有智慧啊！當初滿懷雄心意志當老師，卻差一點『怨教育以終身』。回想過去還真的要懺悔呢！若沒有走入慈濟，就不會知道『感恩』比『怨恨』容易解決事情，若沒有靜思語，我不知道『理直氣和』比『理直氣壯』教學效果更好呢！」

攝影／何瑞昭

第三堂

他人之鏡，反觀自己

靜思語與大姊大

文／程雅雯

「快點！把黑板上的字擦掉！鳳姐快進來了！」竹東國中二年十班的教室裡，兩位在講臺前嬉鬧的學生，趕在老師進來之前，以迅雷不及掩耳的速度擦掉黑板上密密麻麻的暑假作業，彷彿如此就可以將惱人的作業拋到九霄雲外。

門外，學生稱作「鳳姐」的許玉鳳老師，正踩著輕快的步伐走向教室。她回想那天參加「慈濟人文精神研討會」時，吳秀英老師分享小學低年級的「靜思語教學」經驗，好像為她這班集「天使和魔鬼」於一身的孩子，找到未來的一扇窗。雖然小學的經驗不一定適用中學，然而許玉鳳還是興奮不已、躍躍欲試。回到新竹後，她迫不及待買了五十本《靜思語》，篤定地想著，明天一切即將改變。

抱著手中的《靜思語》一踏進教室，許玉鳳看到黑板公布的暑假作業已被擦得精光，而臺下幾位學生正露出調皮得意的竊笑。瞬間，一把火燒光了她的美夢，原本想，幾天前遇到了難得的貴人，還一再向吳秀英老師道謝，讓她找到教學的方法……

空氣在瞬間凝結，眼見按捺不住的烈火即將爆發。

突然間，許玉鳳看到手中的《靜思語》，「難道一切就這樣作罷了嗎？」沉思片刻，強壓住憤怒，轉向學生說：「我們今年還有一項特別的暑假作業，就是每位同學都要閱讀老師手上的這本《靜思語》，然後寫下你們的心得！」顧不得臺下學生一片埋怨聲，《靜思語》就這樣一本本發了下去，而許玉鳳的「中學靜思語教學」拓荒歷程就此展開。

可是，對這群年少輕狂、玩樂擺第一的中學生來說，整個暑假，這本《靜思語》只是被靜靜地遺忘在書包裡，鮮少翻閱。

開學後的第一節課，許玉鳳檢查學生的暑假作業，發現學生對靜思語只是隨便抄抄寫寫。她不敢大聲斥責學生，因為她其實和學生一樣，也只是將靜思語隨意翻看而已，根本沒有用心閱讀。

要如何教會學生靜思語呢？身為國文老師的許玉鳳，又再想方設法，她靈機一動，就像教國文課一樣，以說文解字的方式，將靜思語的字義講解給學生聽。對一位經驗豐富的國文老師而言，解說靜思語還算淺顯，她覺得可以輕易勝任。

靜思語教學進行一段時間後，有一天，一位身為牧師的家長向許玉鳳反映：「老師，妳這樣教孩子靜思語非常好，我很認同，可是我問孩子這些靜思語的涵義及如何實踐在生活上，他都回答不出來耶！我覺得這麼好的道，你應該要多講一點，好好地傳！」

多講一點？那要講什麼？許玉鳳聽了這位家長的建議後，心中開始思索著。

許玉鳳發覺，孩子的反應就是真實的回饋，當她教學靜思語時，學生總是似懂非懂、意興闌珊，日常行為依舊我行我素，使她省思這樣的教學成效確實有限。於是，她又動起腦筋來，找來班上一位女同學幫忙，希望透過學生間的影響力帶動學習靜思語的風氣。

這位同學留著一頭短髮，十足男孩模樣。她不愛念書，在班上卻有很好的人緣，就像是班上的「大姊大」。大姊大的媽媽是六合彩組頭，認為大姊大第六感特別靈驗，常要她報出六合彩的明牌。每次媽媽簽中之後，都會給她大筆金錢作為獎賞。所以，手頭闊綽的大姊大經常請同學吃吃喝喝，不管是功課好的同學或喜歡「講義氣」的同學都喜歡她，也對她敬畏三分。

許玉鳳請大姊大幫忙，每天選一句靜思語抄寫在黑板上。一聽到老師的請求，大姊大隨即推辭：「老師妳知道我不喜歡念書，幹嘛叫我抄啊？」一向和學生搏感情的許玉鳳說：「沒關係！就選妳看得懂的靜思語抄上去就好了。挑最短的也可以啊！」於是，雖不愛讀書卻很挺老師的大姊大，每天開始抄寫黑板，憑藉她的影響力，沒有人敢把黑板上的靜思語擦掉。從此，抄寫靜思語這項重責就成了她每天必做的功課。

這一天，二年十班的教室裡傳來朗朗的讀書聲，同學們正在讀誦〈麥帥為子祈禱文〉：「主啊！我祈求祢，不要引導他走上安逸舒適的道路，而要讓他遭受困難與挑戰的磨練和策勵。讓他藉此學習在風暴之中挺立起來，讓他藉此學習對失敗的人加以同情。請陶冶我的兒子，使他的心地純潔，目標高超；在企圖駕馭他人之前，先能駕馭自己；對未來善加籌畫，但是永不忘記過去……」

許玉鳳問臺下學生一個問題：「你們覺得古今中外，有沒有人能做到像〈麥帥為子祈禱文〉所說那樣完美無缺呢？」她心想，一定沒有同學回答得出來，因為「根本不可能」有這麼完美的人。而她只是想藉這個機會，教導同學這句靜思語：「一個有缺口的杯子，如果換一個角度看它，它仍然是圓的。」

許玉鳳班上的學生，是帶動她靜思語教學成長的最大功臣。照片／許玉鳳提供

正當許玉鳳準備公布標準答案時，平常上課總是神遊的大姊大竟然舉手。她打破了教室的沉默，一臉篤定地說：「老師，我覺得有一個人！」

「哦！是誰？」許玉鳳氣定神閒，正等待著隨時要否定學生的說法。只見大姊大斬釘截鐵地說：「是證嚴法師。」聽到這個答案，臺下學生歡欣鼓舞，齊聲為大姊大歡呼，彷彿他們打贏了一場勝仗。而許玉鳳當場臉色一陣青一陣白，羞赧得冷汗直流。這一幕……當頭棒喝，重重擊醒了許玉鳳，讓她永銘難忘。

許玉鳳慚愧沒有用心體悟靜思語，更別說去實踐上人靜思語的精神。反觀大姊大，因為每天負責抄寫靜思語而有所體悟，所以說出了這個肯定的答案。歷經這番震撼教育，許玉鳳心想：「真是我欲度眾生，反被眾生度啊！」徹底省思懺悔後，許玉鳳決意有所改變。

許玉鳳對大姊大說：「以後妳不用抄黑板了，從現在開始老師要自己抄寫。」一九九四年的秋天，竹東國中二年十班為許玉鳳上的這一課，就像黑板上的板擦一般，擦去了她身為師長的驕慢心，也改變了她對「靜思語教學」的心態。慢慢地，一句句的靜思語，成為許玉鳳充滿妙用的生活法典，也激發了她的無窮創意，讓她在設計教案上不斷創新求變，為「中學靜思語教學」樹立良好的典範。

隔年起，許玉鳳在新竹地區陸續推動「快樂兒童精進班」，舉辦「親子成長班」、「慈育青少年班」、「大愛媽媽」等活動。每當遇到挫折與困難時，她總拿起《靜思語》悉心翻閱，在靜思法語的啟發中，找到無窮的動力。

好老師變奏曲

文／葉文華

方美倫懸著一顆心幫學生補完習，焦急地走出自家樓頂的教室，「沒回來補習是去哪裡了？」她四處找尋女兒。不在客廳，也不在房間，最後只好站在女兒的房裡發愣。腦海中浮現起幾天前，無意間看到女兒和一個B段班的男生手牽手，有說有笑一起散步的畫面。她心一橫，翻開女兒書包，找到一封男生寫給女兒的情書，她頓時驚慌失措。

左顧右盼，總算等到女兒踏進家門，焦躁的心放下了，怒火卻驟然升起……

「這麼晚是去哪裡了？書不好好讀還交了個B段班的男朋友？」她大聲數落。女兒桀驁不遜地瞪著她：「不要看不起B段班的，雖然他們功課不好！」

女兒不但拒絕了所有的課後補習，面對她的態度還很強硬，「砰！」關起房門，任憑她怎麼敲也得不到回應。方美倫氣得直顫抖。

女兒從上小學開始成績就令人擔憂，進入國中後更是每況愈下。一九七一年方美倫初任教職，擔任臺北市民生國中的英語教師，雖然國民義務教育已經實施第三年，但升學主義和體罰依舊。

初執教鞭的方美倫，時常被提醒師生之間要保持距離，以免老師的權威遭學生凌駕；嚴師出高徒，要學生的成績優異，就得「少一分，打一下」。資深老師展現的威嚴令她害怕與納悶，她曾經替學生爭取權益，卻招來「鼓吹學運」的誤會，讓她備受孤立並付出了考績丙等的代價。眼看學生的成績沒有起色，無奈只得遵行前輩的指示，鐵了心，扳起臉對著講臺下不專心的學生丟擲粉筆。

「只會教學生，不會教自己孩子，還敢說自己是名師！」方美倫偶然聽見同事耳語，心裡頗不是滋味。儘管她教出的學生成績亮眼，成為家長眼中的名師；「名師」二字，雖然標示著她在教學上的光環，也成為綑綁她的枷鎖。

方美倫曾經請教母親：「遇到不愛讀書的孩子該怎麼教？」

母親一副理所當然地回答：「陪他一起讀書呀！」

她似乎心有所悟，於是向女兒宣布自己的每日陪讀計畫，每天扳起臉孔，拾起棍子，把她在學校教「好學生」的看家本領，拿來陪女兒複習功課。女兒卻不願再忍受

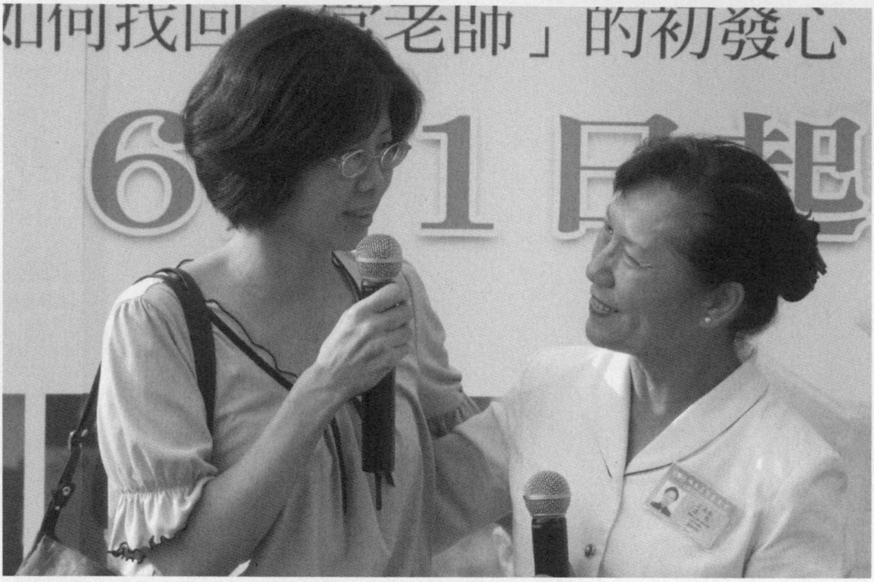

大愛電視臺將方美倫親子的故事拍成大愛劇場《春風伴我行》，冷小姐(左)的兒子是方美倫(右)的學生，特地前來參加感恩簽名會，並上臺感恩老師對兒子與家長們的用心。 攝影／郭盈志

家庭、學校及補習班三方的挨打生活，她強烈地抗拒，但方美倫從不覺得有何不妥。她從小也是在這樣的環境下成長的啊！小時候家裡的孩子只要犯錯挨打，就會引來左鄰右舍的小孩圍觀，但兄弟姊妹至今還不都是受高等教育的社會中堅分子。

廟裡香煙繚繞，方美倫跪在神桌前雙手合十，眉頭深鎖。女兒日漸叛逆，經常夜歸，她心力交瘁下只好求神問卜。在一九八〇年代，小留學生風氣還未盛行的時代，方美倫夫婦決定遵循算命師的建議，送國中畢業的女兒出國唸書。

她將女兒一整年所需的生活費，一

次存放在女兒的帳戶內，但沒想到女兒招待朋友玩樂，不到三個月就全數揮霍殆盡。「這些錢要到二〇〇〇年才繳得完耶！」方美倫指著帳單上的數字對女兒說，但依然無法改變用錢無度的女兒。數次，她在電話裡雖然答應立即匯錢給女兒，卻氣得猛摔電話。

「一起來教聯會看看吧！」一位好朋友看她不時為女兒煩心，幾次邀她參與慈濟教師聯誼會的親子講座，她在無計可施、半信半疑下終於答應。活動結束後，她買了一本《靜思語》回家，有空時就翻閱。

「為什麼我的命就該如此？」方美倫在公車上默然流淚，她好幾次抽空匯錢給女兒，再急忙搭車趕回學校。她無助地翻開《靜思語》，上頭寫著：「父母對孩子只有義務、只能盡責任，而沒有權利，要多為孩子種福。以母親的心懷來愛眾生，以菩薩的智慧來教育子女，不要太為子女操心，這樣無形中會加重他的業。」她若有所思，連續數月，在《靜思語》的法語中不斷省思，逐漸地，她已不再大發脾氣。

方美倫放下話筒，沉思了一會兒，又重新撥了電話給女兒：「對不起，媽媽還沒有修好……」女兒放下電話，看著母親來信中附上的靜思語，心裡納悶著：「媽媽好像變了！」

女兒放假回國，發現方美倫「厲害的眼神」變柔和了，心裡的戒備逐漸軟化。兩人時常結伴喝下午茶或慢跑，天南地北地閒聊，女兒才逐漸曉得原來是證嚴法師這位「師公上人」讓自己的日子變得「好過」了。

幾年後，女兒在信裡寫著：

當時明明是我的反叛，您竟能改變自己來面對我，這真是令我「受寵若驚」。因為我看到了您在意我而做的轉變，我也不想讓您失望，也不忍心再丟麻煩給您。也試著告訴您，藏在我心中多年的祕密及想法，試著和您建立一座Bridge。

看著女兒的來信，方美倫兒時的影像竄入腦海……

「媽——我跟妳說喔！今天在學校……」童年儘管時常挨打，但方美倫每天放學回家，總要賴著正準備晚餐的母親，聽她訴說完白天發生的種種，才肯心滿意足地坐回書桌。過去，她自認是個「慈母」，盡一切心力陪伴在課業上受挫的女兒，豈料卻加速女兒更急於掙脫她的掌控，其實女兒比起童年的自己更加孤獨寂寞。

「原來，母親及老師的角色，除了傳授知識，更重要的是為孩子寂寞的內心世界提燈照路！」方美倫向教聯會的同伴分享這段體悟，她決定不要再把女兒所經歷過的不快樂帶給學生，首先，她得先讓自己快樂。每個孩子都是特別的，「不見得每個人都適合讀書，總不能把一朵百合花種成玫瑰吧？」對學生成績的執著逐漸釋懷，她結束了補教事業，再度找回成為好老師的熱情。

投入教聯會超過二十多年來，方美倫成為學生眼中最喜愛的「另類好老師」，不但大力推行靜思語教學，更在二〇〇四年退休後，隨即投入創校才近四年的慈濟中學，為造福更多「好學生」而努力。

小李飛刀的柔情

文／陳慶瑞

「你為什麼罵我三字經？」已經懷孕八個月的李秋月，霍然起身，緊追著剛要踏出教室門口的男學生。

「我又沒有罵妳，我是在罵同學。」

「那你為什麼在罵『三字經』的時候看著我？我要叫你爸爸來學校！」

就這樣，李秋月當著急忙跑來學校還氣喘吁吁的家長面前，狠狠地用教鞭抽打學生手背五下。

李秋月成長在貧窮家庭，父母對她的教育方式是「不打不成器」，這樣的觀念深深地烙印在腦海中。高雄師範大學國文系畢業後，她從國中教到高中，一路都深信且實踐這項鐵律。她以鐵的紀律帶學生，從清晨七點到夜晚九點，讓她教出全班二十五位考上高雄中學、高雄女中的佳績，可媲美同校的資優班。

「老師，我們對您又愛又恨！」暑假，一群畢業的高中生，圍繞著李秋月，不經意地說出這句讓她頗為震驚的話。她原本認為這群考上理想學校的學生，應該會感謝她這三年來的陪伴。

「老師，您不應該在罵我們的時候，連我們的父母都罵進去！」班長囁嚅地說著。聽到她鍾愛的學生對她說這句話，她深受打擊，原來學生並不感謝她。

她的班上有一位原住民學生，母親為了他，特地從屏東山上來到高雄前鎮租屋陪伴，但他卻抽菸、遲到，李秋月嚴厲地告誡他：「明天七點，我到你家載你來學校。」學生悻悻然，不以為意。

隔天李秋月在清晨七點，準時出現在這位學生的家門口，讓母子兩人都嚇了一跳。高三畢業前夕，這位母親還特地用原住民的刺繡，縫製了一個錢包送給她做紀念，但是孩子卻沒有發自內心真的感謝她。

在教學上擁有傲人佳績的李秋月並不快樂。

一九九五年夏天，李秋月認識了慈濟，加入了慈濟「教聯會」，她也參加了在花蓮靜思精舍舉辦的教師研習營，因為在營隊中聽到許多教聯會老師的分享，深受感動，她連續哭了三天，從此，這位學生心目中一向利箭傷人不留情的「小李飛刀」，

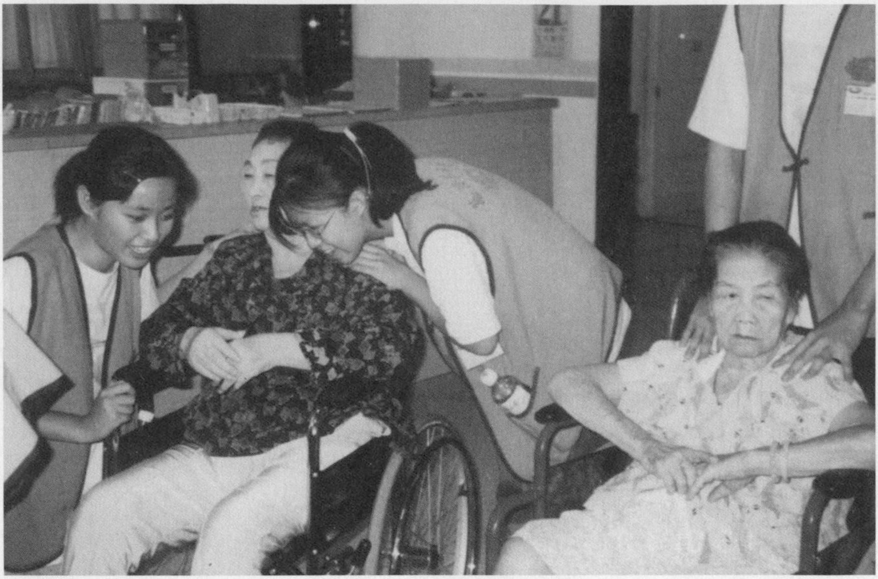

李秋月安排學生前往安養院當志工，與院內老人親切互動。照片／李秋月提供

有了轉變。

「阿智，早！」李秋月微笑地向學生打招呼，空氣卻瞬間凝結。

阿智看看她，心想：「可能要大禍臨頭了，這位笑裡藏刀的『小李』，今天不知又會射出什麼樣的飛刀？」忐忑一天，竟然相安無事，「太陽真的從西邊出來了耶！」學生相互耳語猜測。

「秋月老師，感謝您的關心和提醒，我們不會責怪孩子考試沒考好的。」每當發成績單那天的夜晚，李秋月總會接到多位家長的來電，告訴她說，雖然孩子的成績不太理想，但是他們願意陪著孩子一同成長。

因為每次發成績單時，李秋月都會寫一

封長信，和家長溝通與孩子相處之道，她在信裡摘錄了許多《慈濟》月刊的內容及「靜思語」；當時親師溝通的信件，至今仍有不少家長保存著。

「秋月老師，您班上的『靜思語』教材，可不可以提供給我們班上使用？」隔壁班信仰基督教的英文老師，突然向她提出這樣的要求。

「當然可以啊！」望著辦公桌上的「靜思語」教材，李秋月欣然答應。就這樣，學校有十五個班級都主動採用「靜思語」教材做為品德教育。

二〇一一年九月，高雄大雨滂沱，李秋月來到高雄靜思堂二樓，三間教室燈火通明，十三位現職和退休的老師正在進行「看見希望——國中生課輔」活動，以幾乎一對一教學的方式，分別針對國文、英文、數學、理化科目，輔導十五位來自弱勢家庭的國中生。

這就是這群孩子口中的「慈濟補習班」，也是繼八八風災的杉林大愛園區課輔之後，特地為弱勢家庭的子女所成立的國中課輔計畫。在李秋月心裡，始終相信孩子的希望在教育，尤其是在弱勢家庭中成長的孩子，他們在學校可能會被放棄，但是慈濟卻不能放棄他們。

來自高雄梓官的沈寬裕老師，每週三都必須花單程約一小時的時間，開車載著四位同事，一同參與數學科的課輔教學。他很感欣慰，「有位學生以前數學只考八分，現在是四十八分，進步四十分；而其他學生，有的甚至已經進步到了六十分以上。雖然他們在學業成就上仍有所限制，但至少在學習過程中是快樂的。」

從白天的瞬間暴雨，到傍晚的毛毛雨絲，高雄暑熱的大地，歷經了一番洗滌；李秋月課輔結束後從高雄靜思堂離開，雨後的夜晚，烏雲逐漸散去，她抬頭遠望一輪明月，顯得格外清新、柔和。

家政老師的自信

文／曾美雪、羅世明

福和國中家政老師余麗卿，一手拿著剪刀，在教室走動，兩隻眼睛正緊盯著每位學生手上的縫布。

「怎麼縫的？整條線都歪掉！線要直！」

巨大的聲浪突然襲來，小芬還來不及申說，余麗卿的剪刀早已亮出，「咔喳！」一聲，線頭隨即斷開。

小芬只好重來，驚懼地拿起量尺，重新畫上一條直線，余麗卿點點頭離去，繼續逐一觀看其他學生作品。很快地，她又繞回到小芬的身後。

「妳又在搞什麼？」

新的手縫線很直，但每一針未照標準跨距，穿線的地方有的長、有的短。余麗卿很快抓過一把尺來比對，「妳看！這針零點五，下一針又變成零點三！我跟妳說的是多少啊？是零點二耶！」

小芬縮著身體，搓著早已濕透的雙手，緊張到不知如何是好？銳利的刀鋒再次落下，線頭第二次斷開。小芬只好第三度拿起量尺針線，繼續再縫……

這就是早年的余麗卿，師範大學家政系第二名畢業的高材生，在學校唸書的時候，教授一再灌輸她們，家政並非只是教技能，而是要學習食衣住行的正確生活消費觀念，這讓她對自己所學有深深的榮譽感，極欲擺脫過去大家對家政的刻板印象。

雖然當時家政是屬於副科，不像國文、數學等正科的課程受到重視，但在她教書的時候，學校裡六位師大家政系畢業的老師，卻一致拒絕把上課時間讓給主科老師加課。她們認為，人要自重，人家才會尊重妳，借課給主科老師，別人會覺得這門課可有可無。所以，即便所服務的學校是當時臺北縣極負盛名的明星國中，甚至學生在聯考前夕急需複習主科，同樣不例外。

余麗卿的家政課內容，與傳統的家政技藝不同，她只安排了四至六週的手縫及烹飪等課程，讓學生能學會基本的生活自理能力，除此之外，都是學習正確的食、衣、住、行觀念。而且愈是升學主義不重視的副科，她愈要用高標準的態度要求學生，讓學生也瞭解家政課的重要性。

「我一直覺得我只要講得夠清楚，學生一定可以做得跟我一樣好。」這句余麗卿常掛在嘴邊的話，成了家政課裡學生恐懼的來源，連同事都在孩子畢業後才敢告訴她：「我的女兒上妳的課，都好怕妳。」

直到後來，公公、婆婆在兩年內相繼離世，她才感覺到生命裡似乎欠缺了什麼？余麗卿夫妻兩人經由同事介紹，開始參加慈濟的社區讀書會，試圖從佛法中找尋人生的意義。

一九九五年十月，學校幾位老師開始推動靜思語教學，在校內辦了一場靜思語教學研習，開放讓臺北縣所有老師報名參加。余麗卿趁著教學空檔前來探看，同事吳麗珊老師邀她來聽課，順便幫忙。隨後，吳麗珊又邀她一起來組慈濟讀書會、辦共修活動，從此余麗卿開始參與慈濟教聯會的活動。

隔年，慈濟委員連麗香邀約她到花蓮靜思精舍，參加教師幹部訓練營，余麗卿以孩子還小為由拒絕。「沒關係，不當學員，來做生活組。」連麗香換個方式邀請她。

「什麼是生活組？」

「很簡單，就準備茶水、點心。」余麗卿想了想，只是去幾天，回來也不需要承擔什麼，於是就答應下來。

「老師們，等一下麻煩把它們排好。」營隊活動期間，在學員用點心前，精舍師父交代大家把福慧珍粥擺出來。大夥兒手腳俐落，很快就將成堆的福慧珍粥疊了起來，「嗯，很用心，排得很整齊。」師父看了一下，笑著說：「老師們，我們再來稍微『喬』一下，讓它整排字都朝同一面，妳們看好不好？」師父輕輕一句話，老師們立刻重新調整，沒多久，整齊陳列的福慧珍粥，讓大家看了都很歡喜。

余麗卿非常感動，因為生活組的工作，雖然是為學員準備茶水、點心、洗菜、做菜、排蒲團、擺好鞋子等生活上的瑣事，但與她教的家政一樣，在日常的食、衣、住、行裡，看似不起眼的小事背後，其實蘊含著每個人最重要的生活態度。從表面看，這些事情人人會做，但經過師父們指點後，卻發現要真正做得好，並不容易。譬如：「放餅乾時，我們要讓右邊的字被看到，要拿的人才知道這是什麼東西。」；「切菜時要切『寸菜』，每刀約一寸長，吃的人才容易入口。」所有的細節都要很貼心地照顧到，不是只把事情做完而已。

師父們對於前來精舍的人，無論男女老少、貧富貴賤，一律貼心地對待。那分平等心和給人的歡喜心，都讓她感動莫名。余麗卿省思過去的教學方法：「原來，很多事情不是用自己的角度來要求，應該是要以對方的立場來為他思考。」這是她從未想過的教育理念，從花蓮回來以後，余麗卿決定要調整自己。

家政課時，余麗卿還是隨手拿著一把剪刀在教室裡巡看。

「怎麼啦？整條線都歪掉囉！記得線要直！」

余麗卿關懷的聲音在學生耳邊響起，「沒關係，讓我來教教妳！」余麗卿拿出剪刀緩緩剪開，「咔喳！」一聲，線頭跟著斷落。

把縫壞的線頭拆掉後，余麗卿拿起針線，縫了幾針示範給同學看，「這樣會不會？」學生點點頭。余麗卿拍拍學生的肩膀，讚許地說，「好！交還給妳，現在這樣已經有六十分了，加油！」

余麗卿漸漸感受到，原來透過溫柔的學習與陪伴，不需要打罵與生氣，還是可以把學生教好。

在此時，靜思語教學也給她很大的啟發，因為家政課所教的食、衣、住、行和靜思語教學都是生活教育。因此，她把靜思語融入學校的教學當中；例如，怎麼為家

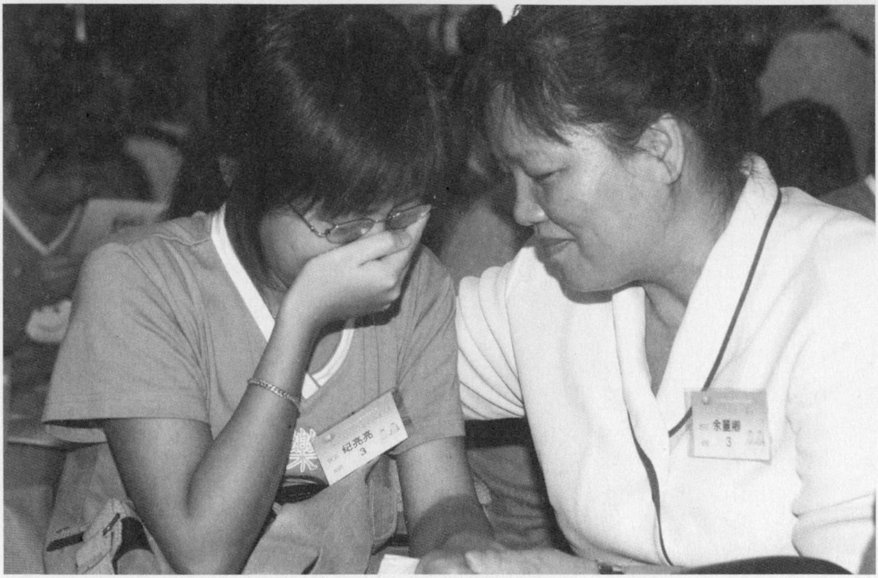

2005年大陸慈濟人文教育交流，圓緣時學員深受感動，不忍與余麗卿(右)道別。攝影／林宜龍

人設計一套菜？她會把飲食和環保、糧荒的關係告訴學生，讓她們知道食物得來不易，要用心做、把它吃完，不能因為做得不夠好吃，就浪費倒掉。

之後，余麗卿的靜思語教學，漸漸在教聯會裡傳揚開來，接著承擔北區教聯會企畫及北區親子班教案研討活動，開始蒐集整合北區親子班的靜思語教學教案。

二〇〇九年，任職於慈濟基金會宗教處的曾裕真老師，決心推動教育整合，於是借重余麗卿整編教案的經驗，從靜思語教案的統整——「菩提種子教案編輯」開始做起。

「不可能整合啦！妳知道全臺灣有多少教案嗎？」「妳編出來，人家就會照用嗎？」「版本統一，那不就創意全無了嗎？」。

每當無數的疑問如排山倒海而來，余麗卿常會想起精舍師父處理人際關係那種柔軟身段，讓她煩躁的心隨即平緩下來。

難關一次次度過。第二年開始，統一教案的成效開始展現，許多人利用現有的教案發揮，創意並未減少，時間卻省下大半，認同的人漸漸多了起來……

「甘願做，歡喜受」是余麗卿第一次抽到的靜思語籤條。人生至此，她終於能夠明白：「只要有願，就能心甘情願往目標走下去。」就像她平日教學生的手縫課程一般，拉準直線，抓好距離，一針一線按部就班縫下去，自然就會做出心目中的好作品。

慧命最長壽

文／林淑緞

「老師！我昨天自殺了……」臺中科技大學講師研究室裡，黃啟哲班上的一位女學生，站在門口怯怯地說。

「怎會這樣？傷在哪兒？」正埋首於書堆中的黃啟哲，驚訝地抬起頭來，女學生緩緩地翻開衣服的袖口，露出手腕上密密麻麻的刀痕。他問明了原委，只因回家晚了些，不滿父親嚴厲責罵引起。黃啟哲感嘆時下年輕人的抗壓性差，一時激動，往往可能因而斷送了寶貴的生命。

「佛家說，『因緣果報』，自殺不是一了百了，而是沒完沒了，帶著怨和恨離開人世，這一分心念會留下，來生還是會在，妳會更辛苦且無止境。」黃啟哲語氣溫和地將上人開示的佛法和她分享，希望有正向的幫助。

他繼續用上人的心病良方來開導：「證嚴法師說，殺人者有罪，自殺者罪加一等，又加上不孝之罪……」她微微地點頭，似乎把老師的話聽了進去，緊蹙的眉頭鬆了，心靈也逐漸平靜了。

現在懂得運用佛法觀念柔性勸導學生的黃啟哲，曾經是個嚴格的老師，不但嚴以律己，還嚴以待人，他覺得只要是自己做得到的，別人也一定要做到。直到一九九八年加入教聯會，參加了慈濟第一屆「大專教師靜思生活研習營」，三天兩夜的課程令他充滿法喜，成為改變他日後人生的開端。

從花蓮回到臺中的隔日，黃啟哲已迫不及待，立即報名慈誠培訓，積極參與慈濟活動。在付出的過程中，上人法語的啟發及從志工的一言一行當中，他學習身段柔軟，懂得調和聲色，潛移默化中感受到自己的改變，更將法理應用在教學上，與學生之間漸漸形成善的帶動。

二〇〇一年一月，黃啟哲參加中區第一場歲末祝福。一進入臺中分會一樓大廳，遠遠就聽到志工唱誦佛號聲，他心裡察覺有異，輾轉問人後得知，原來上人發燒、重感冒了，大家正在為他祈福。

當時，儘管弟子以健康為由百般勸阻，但上人都不為所動，強忍病痛吊著點滴，冒著身體種種不適，參加點燈，親自發送福慧紅包。上人說：「有多少弟子一年才見到我一次，我怎麼可以休息？」黃啟哲看到上人對弟子那分愛，感動不已，當下在心裡發願要折壽十二年給上人。

五個多月後的某一天，一向早起的黃啟哲，一起床就告訴太太廖一儒說：「我夢見上人行腳到臺中。」廖一儒笑說：「哪有可能？今天又不是初一，上人怎麼會來？」由於他很篤定，兩人便一起來到了臺中分會。

結果一如他的預感，上人正在臺中分會一樓大廳開示，他找了個位置和一群志工坐著聆聽。過了一會兒，上人眼神朝向他說道：「老師，你有什麼話要講？」黃啟哲嚇了一跳，立刻起身向前走去，向上人頂禮後說：「弟子願意折壽十二年給您，希望上人常住世間，也請上人放心，我的身體一向很健康，況且，我的阿祖們都很長壽，我也會很長壽……」

上人輕輕地說：「你的心虔誠，你的願無窮，但是生命不能互換。」黃啟哲接著又問：「上人，那慧命可以嗎？可以的話，我也願意給。」上人回答：「可以！智慧傳承就是慧命的分享。」從那一刻起，他告訴自己要在教育崗位上，將上人的法及在慈濟裡學習的善知識，和學生們分享。透過行動，他充分發揮自己的良能，要「延長」上人的慧命。

黃啟哲用佛法轉變自己，個性從「理直氣壯」慢慢變得「理直氣和」，內心受到極大的鼓勵，也要用行為來影響他人。他認為培養孩子的「孝心」、「感恩心」，對促進社會的祥和，有一定的助力。每年到了四月底、五月初，他將孝親的觀念帶入校園，在自己所有授課的班級找一堂課，播放《父母恩重難報經》的影帶，用淺顯易懂的經文，教化學生從中學習感念親恩。

多年來，這支五十八分鐘的片子已播放過百餘次，不但讓學生看了有所體悟，他自己也百看不厭。黃啟哲相信，只要運用得宜，老師除了身教、言教，更需要適度地導入「法教」，來啟迪孩子的心靈。事實證明，他所帶的班是系上最乖的班級，也是學校老師公認上課出席率、學習態度及成果都很高的學生。

每到月初收善款的時候，黃啟哲就會到附近郵局，領取畢業後散布各地學生匯來的功德款，同時也寄出每月的收據，附上一封每月見聞或自己受用的上人法語的信函，與他們分享。雖然每個月都得跑郵局，但偶爾收到學生傳來道感恩的簡訊，都讓他感到開心，覺得花一點時間和學生交流，又可以讓學生的善行不中斷，延續福慧，再辛苦也甘之如飴。

因為教職的關係，黃啟哲每年只能利用寒暑假期間，到花蓮慈院承擔醫療志工。二〇一一年八月八日中午，靜思書軒一如往常般寧靜，兩位多年前帶過的慈青，雙手捧著茶杯，恭敬地跪地向他奉茶且異口同聲地說：「老師，感恩您，祝您父親節快樂！」在眾目睽睽之下，突如其來行大禮的舉動，令黃啟哲感動到眼眶泛紅。

他端起茶杯，一股暖意在心底沸騰。腦中浮現當年帶著一群慈青，在大肚國小舉辦「快樂健康營」，大夥兒歡喜付出的情景。雖然兩個兒子都不在身旁，但在慈濟因著法親情緣，而有兩位慈青「女兒」的陪伴，依然可以歡度不一樣的父親節。黃啟哲驚喜從別人的生命中，看到自己的價值，是他一生中最豐盈的回憶。

第二日，黃啟哲在靜思精舍志工早會上分享了這一件令他高興的事，他還說：「雖然此刻兒子不在身邊，但期待他永遠要記得那一念初發心，要感恩在成長的道路上，是很多人的成就和合，今後更要用心在行醫的這條道路上。」同一時間，他的大兒子黃柏翰正在大林慈濟醫院心蓮病房助念，因而錯過這一段精彩的畫面。

第三天，大林慈院安排黃柏翰上臺分享，貼心的上人聽聞黃柏翰前一天在助念，沒聽到父親的叮嚀，特別讓黃啟哲在花蓮再次上臺，讓父子倆透過視訊在空中相會。

黃柏翰上臺後分享：「從小到大，爸爸在很多場合分享、讀書會導讀，大家都說你爸爸很棒；但爸爸令我敬佩的不是他很會演講，而是他總是帶著我們實地去賑災、當志工、回精舍幫忙，爸爸總是第一個下去做，當大家都休息了，他還在做。」又說：「每當看到爸爸全身溼透、做到最後，當下我以身為他的兒子為榮……」聽完溫馨的分享，上人慈祥地笑說：「真歡喜！」

看到上人笑得燦爛，黃啟哲想起第一次回花蓮時，上人所致贈的結緣品上寫著「把握因緣」，他將這四個字烙印在心版，始終把握每一次付出的因緣。這一天，他們一家人都在醫院精進，他也繼續把在慈濟獲得的滋養，化為生命的能量，繼續培育社會幼苗，深耕教育的大福田。

攝影／洪瑞欽

第四堂

走過921

921前奏曲——山城之愛

文／施金魚

小學廁所裡，兩個中年級女學生正在對話。

「『女暴君』到哪裡去了？她不是最愛上課嗎？」一個孩子問。

「我們家真的有夠倒楣！姊姊給她教，我又給她教，接下來弟弟小學三年級也要拜託她教！媽媽說倪美英最嚴格才是最棒……」另一位孩子跟著抱怨。

因為肚子痛蹲廁所，遲遲未回到教室的倪美英，難過得哭了起來……那是她第一次知道，原來自己有個這麼難聽的綽號——「女暴君」。

「我每天認真替孩子複習、複習、再複習，讓每一個孩子的成績都很好，這不就是最好的老師嗎？為什麼他們竟然叫我女暴君！打他、罵他，也是因為我愛他們啊！」

安慰的獨白雖然不斷鼓勵著自己，但「心」始終是不安的。倪美英回想有一次，她打了一個一直站起來、坐不住的孩子，終於孩子痛得坐了下來，一直到下課，都沒有再站起來。當天晚上，幫女兒洗澡的時候，倪美英才想起：「白天的那個學生不知道怎麼了，如果他的媽媽也幫他洗澡，看到他身上的傷痕，一定……一定很不捨……」

整夜沒睡的倪美英，天剛亮，就趕快到學校等昨天被打的學生，但是他始終沒來學校。直到上課鐘聲響了，才看到他小小的身影在校門口出現，倪美英趕緊跑了過去，牽起他的小手；她拿牛奶給他喝，又問了許多話，想要從孩子的回答中，探究他到底懂不懂老師對他的愛，但孩子始終支支吾吾，說不上什麼話。那一刻，讓倪美英突然發現：「原來，沒有一個孩子會把打罵他的人，放在心上。」

了解自己和孩子之間的關係出了問題，但一直找不到方法解決。一九八九年聽到「女暴君」綽號的傍晚，倪美英拖著沉重的腳步離開學校，「除了課本之外，我還能教學生什麼？」她沒有回家，直接轉往書店，在書架前尋尋覓覓，拿起了一本《證嚴法師靜思語》，映入眼簾的第一句話：「每一天都是做人的開始，每一個時刻都是自己的警惕。」

彷彿久旱逢甘霖般，淚水不禁奪眶而出。每一則淺白的語句，都蘊含人生的大智慧，讓她愛不釋手。

「老師，妳在寫什麼？」倪美英用毛筆專注地抄寫靜思語，孩子們吵著也要學。「好啊！那我們就每天在聯絡簿上抄一句靜思語吧！」倪美英用生活的例子向孩子們解說靜思語，家長也天天從聯絡簿裡看到一句「好話」。漸漸地，「女暴君」變成可以和孩子們比肩而坐的大朋友。

感受到上人教育理念與靜思語的妙用，倪美英亟於分享這個教學法寶，於是在報章雜誌上陸續發表心得，在高雄的慈濟委員陳昭和、呂美雲老師看到後，主動和當時在高雄教書的倪美英聯絡，在一九九二年高雄慈濟教師聯誼會成立時，便邀請她前去分享。一九九四年，倪美英轉調南投中興新村光榮國小，靜思語教學的種子也隨著她的足跡，帶到了南投。高雄教聯會成立後不到半年，南投縣教聯會也成立。

活潑開朗、總是臉帶微笑的游秋過是中興高中校護，也是南投地區教聯會的負責人。南投地區教聯會成立之初，游秋過總是用熱情帶動親朋好友，四處邀約各校老師參加中區教聯會的研習活動，時日一久，活動逐漸在地化，游秋過和老師們走入各校，利用週六週會的時間，分享靜思語和帶動活動的慈濟教育列車，從此，靜思語的教學開始一站站地開往南投的各鄉間學校。而在游秋過的講師群裡，有個熟悉的身影——倪美英。

淡淡的三月天，一行十多位慈濟志工，在高山深谷中蜿蜒而行前往水里鄉的一所國小，進行星期六週會「慈悲心、教育愛」的專題演講。一路上，游秋過、倪美英及承擔活動司儀、在省府服務的靜淇（李惠瑩）和其他老師們，一言一句地說著每次下鄉到學校的感動。

一次，當地一位太太煮了龍葵湯請他們喝，香氣撲鼻，令人食指大動，大家紛紛品嚐都讚不絕口，只有倪美英不為所動。

「咦！這麼新鮮的野菜湯，妳怎麼不喝？」靜淇問倪美英。「等一下要上臺，很緊張，吃不下！」倪美英回答。「吃飯就吃飯，才是學佛！」靜淇回過話後，立刻幫她舀碗熱湯。倪美英若有所悟，喝了湯，享受片刻的溫馨。茶會結束後，那位太太又送來一布袋龍葵，讓大夥兒帶下山。倪美英瞭解了「遊戲人間」，原來緊湊的教學行程和歡樂的郊遊活動是不相違背的！

就這樣，一次次的分享和帶動，一行人的足跡遍及信義、仁愛、竹山、草屯、中寮、水里……等南投縣各鄉鎮學校。

山城的邀約愈來愈多，沒去過的學校希望他們過去；曾經走過的，也急切地期盼他們再度到來。有些學校再度拜訪時，老師們會分享自己如何運用靜思語教學的快樂；而那些偏遠學校總希望他們難得過來一趟，就多講幾場吧！有時他們要一天連趕三場：中午跟家長座談，下午對師生演講，晚上則與社區民眾話慈濟。

一整天的行程，往往在靜謐的夜色中結束，踏上歸途，車行在空山幽谷裡、平原曠野中，滿天星斗相伴，大夥兒內心感動盈懷，身心無比輕鬆，此時無聲勝有聲，因為孩子們的笑聲，依稀在耳畔迴盪……

除了影響孩子，游秋過希望能影響校長去帶動靜思語教學，在「一個老師只能影響他教導的學生，若是一位校長便能影響全校」的想法下，一九九六年南投的教聯會成員促成臺灣省教育廳在花蓮靜思堂舉辦首屆「全省校長靜思、智慧、愛研習營」，讓校長們因此對慈濟及靜思語教學有了一番認識。

一步一腳印，在南投教聯會成員的用心推動下，透過靜思語教學所散播的愛，已如和煦的春風吹入各校園，讓學生的赤子心、老師的慈悲心在此春風中湧現增長。直

1998年4月2日，靜淇（左三）、倪美英（左四）與慈濟志工至水里鄉民和國小推動靜思語教學。
攝影／張河圳

到一九九九年，世紀末的考驗——「九二一大地震」的來臨，世紀大震、風雲變色，在震動的大地與人心中，能夠安定身心、持續接引大愛精神的，即是靜思語與慈濟精神，藍天白雲的志工們持續走入校園，教聯會老師以愛關懷災區學校與學生，走過震災最苦難的階段。

九二一地震，讓南投縣、臺中縣成了重災區，許多學校倒塌。慈濟基金會迅速認養了災區四十多所學校，推動希望工程援建計畫。延續透過靜思語教學，中區教聯會長期陪伴災區學童、老師，走過艱困的重建歲月。

在某個學期快結束的一天，倪美英教小朋

友造句，題目是「總有一天」，於是好多好多的「總有一天」，快樂地出籠了！「總有一天，我會考第一名！」「總有一天，我會當爸爸。」「總有一天，我可以到世界各地去看看……」

遠遠地，一隻害羞的小手舉起來了。「家維，你說，你的『總有一天』是什麼？」「老師，總有一天，我要把你娶回家。」家維的回答讓全班頓時哄堂大笑，倪美英也笑彎了腰。「家維，這個願望我想不容易達到的，也許你願意再換一個『總有一天』。」

一會兒，家維又舉起小手：「老師，總有一天，我要抱抱你。」倪美英笑著說：「家維，你不用等到總有一天，你現在就可以到前面來抱老師！」結果，他真的從後面的座位，紅著臉，衝了上來，深深地抱了一下倪美英胖胖的腰！抱完後，倪美英就說：「還有誰也要來一下『總有一天』啊！」結果，全班都衝了上來。

當倪美英被壓在地面上時，她流下了歡喜的眼淚！心想：「感恩上人，給了我們教學生命的春天。」

接棒，再交棒！

文／林秀淑

楊貴琴與謝西洋同時於一九九二年接任中區教聯會正副總幹事，以柔和而務實的精神，將靜思語帶入校園，接引將近六千位老師參與教聯會。兩人共同在九二一地震之前，為中區教聯會打下紮實基礎，也都在九二一之後完成交棒，準備前往花蓮協助證嚴上人承擔慈濟中、小學創校的使命。然而，謝西洋卻在此時，遭遇無常……

一九九九年十一月二十一日，安靜的花蓮慈濟醫院心蓮病房，因為證嚴上人的到來，開始騷動……

病床上的謝西洋老師，撐著微弱的病體迎接。上人將歲末祝福要發送的第一份福慧紅包與福慧燈送給了他；師徒相見，彼此心裡明白，此生緣分將盡，而未了的緣分，也將隨著謝西洋行將幻滅的生命，重新啟航。「五百年前師度徒，五百年後徒度師，不要忘記這個約定喔！」

空氣中瀰漫著淡淡的哀傷，「老師永遠都是老師，以後還會是老師，換我做你的學生喔！」上人與謝西洋彼此約定的隔天，謝西洋安詳往生。生時來不及到慈濟的教育體系任職，他在身後捐出大體，將生命的使用權發揮到極致。

原本任教於臺中明道中學的謝西洋，每天早上開車載著家人一起上班與上課途中，收聽中廣「慈濟世界」，一家人同步吸收上人的法髓，也漸漸對慈濟的脈動有所了解。當他體悟到上人悲天憫人的胸懷，更因見識到一位年輕的女修行者，努力從事公益的精神，心生嚮往而加入教聯會。

白天忙於學校的工作，晚間或假日用來做慈濟事，謝西洋覺得自己是教聯會的一員，理應多承擔一些責任，從整理會員名冊開始，逐項輸入電腦造冊的過程中，讓他更深入了解慈濟，並開始「會員大招生」。

謝西洋負責招生多年，和各校教職人員有很密切的互動，一呼百應，再加上各組委員認真招募，短短幾年間，從幾百人到後來近六千人加入教聯會。

草創時期千頭萬緒，晚間或假日，時常可以見到有心想參與慈濟的各級學校老師及志工，聚在臺中分會。從制服、徽章找專家設計，到年度各項活動行程的安排，樣樣提出討論，等上人行腳到臺中時，再呈上人做最後的決定。

一九九二年六月接任中區教聯會副總幹事的謝西洋，為了接引新進老師參與營隊，常常提著新訂購的制服，按著名單一一送到每位老師的家裡，這種服務到家的精神，讓老師們非常感動，也凝聚更強的向心力。

每年寒暑假有兩次大型活動，營隊在花蓮舉行。身為幹部，必須事先準備、提早進駐，加上營隊結束後的收營工作，往往一待就是半個月以上。此外，為了讓更多人了解慈濟、認同慈濟，用心帶領會員們舉辦淨山、淨灘等各項活動，或者參與訪視工作、委員慈誠培訓，謝西洋經常忙得不可開交。

忙於職業與志業的謝西洋，看著建設中的慈濟中、小學，主動向上人提出要回花蓮教書的心願。「凡事起頭難，能有許多有志一同的老師一起來投入，慈濟的教育志業才能辦得好。」他不惜放棄退休金，只為了奉獻所學，護持慈濟。

一九九九年二月，謝西洋在營隊中，被老師們發現他腳腫得厲害，他卻堅持要等營隊結束才就醫檢查；檢查結果是肝臟出了問題，發現太晚，醫療已發揮不了功效，謝西洋於同年十一月二十二日往生。

謝西洋的兒女，從小耳濡目染，認同慈濟，在還未有兒童精進班時，就加入學

中區教聯會謝西洋(右三)等人，於花蓮火車站月臺合影。照片／中區教聯會提供

佛營，及至後來參與慈濟大專青年聯誼會（慈青），從未斷過慈濟法脈，學業完成後，都回到慈濟志業體服務，各自承擔不同領域的志業。

面對人生無常，謝西洋努力調整自己的心，卻對教聯會放心不下。在當時擔任第二屆總幹事的楊貴琴老師說，「我到醫院看他，他緊緊握住我的手，雖然勸他放下心，但其實我們都知道他來日已不多。」

如果說謝西洋老師以謙沖敦厚的特質，適時地給人溫暖，是安定人心的一股力量；那麼，楊貴琴老師就是憑著一股熱忱，引領著教聯會這一家人向前衝的舵手。

全心投入教聯會的楊貴琴老師，在讀書時就

立下當老師的志願，在她的心目中，教育是非常神聖的工作，能到國小教書與單純的小學生互動，更是她的夢想；只是，楊貴琴畢業後就到臺中市東峰國中任教，除了深入心理諮商的領域外，三十多年的時間，未曾離開，與單純小學生互動的願望，在慈濟中、小學開辦之後才得償夙願。

鑽研心理輔導，更能對學生的心情感同身受。有一天，楊貴琴在黑板上寫下「惜福惜緣」，這舉動引來班上學生林晉裕的注意，也讓她在第二天接到慈濟委員蔡素蓮的電話。「我兒子回家告訴我，『我們老師跟妳同一國。』」對人、對學生同樣悲天憫人，楊貴琴在蔡素蓮的接引下，參加了一九九〇年的幸福人生講座，因為認同上人的理念而在校內推廣靜思語。

學生家長與老師，演變成了慈濟委員資深與幕後的傳承，兩個人討論的，不是學生的身心狀況，而是慈濟事。

從輔導學生的角度，她觀察到很多單親家庭的學生，需要更多的溫暖與肯定；她讓他們擔任值日生，每天在黑板寫靜思語，鼓勵自己也與同學分享，恆久又清靜的溫暖，總能幫助他們找回心中的愛。

當中區教聯會第一任總幹事劉阿照，因健康因素必須休養，楊貴琴於一九九二年六月接下第二任總幹事的棒子，從邀約慈濟會員到教聯會的投入，楊貴琴始終卯足全力。

回憶起二十年前，教聯草創初期，楊貴琴與謝西洋老師帶著老師們，一起為教聯會建構制度，也為了讓更多老師投入，從苗栗、臺中、彰化、雲林、嘉義到南投，一有空就往各個學校奔忙。

謝西洋曾說：「我跟貴琴老師是三十多年的同事，她有過人的組織能力與用不完的精力，跟在她旁邊的那段日子裡，她很用心帶人，從不給人壓力。跟著她，我們不怕累，怕的是上人不讓我們向前衝。」上人的關心體恤，是教聯會的精神支柱，有時壓力很大，只要想到上人承受的責任與壓力，她們擦去眼淚，不敢說苦。

「上人沒說累，我們怎麼敢說？」長久累積下來的革命情感，這群「打不退的菩薩」哭過之後繼續努力。憶及過往，曾年燻老師哽咽地說，「是上人的德行，讓我們心甘情願追隨他的腳步。」

九二一地震為中部地區帶來史無前例的毀傷，慈濟的援建，也及時為受損的學校帶來希望。當「震動大愛 擁抱校園」的活動如火如荼開跑，花蓮慈濟中、小學也即將完工。

令楊貴琴不解的是，上人總會問她何時要回到花蓮。原來是同樣擔任教職的先生呂佑鍊，在一次向上人的分享中提到，一家人都是老師，夫妻兩人與三個女兒，從國小到高中都有，呂佑鍊的分享，讓這一家人成了最適合到慈濟中、小學任教的成員，也讓楊貴琴在二〇〇〇年完成教聯的交棒，一家人東遷花蓮，職志精進。

放下努力多年的中區教聯會，接棒的老師沒有惶恐，任何問題，一通電話請益，楊貴琴總能給人豁然開朗的答案，教聯的愛與智慧，也在這股信任與拳拳服膺的氣氛中邁入第二十年。

「震」動大愛

文／林淑緞、賴睿伶

天黑後的微涼，正預告著秋天的來臨，九二一大地震後，悲愁的氛圍仍籠罩著整個中部地區。夜色中，擔任中區教聯會臺中縣幹事的蔡春蘭，一臉疲憊地從慈濟臺中分會回到了家，先生吳福樹看出妻子心事重重：「怎麼啦？」蔡春蘭輕嘆口氣，強打起精神，轉述白天證嚴上人與教聯會老師在臺中分會的對話。

大地震後，為了指揮救災與關懷工作，坐鎮在臺中分會的上人，無時不刻與各區志工開會討論或外出行腳關懷，在憂心災民安危的同時，上人更關心孩子們的教育。在這一日的會議中，上人問了在場教聯會的老師：「地震以後，你們有沒有進到學校看一看？」

「上人，地震後學校都停課了。」

上人追問：「但是最近不是陸陸續續在復課了嗎？」

「復課以後，所有老師都回去上課了，沒有時間進到校園關懷……」

一句句的對話烙印在蔡春蘭的腦海裡，她清楚地知道，當時的回應並不能為上人承擔或解憂，那句問話「地震以後，你們有沒有進到學校看一看？」似針扎一般，刺著蔡春蘭的耳膜，一次次在她心中響起，但是災情這麼大、災區這麼廣，究竟該怎麼做？

蔡春蘭思慮許久，在深沉的夜裡，彷彿連秒針跳動的聲音都能聽到。當天晚上，做事向來俐落、很有計畫的她，心裡做了決定；她拿起紙筆規劃起進入校園關懷的調查表，從時到地、從人到物，蔡春蘭將事情鋪排得一清二楚，漸漸地，一欄欄的進度規劃清楚地擺在眼前，眼皮子在晦暗的燈光下雖然愈來愈沉，但揪緊的心終於稍稍鬆開了。

「九二一大地震災後，到處凌亂不堪，要勘災談何容易？」看到妻子的計畫，提早從教職退休的吳福樹，決定責無旁貸地承擔起希望工程學校聯繫窗口的工作。吳福樹參考著妻子的計畫，宛如做田野調查般地走訪臺中縣境內的災區校園，尤其是受到重災的大里、霧峰、太平……等地，探查各校在災後的困難與需求。

那一天，微風吹拂多了些許寒意，感覺初冬的腳步近了。吳福樹一如往常地背起裡頭裝滿了訪查資料的背包，一個人騎著摩托車，風塵僕僕地前往受災嚴重的東勢

九二一「震動大愛 重建『笑』園」活動，教聯會老師透過靜思語，關懷災區的學生。攝影／王雪珠

國中。從大里市到山城東勢鎮三、四十公里長的路程，沿途斷壁殘垣，店家清出來的磚瓦廢土堆得像座小山丘，置放於馬路邊。視覺上的震撼，讓他顧不得長途奔波的倦意，小心地在災區中穿梭。

途中，經過石岡，眼前的地面因斷層帶被擠壓而高高隆起，宛如一座大型溜滑梯的陡坡。吳福樹眉頭微皺，臉上一度露出猶豫的神情，「再辛苦、再困難，也要為受災鄉親多盡點心力！」硬著頭皮二話不說，催緊油門往前衝，繼續在滿目瘡痍間挺進。

走走停停，好不容易結束了一天的奮戰，終於得以躺下來休息。那一夜，吳福樹感觸良深、輾轉難眠。身旁的蔡春蘭關心地問：「很累嗎？」

「還好啦！只是傷亡太慘重了，有的學生傷勢嚴重必須截肢、有的父母雙亡、有的……真的是情何以堪！」他從不叫苦，知道自己責任重大，腳步更是不能停。

隨著冬天的腳步將近，透過吳福樹的訪查資料，中區教聯會將即將啟動的「校園關懷列車」，一一排下日期進程，吳福樹也召集志工勤練手語、排演戲劇、帶動團康，希望盡快把愛與關懷送進校園。

帶著上人那句「地震以後，你們有沒有進到學校看一看？」的關心，終於「校園關懷列車」首站駛入了擁有百年歷史的霧峰國小。

震後只剩下一幢教學大樓與一座科學館未受損的霧峰國小顯得空曠、荒涼，濃濃的傷感在校園漫開來。一會兒，操場上陸陸續續聚集了二千多名的師生。儘管陽光亮得刺眼，似乎也驅不走校舍被地震蹂躪後，留在師生心中苦痛的陰霾。

看到這群心情低落、一臉茫然的學生，蔡春蘭心情難免不捨，她卯足了勁，扯開喉嚨，賣力教唱著自己編曲的一首歌。「大愛在我心裡，我就不怕風浪……」簡單的歌詞朗朗上口，在教聯會老師的帶動下，歌聲衝向天際，幾乎停不下來，孩子失溫許久的心逐漸溫熱起來。

打鐵趁熱，蔡春蘭又請志工頭上戴著一頂頂可愛的動物頭套，走到每一個孩子的身邊輕聲細語：「我是小松鼠……我是長頸鹿……」動物頭套造型討喜，結合著靜思語，讓一句句好話透過志工陽光般的熱情，再加上一個個擁抱撫慰，終於讓孩子們開心歡笑，忘了恐懼。

那一刻，師生多日來苦悶的心情得到紓解，一起融入故事情境裡。說著故事的蔡春蘭說著說著眼眶都紅了，她發現老師的眼神充滿著悸動，也看到有的孩子笑中有淚，透過歌聲把心中的害怕、悲情完全釋放，展現出生命熱力。

這場用心規劃的活動充滿了溫馨與祝福，也感動了林淑瓊校長。原本擔心家長會質疑、介意宗教進入校園的校長，不僅笑得開懷，也請託蔡春蘭：「霧峰國小有些學生被安置在四德國小寄讀，可否請慈濟去關懷？」當下，蔡春蘭受到極大的鼓舞，一分踏實的甘甜湧上心頭，終於達到上人的期待，走入校園，並且要以慈濟靜思語教學，持續將愛的力量帶入災區。

對於靜思語教學中愛的力量的體會，來自多年前的一個親身經驗。那年的蔡春蘭剛剛轉任到位於山區的峰谷國小，一進校園，耳朵聽到的是學生滿口不堪入耳的髒話，當下的她十分不安。「時代變了，由於少子化、離婚率偏高、單親及隔代教養造成人情的疏離，導致整個倫理教育的功能慢慢地不見了；尊師重道、孝順父母的倫理觀念如江河日下，逐漸式微……」她心中萌起一個念頭，要導正學風，必須積極地將品格教育的「靜思語」帶入校園。

隔了兩年，一名被學校公認的壞學生編到蔡春蘭的班級，考驗著她的智慧。

「老師！春生偷人家東西！」「哪有？你看到了嗎？」春生一副吊兒郎當，對於同學的指控不當一回事。春生不但打架鬧事，還翻越二樓陽臺爬進氣窗，偷竊學校公物……一籮筐的壞事，傳到蔡春蘭的耳裡，讓她好生挫折。

該要怎麼改變春生？她記起上人曾說過：人的心地是一畝田，若沒有播下好的種子，也長不出好的果實。於是蔡春蘭開始對他「動之以情」、「說之以理」，堅持用關懷代替責難，沒想到柔性的勸導卻引來班上學生的反彈。

「老師太軟弱了！」「算了吧！愛的教育沒有用啦！」其他學生看她沒有體罰春生，不滿的情緒下噓聲四起。蔡春蘭不為所動，相信愛的資糧給得愈多，就沒有改變不了的學生。她一面家訪找尋孩子變壞的原因，當瞭解春生單親、缺少愛的家庭背景後，她找班上一位品學兼優的同學溝通，安排她和春生同坐，起初她面有難色，蔡春蘭告訴她：「改變自己是自救，影響別人是救人。」希望以她為模，改變春生；自己則以媽媽般的愛心、無微不至的關懷，彌補春生缺乏母愛的痛，雙管齊下，終於將孩子導回正途。

「誰說孩子不易調教？只需要多用心而已！」蔡春蘭認為只要找到方法，沒有教不會的學生。這一班學生畢業後升上了國中，也得到校長的讚美：「靜思語教出來的孩子很不一樣，特別有愛心。」簡短的一句話讓她感到安慰，也印證上人這一帖教學良方確實用對了。

即便是一帖良藥，也需要以愛為引，才能令眾樂服，袪苦除憂。因著對靜思語教學的信心和自身的熱情，蔡春蘭更堅定在九二一災後推動靜思語教學的決心。

災起大悲、苦運大智，二〇〇〇年，中區教聯會推動超過一百場的靜思語教學；隨著希望工程的展開，也接引許多老師認識慈濟，進而加入教聯會。當有形的硬體建築逐漸拔地而起，老師和孩子們心中的軟體——《靜思語》，也持續在校園朗朗傳誦著，繼續薰陶著學子，在生活上、在課業中，做一株不被地震壓垮的小草，韌性而堅強地成長。

921的校長菩薩

文／王玉仙

一九九九年九月二十一日凌晨，許昆龍校長在家中被強烈的地震驚醒，災難將至的念頭，閃過他的腦際，「噗通！噗通！」的心跳聲，隨著緊張的心情愈來愈強烈，他不是害怕，而是心繫著學校的安危，天色尚未亮透，等不及也顧不得餘震不斷，即使災後的路況顛簸，無法通行，他還是牽著機車設法跨越，迫不及待趕往學校。

猶記得一個多月前，許昆龍才剛從師生數百人的富功國小，轉調到南投縣草屯鎮最大的炎峰國小，沒想到開學不到一個月，還來不及深入瞭解校園環境、與師生互動，就遇到臺灣百年最慘重的九二一大地震。

返校的第一刻，眼前所見只能用「斷垣殘壁，滿目瘡痍」八個字來形容。操場上群聚了避難的災民，一個個驚嚇的面孔，讓許昆龍體悟到這是一個驚世的災難！校舍毀損嚴重，他愣在那裡，不住地反問自己：「全校一千七百多位師生的未來該怎麼辦？」

「校長，孩子要在哪裡上課？」一群老師帶著學生詢問校長，殘破的校園，不曉得如何安置這麼多沒有教室上課的學生？低年級十六班借用鄰近的大成補習班教室，中年級在原校二部制教學，高年級全日制正常上課，許昆龍只能這樣安排。

「校長，學校這樣上課，萬一課業趕不上外面的進度，我們要怎麼辦？」不時有家長這樣問。「我會想辦法找時間補課，我們已經向教育部申請重建，應該會有結果。」許昆龍只能這麼回答。

地震發生後半年，許多建築設計師往返事務所和災區學校之間，為已獲社會團體認養的受災學校，製擘出災後校園新建築的藍圖。而炎峰國小卻仍在原地踏步，一千七百多人的學校，學生、家長、老師頻頻詢問重建進度，讓許昆龍不覺汗顏詞窮，無法應對，壓力大到無限。

尤其是春節一過，炎熱的夏天即將到來，滾燙的陽光開始罩頂，簡易教室裡悶熱異常，天花板上的電風扇整天轉個不停，但效果有限，教室前後，還放著大批的電風扇對著學生猛吹，無奈學生還是滿頭大汗，猛灌開水還不足以消暑。「多一次的課堂巡視，就多了一分疼惜！」即使十多年後，許昆龍回想起當時那段日子，眼神中仍流露出一分不捨之情。

災後的某天，中區慈濟教聯會倪美英老師到炎峰國小關懷，得知許昆龍因為學校重建無期，終日塵勞碌碌奔波於重建之事，建議他嘗試委請慈濟援建。早在九二一地震前，就接觸過慈濟靜思語教學的許昆龍，決定不再猶豫。

二〇〇〇年三月倪美英陪同許昆龍及炎峰國小師長們至臺中分會面晤證嚴上人。上人關心詢問：「你們怎麼那麼晚才來，別間學校的援建，早就都已經來講了。」

許昆龍略帶羞愧地回答：「學校重建本來是教育部來承擔處理的，而且從新聞上得知，慈濟已經認養二十多所學校的重建工作，這麼龐大的經費，實在不忍心再造成慈濟的負擔。但政府援建的流程比較慢，不忍心看孩子們的學習環境還沒有著落，所以才遲遲前來臺中拜會上人」。

上人體會到許昆龍愛護師生的心，但基於炎峰國小已經向政府申請重建，一切流程總要先按公家的程序進行再說。因此上人敦促校長和老師們先回去上課，視教育部陳情狀況，再進一步評估。

然而，這一等就是三個月，重建申請仍然沒有下文。二〇〇〇年六月一日清晨，一群身穿青天白雲的慈濟教聯會老師，在許昆龍的帶領下，集合在炎峰國小的校門口佇立等待，渴望再次到臺中分會面晤上人。

「二、三年級的孩子們，捧著托盤參加義賣的行列，沿途叫喊：『請發揮愛心，幫助師公上人蓋學校』……」許昆龍將平常學校舉辦園遊會義賣的生活點滴，及全校師生投撲滿捐助希望工程的活動檔案，攜帶前往呈獻給上人觀看。

其中最讓上人感動的，莫過於孩子們的純真，每一張卡片都表現出天真無邪的善念，道出孩子們對師公上人的愛戴：

「敬愛的師公上人：我不要在簡易教室上課啦！在裡面就像烤雞一樣，烤得很燙，請師公幫忙，我想回教室上課，不要在簡易教室裡面被烤焦啦！」

「仁慈的師公上人：在簡易教室上課，氣溫有時熱到四十二度，我都流鼻血了。」

「敬愛的師公上人：雖然我們沒有看過您老人家，但從老師的敘述當中，知道您是多麼偉大，世人是多麼尊敬您。」

諸多的卡片，敘述著孩子們的尊敬與感恩，童言稚語也道出簡易教室上課的辛苦，上人心裡不捨，當下哽咽地說：「快！快去！快去請建築師來規劃，孩子們辛苦，老師也辛苦了！」

慈濟教聯會的老師到學校推動靜思語教學，安撫師生創傷的心靈；慈濟志工到學校設茶水站，在工地提供熱食、茶點給工地朋友，更利用假日帶動大家做資源回收，社區民眾及教職員都一起來參與。許昆龍說：「慈濟人熱誠、付出無所求的愛心，令人感動，我想退休後也要當快樂志工。」

炎峰國小是大校，援建經費必然十分龐大。然而，許昆龍卻看見上人悲心深厚，毅然一肩挑起重擔，讓他極為感動，淚水在眼眶裡翻轉，但心中那塊大石頭已安然卸下。

二〇〇三年十一月八日，炎峰國小舉行重建落成啟用典禮，全校師生歡欣鼓舞迎接學校的新生。兩個多月後，許昆龍在靜思語教學研習營中，向上人表達內心的期望。

「上人，後天，二月一日我即將退休，我會用心投入社區，做一個真正的慈濟人！」

九二一希望工程援建，炎峰國小校長許昆龍戴著安全帽巡查工程。照片／慈濟草屯聯絡處提供

重建過程中深受慈濟志工所感動，許昆龍把握因緣向上人表明自己的心願。雖然他奉獻教職工作三十六年，再過四年即可接受國家元首至高無上的表揚，但他卻甘願放棄，只為了能早日實現將感動化為行動的願力，以回報慈濟人對災區無所求付出的那分心。

五十五歲退休，對許多人而言或許是太早了，許昆龍退休的消息傳出後，造成了不小的轟動。他笑笑地說：「雖然有點不捨，想想，我已經在教育界打拚了這麼久也夠了。」退休後的日子更忙，他樂善好施，無論是社區親子成長班、慈少班、慈濟大學社會教育推廣、合心和氣公關、人事等，他勇於承擔、樂於配合，教育路上退而不休。

「慈濟大家庭中，人人平等，投入慈濟就是放下身段，縮小自己，同時盡本分，甘願做、歡喜受，處處與人結好緣。」活動中，人力不足時，常見許昆龍主動幫忙搬桌子、排椅子、布置場地，謙卑為懷的他，像是飽滿的稻穗愈見低垂，上人曾經誇他是「校長中的校長」，真不愧是人品中的典範。

許昆龍當志工，從整理文物與書籍開始，他放下身段，從最基本的事做起。「過去當校長，在學校指揮一千多位師生，凡事出張嘴巴，就有人做得好好的；當了志工，人人平等，一切要從頭開始，凡事都要親自去做。」

人生的喜悅在於知足和惜福，因此他自我期許，把握當下，在有限的生命裡，善用生命使用權，秉承「佛心師志」，做一個快樂的慈濟志工。

杏壇永流芳

文／蔡鳳寶

一九九九年中秋節的前三天，南投縣埔里鎮大成國中校長歐源榮，準備在佳節當天慰勞校內教職員，於是下班後驅車前往草屯採買物品，當晚留在草屯的舊家過夜；然而，在凌晨一點四十七分、睡得正熟的時候，突來的巨大搖晃，驚醒了他……

三步併一步、迅速跑出屋外的歐源榮，在月光下，清楚可見柏油路面一道道不規則的裂痕，再回頭看著已經傷痕累累的家，不禁擔心起大成國中一千四百多名學生的安危。天亮後，顧不得路況如何，立刻趕往學校。「啊！中潭公路像被撕裂的大餅，著名景點九九峰，怎麼一夜之間禿了頭？」一路上，斷裂的道路、傾圮的建築物，一一映入雙眼，讓歐源榮心急如焚，心情愈來愈沉重。

朝夕相伴的大成國中校舍在震災中倒塌，在最艱困的時刻，歐源榮對妻子邱木蘭說：「身為師表，即使是災民，也要比一般人更堅強。」沒有時間考慮自己也是災民，歐源榮心裡所想，是如何讓全校的教育不中斷，因此無論多少困難橫在眼前，他決定咬緊牙關、強忍悲痛的心，積極向外尋求重建的支援，並前往慈濟臺中分會向坐鎮救災中心的證嚴上人請命；次日，慈濟即承諾援建大成國中。這一日，地震後第二十一天，歐源榮心上的大石總算放下。

希望工程援建期間，全臺慈濟志工輪番進到災區付出。遠從桃園而來的志工長時間幫忙校園景觀工程，埔里當地志工也協助提供三餐、茶水，北區教聯會老師們更經常晨起出發，日暮方歸，進入校園安撫學子的身心……藍衣白褲的身影不分晝夜、不畏風雨，時常出現在大成國中校園裡，感動了許多親師生。「除了感恩，還是感恩！」歐源榮帶著老師、學生和家長，一起鋪設連鎖磚，同時表達對慈濟的感謝。

大成國中新校舍完工那年（二〇〇二），歐源榮調任為旭光高中校長，早就提出退休申請的他，只想著退休後就要投入慈濟的環保志業，當個快樂的志工，但上人對他說：「你看起來不會很老啊！要做慈濟，是不是來東部做？」

「只要上人需要，我就去！」於是一年後歐源榮來到花蓮，任職慈濟基金會教育志業發展處，而後在二〇〇四年接任慈大附中校長。

「同學早！」「校長早！」不管在大成國中、旭光高中或慈大附中，歐源榮時常

2002年南投「勤耕福田．植心蓮」愛心園遊會中，時任旭光高中校長的歐源榮(左一)用心地為民眾介紹希望工程。攝影／林政男

在早上七點前，就已經站立在校門口，迎接學生和老師的到來；尤其在慈中的日子裡，他還住進了學校宿舍，全天候盡心盡力地付出。偶爾在上課時間，歐源榮還會悄悄地站在教室後方聽課，親身感受每一間教室的光線、溫度及空氣流通，若發現學習環境不佳，就會及時改善。全校師生都知道，歐源榮若不在校長室處理行政事務，就一定是在學校裡的其他地方忙碌著。

在慈中任職期間，歐源榮被醫師告知罹患心血管疾病，要做「冠狀動脈血管支架」手術，他不想為了個人「小事」而影響太太在埔里國小的教學進度，只請兒子到花蓮簽署家屬同意書；事後面對太太的「責難」，他卻只說：「沒事！沒事！」太太心裡雖然不捨，但也深知丈夫的處事風格：「凡事以身作則，用心盡力，若是自己的身體有病痛，總是獨自承受，不願讓人擔心。」

因為心臟裝了四支血管支架，考量健康因素後，歐源榮在二〇〇六年卸下慈大附中校長職務，但仍為臺南慈濟中學的籌設而努力。二〇〇七年，歐源榮因心肌梗塞，猝然離世，讓同事及家人深感不捨……

慈濟援建大成國中時，在該校擔任輔導主任的陳恒旭談起歐源榮：「總是以身作則、積極開明、完全授權，是一位很有親和力的校長！」他還回想起每年由輔導室主辦的耶誕節慶祝活動，歐源榮都會裝扮成耶誕老公公，到各教室和同學們報佳音、發送禮品；還會參加學生家長會的討論，在師親之間取得良好的互動與溝通。憶及當時情景，讓如今也是國中校長的陳恒旭緬懷：「他的校長風範，一直是我學習的典範。」

事實上，歐源榮年輕時就才華洋溢，表現活躍，唸師專時是英語社社長，更攀登過百分之七十以上的臺灣百岳；而師專時的同學彭瑞琴夫婦，也是他大成國中的同事，更是一直以來陪伴身旁的好朋友。儘管歐源榮多才多藝、允文允武，但管理一所將近兩千人的學校，難免會因校務繁忙或人事問題而困擾，這時彭瑞琴夫婦就會邀歐源榮到家裡喝茶、唱歌，解解悶。「不管是臺上或臺下，他完全沒有校長的派頭，是很有感恩心、知足常樂的人。」想起歐源榮，彭瑞琴老師哽咽地向人訴說：「真的很懷念他！」

「他做事的方法和態度很嚴謹，但私底下是一位慈祥的父親。」對女兒歐惟華而言，歐源榮是再體貼不過的慈父。歐惟華初任高中教職時，備課忙碌，下班後又要照顧年幼的孩子，歐源榮擔心女兒分身乏術，時常專程自草屯開車到臺中幫忙，等到女兒忙完、準備就寢，他再趕回草屯；歐惟華看著爸爸「即使只陪伴兩、三個小時，舟車奔馳也甘之如飴」，後來便為爸爸準備一間臥室，讓他不必當天往返。

在六十一年的歲月裡，歐源榮認識慈濟的時間並不算長，但卻奉獻出最美好的一段時光，歐惟華說：「爸爸這一生最滿意的事情，就是為大成國中的師生爭取到慈濟的援建。」邱木蘭也在丈夫往生後告訴證嚴上人：「投入慈大附中這幾年，是他人生最有光彩的一段時間。」懷念先夫，邱木蘭不捨卻肯定：「永遠當慈濟志工，是他無悔的抉擇！」

攝影／林美雪

第五堂

好話傳千里

意外的訪客

文／羅世明

一九九四年三月某天，吳秀英正與班上學生討論黑板上寫著的靜思語。一群外賓從窗戶邊經過，突然間，他們停了下來，對著教室內指指點點，隨後輕聲走進教室向吳秀英打招呼。

原來是十六位美國加州南區中文學校的校長們，他們正在全世界尋找適合美國中文學校的道德教材。去年他們曾經來過臺灣，沒有找到想要的東西，今年再度前來尋找，恰巧看到吳秀英班上黑板寫的靜思語，非常感興趣，於是走進教室來想多瞭解。

走進教室後，他們詢問了一下黑板上的靜思語，又翻看了一下桌上吳秀英正在回覆的親子作業，吳秀英向他們說明親子作業的方法，孩子們會先抄一句靜思語，例如「多做多得，少做多失」，寫下自己的心得；家長再根據孩子寫的內容回應在上面；最後老師再綜合家長、孩子所寫的內容，回覆教學或生活上的一些想法和意見。這個過程連結到一般班級教學無法深入的親、師、生關係，達到彼此的溝通效果，同時也

教聯會老師吳秀英四處演講，大力宣揚靜思語教學，甚至推廣遠至海外。攝影／邱繼清

教育了學生和家長。

「我們走遍世界各地，要找的就是這些！」校長們如獲至寶地對著吳秀英說，他們對靜思語教學讚歎不已，聽完簡要的說明後滿意地離去。

吳秀英接觸靜思語教學，始於一九九三年暑假，參加慈濟教師聯誼會舉辦的暑期教師學佛營時，聽到蕭春梅老師分享靜思語教學的成果，十分心動，當下她決定回來後要試教看看，沒想到在學生、家長身上都發生很好的效應。

吳秀英發現靜思語是老師、孩子最好的生活教材，裡面有做人做事的方法、勵志修身的內容，或是濟貧教富、淑世助人的道理都在其中。於是她把靜思語融入生活倫理課程中，轉化成生活實踐規條，利用每天早上二十分鐘的生活與倫理時間，配合課程中心德目，在黑板寫下一句靜思語教導學生。

當天稍晚，吳秀英接到校長室的通知，希望她能前去參加座談會。原來，這些貴賓們離開她的教室後就去拜訪校長，向校長表示他們非常喜歡二年三班的靜思語教學，是不是可以請吳老師介紹一下。校長乍聽之下，也愣了一會兒，弄不清楚為什麼海外中文學校的校長回臺灣來要這些東西。

後來，在兩個小時的座談會中，吳秀英詳細報告了靜思語教學方法，貴賓們也提出了許多疑問，結束前，這些校長們直接向吳秀英提出邀請，希望吳老師能抽空到美國，為中文學校的老師介紹靜思語教學。

五月，來了另一批美國加州北區中文學校校長，也是十六人，一到學校就直接走到吳秀英的班上，而且馬上表達想瞭解靜思語教學的意願，顯然他們是透過早前那批校長們的介紹，慕名而來。因為美國憲法規定，宗教不得進入校園，主日學等道德課程只能安排在星期天。因此，他們提出問題——靜思語教學會不會有宗教上的疑慮？

吳秀英聽完，拿出自己編寫的靜思語教學教案書本——《春風化雨》，請他們翻找書裡是否有宗教色彩的困擾？結果沒有人能找得到。所以參訪結束後，所有的校長不約而同邀請吳老師到美國為中文學校教師分享教學經驗。

吳秀英願意認真考慮，但僑委會的交流名單早在二月就已決定，勢必無法在這年成行。慈濟美國分會執行長黃思賢知道此事認為，慈濟做事是積極的，既然對方邀請，我們就要想辦法過去。於是他懇請美國企業家陳鶴松先生幫忙。陳先生本來打算成立一所中文學校，但黃思賢說服他，成立一所中文學校，受益的人有限，不如先協助吳秀英老師來美國，與中文學校老師分享靜思語教學，受益的人更多。於是陳鶴松從美國打電話給吳秀英，為她安排了美國的行程。

一九九四年八月六日，吳秀英邀請從事青少年輔導的盧蘇偉一同前往分享，共有十二場的演講，其中三場是針對紐約、洛杉磯、舊金山三個大點的中文學校老師所安排。

在中文學校演講時，吳秀英和盧蘇偉兩人為了避免引起爭議，決定不穿慈濟制服、不說佛教，也不講慈濟，只談靜思語的精神。沒想到演講結束，大家竟然全部接受慈濟，也肯定佛教美善的理念，一心想把靜思語教學融入他們的中文教學當中，讓吳秀英感到美國教育環境和臺灣一樣，也很需要品格教育的澆灌和注入。

而且美國教育界人士學歷之高，讓他們兩大開眼界，演講前洽談的對象，通常不是博士就是碩士，而他們兩人卻都不是，甚至許多聽眾的學歷也比他們高出許多。然而，每場演講下來，觀眾的反應卻是難以想像的熱絡，只見臺下全神貫注的眼神，隨著他們演講的內容，時而動容、時而歡笑，結束時如雷貫耳的掌聲，吳秀英清楚地感覺到，靜思語精神，已深入他們的心底，而且連高級知識分子都一樣需要。

在洛杉磯中文學校聯合會的研討會上，有些中文老師走到吳秀英面前說，離開臺灣十幾、二十年了，卻只從媒體上看到臺灣議會打架的畫面，或是頭綁著白布條，手持木棍互毆的遊行場面，因此對臺灣從失望到絕望，認為臺灣根本不能住人。但聽完這場演講之後，才知道那只是一部分的表相，臺灣其實還有很多好人在默默行善，他們相信臺灣是有希望的，要吳秀英代為問候臺灣的同胞。

另外，行程中最後一場演講，是在舊金山中文學校，講完之後主席宣布休息十分鐘，請大家到外面先用茶點，之後有問題可以再回到現場發問。吳秀英和盧蘇偉鬆了一口氣，以為忙碌的行程已經差不多要結束。沒想到，休息回來，反而湧入更多的人，把會場擠得滿滿的，連主辦人陳鶴松都擠不進來。原來，所有的人不僅沒有離開，反而帶回更多人來旁聽，大家都還想繼續問問題、聽演講，所以兩人又鉅細靡遺回答了許多問題之後，才圓滿結束最後一場活動。

那次行程，開啟了靜思語教學在臺灣本島以外的發展，美、加地區後續的邀約不斷。一九九五年八月，在北區教聯會總幹事陳乃裕的策劃下，六位教聯會老師也受邀前往馬來西亞，巡迴吉隆坡、檳城、怡保、馬六甲、芙蓉等大城，為中文學校老師介紹靜思語教學，每場參與的老師至少都有三百位以上。尤其馬六甲那場，共有七百多位教師、二十多位校長，還有兩位督學參與，反應非常熱烈。同年十一月，馬六甲地區的督學，又帶著五十幾位老師，來到臺灣深入瞭解，並且呼籲當地老師運用靜思語教學。

中國大陸地區的靜思語教學，也隨著慈濟大陸賑災的腳步，與援建學校師生後續文化交流時熱烈地互動著。

如今，吳秀英已退休，靜思語教學也已傳承數代，更遍及海內外。但十多年前十六位校長走進教室的那一幕，仍常伴隨著回憶裡孩童的笑聲，引領著她歡喜入夢……

豆腐和杜甫是什麼關係？

文／鄭善意

「媽咪，詩跟『豆腐』有什麼關係呀？怎麼今天老師一直在說豆腐、豆腐……」小女孩張著黑白分明的大眼睛望著母親，一臉不解地問。

「啊？什麼詩？什麼豆腐？」小女孩口中的媽咪，是慈濟人文學校的志工穆家蕙。正專心開車的她，被女兒突如其來的一問，先是不明所以地回答，經過瞭解後，才恍然大悟，原來是人文學校的老師教唐詩，介紹詩仙李白和詩聖「杜甫」，才讓生長在美國、只會聽少許中文的小女兒會錯意，把「杜甫」當成她最熟悉的「豆腐」。

弄清原委的穆家蕙不覺莞爾，其實在她周遭，像她女兒這樣的華人第二代，大多不會講中文，或許可以聽懂一些，但理解程度非常有限，以致「謬」語如珠的趣事時有所聞。

早在一九九二年，美國洛杉磯慈濟志工為了讓子女能傳承中華文化、涵養慈濟人文精神，在慈濟青少年團開設中文班；兩年後，更為了教育更多的孩子，憑藉「慈濟青少年團中文班」的授課經驗，創辦慈濟在美國的第一所人文學校——洛杉磯慈濟人文學校。

創校初期，由慈濟志工擔任教師，除了教中文、才藝，也推展「靜思語教學」；同時，還有愛心爸爸與愛心媽媽貼心陪伴。後來，學校改聘專業教師授課，希望他們能協助推動慈濟人文，但實行起來卻困難重重。

「老師，快樂不就是『happy』？跟『魚』有什麼關係啊！」

「你說的是『愉』快，不是『魚』游得很快！」老師回答。

由於孩子們懂的中文字有限，對中華文化的認識又不多，「靜思語教學」的意義和故事，對他們來說，顯得太難了點。何況海外中文學校，老師還須按照中華民國僑委會規範的進度教學，在授課壓力下，未必能對慈濟人文的推動產生意願。

即使人文學校和臺灣同步採用《大愛引航》作為靜思語教學的範本，美國慈濟人先後帶領中文學校的老師們回臺灣參加兒童生活營、教聯會等營隊，更邀請臺灣教聯會的老師前往美國當地進行「靜思語教學」研習，成效仍是有限。

慈濟人文學校找不到著力點推動慈濟人文，志工進入校園推動太熱心，也會引起老師們不必要的的疑慮……

在陷入膠著時，二〇〇一年，人文學校的家長也是愛心媽媽，同時又是慈濟志工的林惠玲，帶著一雙兒女與全美團隊一起到花蓮「慈濟中學」參加「全美青少年人文營」。營隊中，臺灣教聯會的老師們用布偶劇呈現靜思語教學，再搭配動物形狀的紙板；有趣的方式，感動了林惠玲，也啟發了她一些想法，「原來靜思語教學可以這麼活潑！如果在美國也能用這樣的教學方式，一定能讓孩子們接受，並很快就融入靜思語的世界……」

惠玲一回到美國，即開始嘗試編寫人文課程教案，並以臺灣教聯會編寫《三十七道品》中「四正勤」的布偶劇為藍本，著手編寫一系列「小和尚阿修的故事」，請志工製作布偶等道具；美國慈濟教育發展室主任穆家蕙更進一步成立「人文精進劇坊」，吸引更多不同專長的志工加入劇坊團隊，並開始到社區演出。

「在一個風光明媚的山下，有間老寺廟，廟中住了一位很有智慧的老和尚，和一群活潑的小和尚。其中有一個叫阿修……當牆上的釘子拔到剩下最後一根時，小和尚哇哇大哭……」結束阿修列傳布偶劇在北嶺聯絡處的演出，志工們搭上箱型車，往回家的路上馳騁。

「鈴——鈴——」穆家蕙打開手機，對方說：「家蕙師姊，我們下星期有茶會，可以來我們這裡演阿修的故事嗎？」

她才闔上手機，鈴聲馬上又響了起來，「師姊，我們去老人院表演阿修……」

「我們的『野臺戲』還真搶手哩！」「可不是嗎？」車廂裡護著木偶、道具的林惠玲、卓玉敏等人笑著說。

為了積極招募教育志工，阿修的故事演出邀約幾乎是來者不拒、隨叫隨到。東西都放在車上，只要有人想看，到了現場，擺幾張桌椅鋪了布，就是阿修的舞臺了。

在大家一起努力下，劇坊接連推出阿修列傳系列故事：美猴王、快樂菓園、小麻雀喳喳及等，每一則故事都帶入慈濟人文、手語、環保、靜思語，以及「知足、感恩、善解、包容」等精神意涵，廣受大人、小孩的喜愛，甚至連老人院裡的日籍爺爺、奶奶都看得笑呵呵。

應接不暇的「社區訂單」，促使志工不斷地尋求突破、推陳出新，也因為這段學習過程，為他們日後走入校園，累積足夠的能量。

「可以請慈濟人到我們萊陀溪公立小學教靜思語嗎？」長期將校地提供給慈濟舉辦發放與義診的校長艾瑪女士，早就被志工無私的付出精神所感動，後來又仔細研讀張貼在會場的靜思語海報，終於在二〇〇六年向慈濟志工穆家熙提出請求，希望能邀請慈濟人到校內教授靜思語。

穆家熙意識到這是慈濟人文走入主流的契機，卻苦思不出該怎麼做，於是求助於美國慈濟教育志業體，在大家絞盡腦汁，思考如何踏出本土化「品格教育」的第一步時，曾編寫布偶劇本的林惠玲建議：「何不將之前的劇本修改並翻譯成英文，演一齣布偶劇給小朋友看呢？」

這項建議，讓慈濟教育團隊真正進入美國公立小學，在政府認可的「品格教育」課程裡，進行靜思語教學。

同年，在每兩個月一次的「全美電話會議」上，各人文學校校長、教育團隊，以及分會執行長們熱烈地討論着學校的校務。

「將『知足、感恩、善解、包容』、環保、手語、茶道與花道，排入正式課程，成為每週三十分鐘的『人文課程』呢？」穆家蕙提出建議。

「穆師姊的提議很好，可是人文學校老師平常要上班，週末教中文已經很忙碌了，加上對慈濟人文也不太瞭解，恐怕師資方面會是一大挑戰！」當時洛杉磯人文學校校長左少玲回答道。一陣議論紛紛後，又有多位校長也提出類似的看法。

慈濟人文課程的師資難覓的確是一大隱憂，家蕙回想起前一陣子為了承接公立學校「品格教育」的課程，兩位教育基金會副執行長辛苦付出的過程。

「Penny，慈濟很需要像妳這樣精通中、英語，還具備慈濟人文的人才，請妳到聖伯納汀諾學區的萊陀溪（Lytle Creek）公立小學幫忙教『品格教育』，好嗎？」負責「公立學校品格教育」專案的張欣怡在幾次與新志工Penny互動、討論教案後，誠懇地提出邀請。

「我是很願意，可是我兒子才兩歲多，走不開。」本名許意軒的Penny，在受到慈濟邀約前，因為有自己的事業要忙，加上孩子還小，需要有人在身邊照顧；況且去萊陀溪小學教課，早上七點多就得出發到慈濟美國總會與教育團隊會合，接著要再開一個多小時車才能抵達……

「這簡單，妳上課的時候，我們到妳家輪流照顧寶寶，好嗎？」眼看就要無功而返，林惠玲和卓玉敏兩位教育基金會的副執行長，於是自告奮勇。

「這……兒子還要包尿布……還要餵他吃早餐……」

「好吧！」Penny雖然猶豫，最後仍是被她們的誠懇打動。

「沒關係、沒關係，我們都是過來人。」玉敏嘴裡回答得輕鬆，心裡可是噗通噗通，畢竟兩人的孩子都上高中了，十多年沒再包過尿布，到時要換尿布怕是會手忙腳亂吧！

家蕙從師資難覓的沉思中回神過來，人文課程的討論仍熱烈進行中，可是她的心中已有定案，「各位菩薩，我們何不成立美國『教聯會』？」

線上立刻有人回應：「可行，如此就可以集思廣益，解決編寫教案的難題，同時可以資源共享。」

「老師之間也會因為要編寫教案而有更多的互動，增加凝聚力，還可以藉這個機會邀老師多參加慈濟活動，達到菩薩大招生的效果。」

「太好了，如果可以透過教聯會來號召更多熱心教育工作者加入，包括公立學校的老師，並培訓種子教師，那麼不僅可以讓慈濟人文深度化，上人的教育理念，

臺灣教聯會老師參訪美國慈濟大愛小學。 左二起：臺灣陳秀玲、曾裕真、美國林惠玲、穆家蕙。攝影／林美雪

也可以深入美國社區。」

就這樣，成立美國慈濟教師聯誼會，在你一言、我一語的熱烈討論下，達成共識。

二〇〇七年六月，慈濟全美教育年會上，在執行長、校長與教育團隊見證下，美國總會教育基金會執行長穆家蕙，正式宣布成立「全美慈濟教師聯誼會」（簡稱教聯會）。

教聯會的成立，搭配人文種子老師的培訓，加上先前全美十九所慈濟人文學校增設每週半小時的人文課程。慈濟人文的種子，終於漸漸在校內撒播開來。以往畢業典禮時歡唱的〈一支小雨傘〉等才藝表演，如今已被傳達孝道的〈跪羊圖〉手語表演所取代。

老師登上報了

文／張翠娥

「再不道歉，就要上報了！」在校長的催促下，李玉清懷著鬱悶的心情，往校長室走去；一腳才踏入，馬上感受到一股凝重的氣氛，強烈迎面襲來……「來！趕快跟家長道歉！」校長氣急敗壞地說著，在一旁的家長鐵青著臉。李玉清強忍住委屈的淚水，在千百個不願意下，當著校長的面向學生家長道歉；在校長居中協調、頻頻賠不是之下，才讓憤怒的家長取消登報控告李玉清打傷兒子的念頭。

李玉清教學嚴謹，堅持「棒槌底下出資優生」的教學方式，她相信不打不成材的道理，沒想到為了讓學生獲得好的成績，竟然被家長威脅要登報提告。送走怒氣未消的家長，李玉清的委屈淚水瞬間潰堤，心裡憤恨難平地想：「你的孩子原本只有考七十分的程度，現在進步到九十分，打他是希望他能考一百分，這麼努力教他，非但沒有感謝，還要登報控告我？」自始至終李玉清都不覺得自己有錯。

當「對不起」從口中說出來的時候，她的心裡覺得被屈辱了，不禁自問：「如

馬來西亞教聯會老師李玉清，前往雪蘭莪州沙登新村華文小學，向校長、老師推廣靜思語教學。攝影／林英意

何繼續走這條『教學之路』？」對教育更是萬念俱灰。二〇〇三年李玉清轉校到力行華小執教，在同事吳娽嫣的牽引下，李玉清參加慈濟的「快樂兒童精進班」，她第一次接觸到「靜思語」教學，感受到從體驗、省思，到生活實踐所發揮出來的力量，看似平凡卻隱含深刻的意義。

以往，李玉清總是以成績來衡量學生的「好」和「壞」，「一個缺口的杯子，換個角度來看它，它仍然是圓的。」這句靜思語常常提醒李玉清對成績不好的學生要轉個念頭去發掘他的優點；林婉真就是在這句靜思語下被「搶救」回來的學生，她的成績在班上總是最後一名，但是很有繪畫天分，李玉清常在課堂上發表她的作品，鼓勵與肯定不但增加她的信心，竟也激發她積極學習的態度，成績也有了很大的進步。

靜思語改變了李玉清的脾氣，也改變了她的教學模式，以前她和學生、家長劍拔弩張的畫面從此不再出現。

二〇〇五年新學期，她的班上來了一位愛惹是生非的男生，名叫張凱傑，沒有一個同學喜歡他，投訴聲不斷，讓李玉清十分頭疼。開學後四個月，張凱傑突然請假兩個星期，跟著出差的爸爸到美國；但是從美國回來後的凱傑，暴力傾向愈來愈嚴重，甚至時常說一些「殺死你」、「捏死你」的話，班上身材矮小又內向的陳宇哲常在他的暴力威脅下退避三尺。

李玉清覺得情況不能再持續下去，她親自去找張凱傑的母親，沒想到得到的回答竟是如此的殘酷。「凱傑的爸爸過世前最放心不下的就是凱傑，怕他會因為沒有爸爸被同學欺負，在臨終前叮嚀凱傑別讓同學們知道這件事。」凱傑媽媽終於鬆口說出之前請假兩個禮拜，其實是為了處理凱傑爸爸的喪事。

「所以爸爸往生後，孩子假裝堅強，從不把悲傷表現在臉上？」李玉清既心疼又不捨。

「是的……」凱傑媽媽低頭泣訴。

「凱傑以暴力的行動來發洩心中的悲痛，長期壓抑會造成孩子行為偏差。」

媽媽沉默不語……

張凱傑為隱忍、偽裝對爸爸去世的悲痛與思念，變本加厲以肢體上的拳打腳踢、粗暴的言語挑釁攻擊班上同學作為宣洩。為了讓張凱傑感受到老師對他是真心關懷，李玉清請他在上課前到圖書館幫忙，師生兩人一邊整理書本，一邊聊天。在一次整理書籍的時候，張凱傑無意中拿出皮包，皮包內夾著一張照片，照片中的模樣一看就知道是張凱傑的爸爸。

李玉清問：「照片中是誰？」

張凱傑很自然地說：「是爸爸。」並裝作若無其事地把皮包放入口袋。

李玉清再問：「爸爸現在在哪兒？」

「爸爸在『新山』做工。」張凱傑別開臉將視線往窗外看。

「是真的嗎？」

張凱傑警覺性地轉向李玉清，「老師，您是不是知道我爸爸的事？」

李玉清拍拍張凱傑的肩膀，「不管爸爸身在何處，他永遠活在你的心中。」

張凱傑再也按捺不住埋在心中許久失去爸爸的悲痛，豆大的眼淚直流，他拉著李玉清的手直問：「我只是要一個『會動的爸爸』，老師，請問您可以找一個陪我散步和打球的爸爸嗎？」

李玉清看到平日表現兇悍的張凱傑，對父親的愛是那麼的渴望，她哽咽難語。

「媽媽每天晚上躲在房間想爸爸，然後就偷偷哭，我不敢吵媽媽，因為我自己也很想爸爸，我躲在另外一間房間裡哭。」張凱傑哭到滿臉都是眼淚。

李玉清摟著張凱傑讓他依靠在自己的胳臂裡盡情宣洩長久以來對爸爸的思念。

隔天音樂課，李玉清刻意播放了〈心中的聲音〉這首歌曲，音樂緩緩響起……

「每當夜晚很寧靜的時候，我總是傾聽心中的聲音，說聲感恩爸爸媽媽，我是多麼多麼愛你們……我是一個幸福的孩子……」張凱傑放聲大哭，嚇得全班不知如何是好？

李玉清請同學陪伴張凱傑離開教室到洗手間洗臉緩和情緒，藉此機會向大家說明張凱傑平時粗暴的行為，是為了掩藏對爸爸的思念與悲痛。同學們都很安靜地聽李玉清敘述，也彼此建立默契，不在張凱傑面前提起「爸爸」的事。

李玉清問大家：「看到同學傷心的時候，我們應該怎麼做？」

「我要去擁抱他！」曾經被張凱傑欺負過的陳宇哲大聲說出。

當張凱傑從洗手間回到班上的時候，陳宇哲第一個上前擁抱他，接著第二位、第三位……全班不分男女同學，一一擁抱張凱傑，安慰他：「凱傑不要哭。」

陳宇哲回家將這件事原原本本地告訴了媽媽，她是一位作家，於是把整個故事寫下來投到《星洲日報》，幾天後刊登出來。

「老師，媽媽要我將今天的《星洲日報》拿給您看。」陳宇哲指著其中一篇文章逕自唸起內容——「老師，您就是一把向善的鑰匙，在孩子需要的時候開啟智慧的那一扇門……」陳宇哲闔起報紙，一抬頭就看到眼前的老師哭了。

李玉清的眼淚夾雜著感動與懺悔，回想當年，對學生的成績要求甚高，以體罰來警惕孩子要認真作答拿到高分，曾經因為鞭打的痕跡在學生的手掌留下不可磨滅的傷痕，讓家長氣憤得要登報控告李玉清；如今，她真的上報了——讓家長感動到投稿表揚。

李玉清決定不當名校的名師，她選擇提早退休到各校致力推動靜思語教學，歷經了猶如洗三溫暖的「上報」心情，她更清楚自己未來要為孩子們做些什麼。

撕碎的習作簿

文／沈昱儀

「你沒錢買習字本，老師就買給你，為什麼還是不寫？」

等不及孩子的回應，氣得滿臉脹紅的羅繡甄，使勁將空白作業本撕成散狀，嘴邊不停斥責，把這名「不受教」的學生趕出教室。

兩天前，她不捨孩子買不起習字本，自掏腰包幫孩子準備的那分愛心，也隨著手中拋出的紙屑，碎成一地……

一九九〇年初出校門的羅繡甄在敬業華文小學擔任五年級的班導師，班上二十多個學生中，過去只有十個固定交作業，在嚴格的打罵教育下，一個月後只剩下兩、三人不交。顯著的成效，讓她對自己的教學方式更加肯定。

三年後，羅繡甄轉調到別的學校，教授「考試班」馬來文。在校長與家長的壓力下，她為學生訂下了「滿分」的單字測驗標準，一次考十題，滿分一百，少一分就打一下。一學期打壞三根籐鞭，在羅繡甄看來就是最佳的「成績保證書」，因此將「籐鞭教育」視為教學的最高準則。

這種情況，在一九九五年八月六日的一場教學講座中，有了一百八十度的轉變。羅繡甄參加了臺灣慈濟教聯會在當地舉辦的第一場「靜思語教學」講座，其中分享者吳秀英老師的班級經營心得，與兩句靜思語「只有孩子的問題，沒有問題的孩子」、「嘴巴、脾氣不好，心地再好也不能算是好人」，給了羅繡甄一記當頭棒喝。她終於明白為什麼在過去五年的打罵教育中，總會有學生屢犯不改，而成績好的孩子，對自己則是敬而遠之，因為她從未對孩子有過「同理心」。當時的她內心認定：「這就是我們現代很需要的教學法，感恩上天只讓我做了五年的壞老師就遇到了慈濟，我一定要跟上腳步，全力護持靜思語教學。」

接著，羅繡甄參加了九月二日第一個海外慈濟教師聯誼會——「馬六甲慈濟教師聯誼會」的成立大會。會後，大家決議要前往臺灣進行靜思語教學觀摩，並且參訪花蓮的靜思精舍。

「這次尋根，我們每到哪兒，上人也行腳到哪兒，因此有很多機會聽到上人的開示，讓我感觸良深，得益良多。此外，我們也到學校裡實地觀摩靜思語教學，目睹老師如何活潑教學，把慈濟的人文教育確確實實地落實到校園裡。」十天的旅程，羅繡甄認識了慈濟的竹筒歲月精神，也見證以靜思語教學經營的班級充滿和樂的氛圍。

其中最讓她感到驚訝的是，臺灣的老師使用所謂的「家庭聯絡簿」，師生會在上面討論課業，還會分享生活趣事，家長每天簽名的時候，也更了解孩子的學習狀況。繡甄當下決定，除了要採用靜思語教學，還要將家庭聯絡簿「引進」馬來西亞。

回國後，羅繡甄開始在班上推行家庭聯絡簿，將孩子在校的表現告知家長，並請學生在寫完每日作業後，還要抄一句靜思語。部分同事聽聞後，都提醒她與其花時間寫聯絡簿，不如出一些練習題給學生；但許多家長在接觸聯絡簿不久之後，紛紛回覆：「謝謝老師，多虧有妳的提醒，讓我更清楚孩子在學校的狀況。」也有家長認為靜思語說的很有道理，對孩子的人格成長很有幫助，讓她更加肯定自己的轉變沒有錯。

另一方面，羅繡甄為了讓教學更符合慈濟的人文精神，也參與訪視工作與醫療志工。當她第一次進到照顧戶的家中，驚訝地發現，那戶人家都席地而坐，屋內看不見一張桌子、椅子，就如教科書上所說的「家徒四壁」。震驚之餘，過去一幕幕處罰學

馬來西亞馬六甲教師生活營，教聯會老師專注學習靜思語教學。攝影／翁瑜敏

生的畫面，浮現在她的腦海……

想起自己對學生的批評，想起那本被撕碎的習字本，想起一下下落在學生掌心的籐鞭，家訪後的羅繡甄回到家中，不禁落淚懺悔。

「想不到我竟然會天真地以為送文具就能改善貧窮孩子的學習，卻沒有考慮過學生的能力與自尊，只是一味要求成績，卻忽略原來『問題的孩子』背後，都有很多『孩子的問題』。」

當靜思語教學的精神逐漸融入羅繡甄的心中，她開始與其他教聯會老師，設計靜思語繪本，讓老師們可以當作美術課的教材。然後一群人再帶著家庭聯絡簿、華文課本、靜思語繪本到外校分享。在鄰近的六十五所華語小學中，只要校內沒有慈濟教聯會種子老師，她就前往舉辦講座；甚至連遠在千里之外，需要兩小時車程，再轉搭三小時飛機的東馬沙巴州首府亞庇，也都有他們的足跡。

一九九七年，羅繡甄轉調到晉巷華文小學任教，校長請她擔任訓育組主任，讓好不容易放下教鞭的她進退兩難。她靜心思考，學生送到訓育組，通常都是犯了打架、偷竊等嚴重錯誤，如果由別人當訓育主任，學生犯錯可能只是打過就算了；若自己能在處罰前，先用靜思語故事來澄清學生的價值觀，或許會對孩子更有幫助，於是便接下了主任一職。

訓育與靜思語的結合，讓學生不再對「訓育組」三字望之生畏，羅繡甄進一步在學校推動環保、帶學生到老人院關懷，而最讓她感動的是，一位小男生在關懷老人院後對她說：「老師，本來我以後長大要把父母送去老人院的，因為我聽說老人院是個很好的地方，可是我看見他們都很可憐、很心酸的感覺，所以我回去要孝順父母，以後還要在家照顧他們。」

打破眾人對「訓育組」刻板印象的羅繡甄，在二〇〇一年又有了新的突破。當時馬來西亞政府鑑於小學生的逃學、翹家、偷竊等行為愈來愈頻繁，決定在小學裡增設「輔導老師」，由學校推派老師接受三個月的輔導課程，結果她又雀屏中選，成為當時身兼「訓育」與「輔導」的第一人。這兩種別人眼中衝突的身分，在她身上卻感受不到絲毫的矛盾，因為對她來說，都是——愛的教育。

回顧成為慈濟教師的十七年裡，羅繡甄慶幸有靜思語教學的因緣，讓她得以轉變與學生們的關係，如今每天早晨在晉巷華文小學前，學生主動的問候，仍持續激勵著她，不只要做個授業的「經師」，更要做個傳道的「人師」。

婆婆媽媽辦教育

文／蔡翠容

二〇〇一年，吳王淑慧自服務三十年的小學退休後，整理行囊，準備前往上海陪伴在當地經商的先生，計畫邁向截然不同的人生路。

小時候家境貧困，由母親籌錢協助完成學業，淑慧暗自立下志願，要當位作育英才的老師。長大後，懷著一分感恩回饋的心，投入教職，多年來春風化雨、育才無數。屆退之際意識到兒時心願已了，接下來想以志工生活，展開下階段嶄新的人生。因此，在出發到大陸之前，淑慧將一套慈濟志工服裝放入行李，並查詢在大陸慈濟聯繫窗口邱玉芬的電話資料。

來到上海，淑慧順利聯繫上邱玉芬，隨即安排投入志工活動。這一天，上海聯絡點聚集了三、四十位不同年齡的婆婆媽媽，準備各式的道具與手繪海報，談論聲調此起彼落、好不熱鬧。

「來，來，來，你們倆扮羊，把頭套給套上。」兩位媽媽「聽話」地手拿羊形頭套，走到製作完成的窄橋旁就定位。

「小朋友，羊想要過橋，過不了怎麼辦啊？」盤著花白頭髮的慈濟志工提出問題。窄橋兩端，扮羊的兩位媽媽，在僅容一個人的「窄橋」上，迎面而行，臺下幾個人大聲起鬨：「跳起來！」、「等著唄！」首次排演，有人一上臺就頻頻出錯、忘記臺詞，「喔！我又忘了。對不起，再來一次。」臺下笑聲不斷。有人上臺兩次、三次……仍然繼續排練。

初次參與活動，淑慧看到這群準備到江西辦活動，做靜思語教學的婆婆媽媽，齊聚一堂，自製表演道具，一次次的演練；練到滿臉通紅、氣喘吁吁，仍是不氣餒、不放棄。其中大多是臺商夫人，沒有一位是老師，卻充滿土法煉鋼的教學熱忱。

她初識這群活力充沛的志工，心想：「我能夠幫她們做些什麼？做了三十年的教育，我能為慈濟付出些什麼？」淑慧希望能發揮教育所長，當下決定加入上海慈濟教師聯誼會的行列。

善用每次回臺的機會，淑慧參加大愛媽媽、親子成長班的共修與課程，從教案中汲取更多經驗與活動內容。運用在臺灣所學習的慈濟人文與教育方向，配合多年的教學經驗，使她很快地成為大愛媽媽成員們的最佳「指導」與「助手」。

來到甘肅慈濟水家小學，淑慧善用巧思，與大愛媽媽們，以當地有限的資源，製作善巧的教具。她們在鐵碗上鋪上的乾草，做成了鳥巢；用二十元當押金借來的一條床單，綁出栩栩如生的兩隻烏鴉布偶。

「我是『嘎哇』，我叫『哇慶』……」大愛媽媽在臺上，手握著布偶，展開了布偶劇《慈屋反哺》，以孩子們熟悉的當地語言，寓教於樂，傳揚行孝的精神。淑慧認為用簡單的教具、活潑的遊戲或生動的戲劇，融入當地風俗民情，是幫助孩子吸收良好教育與觀念的最佳方式。

在臺灣大愛媽媽進入校園推廣靜思語，是直接落實在學生的教育課程中，且有老師的支持與推廣；在大陸地區，志工是利用孩子們等待領取助學金的時刻，開啟靜思語教學，以分組攻站的遊戲形式進行，在每一分站分享一句好話，鼓勵孩子們行善向學。

一次次的助學發放，淑慧發現學校老師將受助的孩子送來後，總是在教室外吸菸、聊天。於是，慈濟志工主動展開邀請，志工的笑容與熱情，使老師們欣然加入，並有機會接觸到「靜思語教學」。

除了邀約參與發放的老師們，淑慧與志工結合，舉辦茶會與分享活動，擴大招生社區志工。這群婆婆媽媽用心深耕教育，影響力漸漸擴及至上海高知識分子，從幼兒園、小學、中學，到大學的老師們，都來參加。大陸知名演講家劉強教授，因受感動主動提供一場演講，因而帶來更多慕名者與老師參與。

小陸老師任教於上海四大名校之一的附屬中學，在慈濟志工熱情邀約下加入志工，其後參與關懷敬老院活動，初見慈濟志工與院內長者如家人般地互動，她不禁紅了眼眶，更啟動她孝親的念頭，「回家一定要好好抱抱爸爸、媽媽。」

恰好，學生為了志願服務的機會來找小陸老師。在中國大陸學生志願服務已經蔚為風潮，服務的經歷、成績，往往能為學生的未來，創造競爭優勢。學校設計志願服務認證，要求學生兩年內必須完成。為了達成目標，學生極盡所能找人認證蓋章，有時回家做點事情，就得到一張父母簽名認證，服務過程往往缺乏真實感動。

小陸老師深恐志願服務失卻意義，因而決心帶孩子們去體會她做志工的感動。

那天，在慈濟志工的安排與陪伴下，小陸帶著學生們參與「張江敬老院」的關懷活動。春陽暖呼呼地灑在每個人的身上，小陸帶著學生們，和志工一起走入敬老院，親切問候院方的爺爺、奶奶們。寂靜的走道響起一聲聲歡愉的聲音，「你們來啦！想死你們了。」老人家拄著柺杖或坐著輪椅，個個露出燦爛笑容。

「你家住在那努灣，我也住在那努灣，原來我們都是一家人……」隨著音樂，志工們舉起雙手，左右轉呀轉的，腳步右踏左併，在熱鬧的團康活動中，老人家像是一群快樂小天使，跟著唱跳，連初次參與的學生們也拋開原來的羞澀，伴隨歌聲笑聲一起伸展肢體，小陸在一旁驚訝不已。

跟著志工的動作，一雙雙稚嫩的十指，落在爺爺、奶奶駝厚的肩背上，又捏又壓，同學們左右互瞄按摩的動作，雖然一顆顆汗珠在紅通通的臉頰滑落，但雙手卻未停止下來。

接下來的日子，小陸老師又帶領學生參與多次志工活動，孩子們志願服務的熱情被啟發出來。

「老師，咱們家小悅在您這兒學習特多，您看，家裡沒有老人家，她從來沒有這麼細心過。」孫悅的爸爸揚著聲調與老師分享著。「對呀！她呀，現在還主動幫忙做家事，我們不開心的時候，還跟我們說：『生氣是拿別人的錯誤懲罰自己』……」媽媽也忍不住分享女兒的轉變。

學生們開始主動尋求觸動人心的服務機會，認證點數也因此迅速上升。一次和外校德育評比獲得獎項，引起德育主任的重視和好奇。聽聞之後非常感動，決定報名參加慈濟教師研習，認識慈濟是什麼樣的團體？研習之後，他更主動邀請慈濟志工蒞校分享，並在學生面前，主動介紹慈濟。

二〇一一年，靜思語教學陸續在大陸華東地區的校園邁開腳步，由最初的一群婆婆媽媽，從校園深耕到社區，跟著推動環保，未來更準備為清寒上進的學生發放助學金。吳王淑慧從臺灣到上海，與這群婆婆媽媽結下好緣，也開創嶄新的教育之路，十年來持續累積儲糧，一步一腳印在大陸華東各地繼續撒播慈濟「愛心教育」的種子。

「廈」一站，幸福！

文／李美儒、賴睿伶

深夜十一點多，在星月相伴下，一群來自廈門的臺商們，在暗夜裡抵達閩侯的一間賓館；他們來自不同的公司，但是卻有共同的身分——慈濟志工。從夕陽餘暉到月上枝頭，從高速公路到山間的顛簸，對於這些分秒必爭的老闆們來說，一路上要把握的不僅是時間和車程，更重要的是要在開學前，將新年度的助學金發放給孩子們，讓助學生能安心註冊上學。

這一群臺商中的劉素珠第一次參加慈濟助學金發放的活動，在車上練手語、跑流程，還要討論工作分配，騰不出闔眼的時間，即使如此，心中的興奮感卻讓她忘了疲憊，「這些人忙進忙出的，都不累了，我怎能累？他們週五下班後，立刻趕五、六個小時的山路，披星戴月的，臉上還充滿著笑容……」心中這麼想著，手上的活也不敢慢下來……終於讓一箱箱的物品一一定位，此時她的嘴角就像懸在天空上的彎月一樣。

那一年的秋，清涼的夜、甜甜的愛，流淌在劉素珠的心頭。隔年，二〇〇六年夏天，她再度跟著團隊出發，向北直上福州，為福州醫科學大學的學生發放助學金。

第一次是感受，第二次是感動，每次的助學金發放少不了助學生們的感恩分享，有的孩子是怯懦地表達感謝，有的孩子則是高聲談起自己的夢想，一棵樹苗一個夢，因著能夠求學，這夢田裡的小樹逐漸茁壯。

一位瘦巴巴的男同學吸引了劉素珠的目光，站在臺上的他，穿著一件被土灰染雜的白上衣，搭著一條皺巴巴的黑色長褲，面有菜色，一副營養不良的樣子。「我來自四川……」他的模樣讓人不禁屏神凝聽，「全村只有我一個人考上大學，但因為父親往生，母親種田，沒錢讓我上大學，所以親友發動全村集資，給我買了一張到福州的車票，才讓我有機會來唸書。」

頓了頓語氣，他繼續說著：「全村捐的經費只夠我坐車到學校，所以唸書需要的食衣住行都要靠自己打理，身上沒有錢，只好去申請慈濟助學金。我很珍惜慈濟給我的這份助學金，我會好好運用、努力讀書，學有所成之後，我一定要返鄉回饋社會。」

哽咽的男孩，舉措間的靦腆，從四川到福州，遙遠的路程上，全村的祝福是最好的行囊，但是生活呢？學費呢？還好有慈濟人的愛補足了缺憾，讓他在異鄉能為衣錦還鄉的願望拚搏著。語默之後，緊接著掌聲雷動；是心疼，讓許多人悄悄拭去臉上的淚，「這男孩的分享，讓我好感動……」眼眶泛紅的劉素珠，對著一旁的師姊這麼說。

一年來的助學訪視，上山下海，劉素珠回想著，這段時間以來，看到無數偏遠鄉間的窮困景象，何謂真正的貧窮與人間疾苦？親自參與發放後，才知原來是如此苦澀的滋味。「今天這個男孩就是國家未來的棟梁，在他經濟有困難的時候，適時的幫助，讓他能安心就學；將來學有所成，就能改善家庭、回饋社會，慈濟發放助學金是多麼有意義！」心中想著，行動上也不慢著，她決定要為這些貧苦的孩子做更多的事，也從心底盼望著，在臺灣生活無虞但個性叛逆的兒子，能夠知福而改變。

「兒子你很幸運，生長在我們這個家庭，父母早就幫你準備好學費，你只要好好讀書就可以……」同年的冬天，卸下女強人外表的劉素珠，用媽媽的溫暖，緩緩地將四川男孩的故事告訴了兒子，這一日，母子交心，一個男孩的生命教育了另一個男孩，就讀高中的兒子彷彿心有所知，漸漸地改變生活習慣，自律、讀書，從放牛班而考上大學，如今已從研究所畢業。

「證嚴上人說，當你真心去愛別人的孩子，你的小孩就會得到別人的關心，這或許就是回向。」助學金發放改變了劉素珠的家庭。

二〇〇八年，已受證慈濟委員的劉素珠，勇敢承擔了廈門助學金發放窗口，當時前來舉辦教師交流的臺灣教聯會曾裕真老師的一句話，感動了她：「證嚴上人說要用媽媽的心去愛孩子，助學金發放不但給予物資的幫助，最重要的是要給孩子們愛與美德。」「愛」與「美德」如絲線般串起每個在她腦海中辛苦求學的孩子，就是因為這分愛與美德，讓助學的孩子苦而不怨、貧而不餒，也增加劉素珠心中的使命感。

除了推動助學金發放外，為了能帶動更多的老師認識靜思語、推動靜思語教學，廈門志工與臺灣教聯會的老師們舉辦多場教師研討會。

「大陸獨生子女偏多，造成一家六口人——爸爸、媽媽、外婆、外公、爺爺、奶奶，共同寵愛一個小皇帝或小公主，讓他們只知道一味地接受別人的愛，卻不懂得為別人付出。慈濟的靜思語教學讓孩子們把好話牢記在心，並且實踐在日常生活中。」靜思語教學研討會中，海峽兩岸教師交流溫馨熱鬧，一位女老師學到很多靜思語教學的法寶，忍不住這樣說。

另一位新圩中學的女老師也高興分享：「班上有位很『大條』的男生，常讓我頭疼。但看了靜思語說『生氣是拿別人的過錯來懲罰自己』，我就改變說話的語氣，想不到他不再和我對立，彼此關係也變好了。」

「要求孩子不能抽菸，老師卻可以公然在學校抽菸，慈濟的教育理念強調的是：『化人』必先『正己』。」另一所中學校長也有感而發。

每逢教師研討會，身兼承辦人和生活組志工的劉素珠，總是穿梭在人群間，除了默默為大家遞上點心、茶水之外，也在老師們的互動和討論中，更深入認識慈濟教育人文，隨著一場又一場靜思語教學交流活動的舉辦，慈濟人格教育漸漸地在廈門播種發芽。二〇一一年五月，慈濟廈門教師聯誼會在廈門聯絡處正式成立，劉素珠將投入三年的助學工作移交訪視團隊，專心配合基金會宗教處曾裕真老師，帶動

中國大陸廈門冬令訪視，劉素珠和其他志工熱忱問候老人家。攝影／曾美玲

當地的老師們成立親子成長班、靜思語教學在地化教案編輯等等。

「我的人生何其有幸！助學活動讓我有機會成為別人生命中的貴人，改變自己也改變周邊的人！」從因溫情而感動投入的助學，到承擔靜思語在地化教案推動的使命，劉素珠在廈門推動慈濟人文教育的腳步，如一位辛勤耕耘的農夫，一畝畝的播種、灌溉、除草、施肥，期待的就是將愛的力量培植在閩南每個地方，讓廈門下一代的孩子都能有張幸福快樂的笑臉。

「雖然我不是老師，卻有機會協助老師教學交流，讓校長、老師找到方法，散播愛與善的種子，也希望能做到上人說的：用媽媽心愛孩子，傳承善與美德。」

青年篇

照片／慈濟基金會提供

第一堂

緣起「那段時光」

播下第一顆種籽

文／梁妙寬、羅世明

清華大學校區裡，參天的大樹下，灑落些許金黃色的陽光；幾隻白鷺鷥掠過成功湖，水邊的鳳凰木，偶見松鼠穿梭林間。剛考上清華大學統計學研究所的張子貴，若有所思地漫步校園。她想著小時候讀過吳靜吉博士寫的一本書——《青年的四個大夢》，裡面的第四個大夢就是「追求人生的自我實現」。「現階段的自我實現是什麼？」張子貴正以知識分子的使命感，思索著人生的價值與如何追求生命的自我實現。

在來清華之前，她是臺北縣汐止國小的老師，因為同事慈濟委員陳美羿老師邀約前往花蓮靜思精舍參訪，看到慈濟醫院才剛蓋好，極少醫師願意到花蓮服務，證嚴上人為了尋找醫師，鎮日憂勞不已，希望能成立醫學院自行培育良醫，因此，無論是經費、人才都極度缺乏。張子貴對於上人推展醫療與教育志業深感認同，便不斷思維著如何結合自己的專業來共襄盛舉。

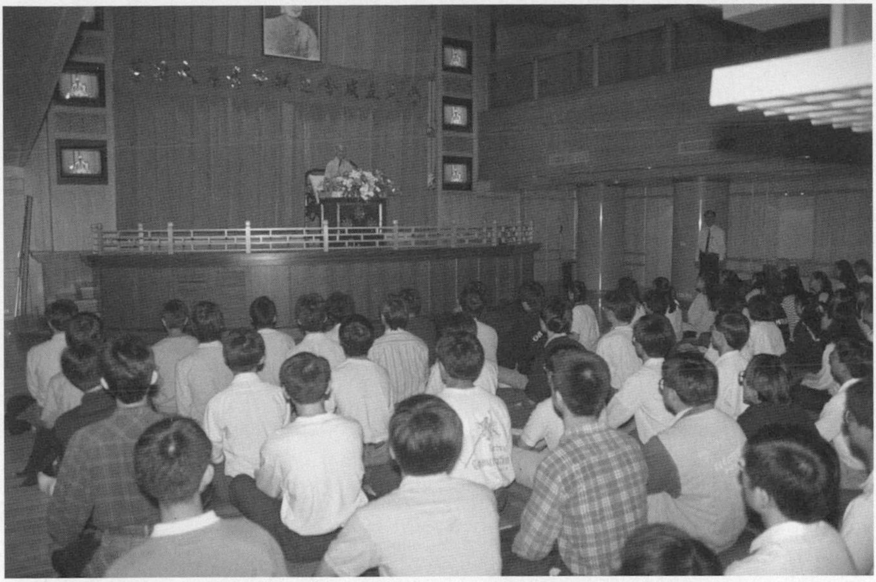

1992年5月31日「慈濟大專青年聯誼會」於臺北分會舉辦成立大會，共四十多所學校，一百七十多位同學參加。照片／慈濟基金會提供

回到臺北，不忍上人辛勞，張子貴立即加入慈濟勸募的行列，並且受證為一〇八九號慈濟委員。然而，在她心裡面卻感覺到這些都還不足以為上人分憂。一九八八年慈濟護專動土，隔年即將開學，慈濟醫學院也在積極規劃中，未來慈濟將需要許多專業人才來協助推動醫療與教育的志業，上人如何找到這麼多人才來培育具有良知良能的醫師和護士呢？

一股知識分子的使命感油然而生，張子貴覺得自己如果能幫上人接引知識分子投入慈濟志業，將是非常有意義的。當時國內的統計學研究所不多，清大是第一志願，加上新竹是科技業重鎮，也是高知識分子聚居的地方。她下定決心，要以清華大學統計學研究所作為進修的目標，同時構思如果考上後，要如何在校園中，接引更多知識分子投入慈濟工作。

一九八九年，張子貴如願考上清華大學統計學研究所，到新竹之前，她即先和當地的慈濟委員鄭粧、曾海洋等人聯絡。一到新竹之後，立即與新竹的委員商議如何在新竹地區推動慈濟工作，她覺得應該從加強社區共修作出發點，於是規劃每週三晚間七至九點，在社區辦理定期的慈濟委員、會員共修會，加強委員、會員對慈濟的認識及經驗交流，並且凝聚共識。當時的慈濟委員以家庭主婦為主力，雖有樸實誠懇的特質，卻鮮少像張子貴這樣的慈濟委員，以知識分子的思維及規劃力來發展慈濟。

在新竹的共修，張子貴會以慈濟訊息或聽經的心得與大家分享，剛開始參與的人並不多，新竹區的委員也比較怯場，不太敢站出來分享自己的慈濟經驗，在主要靠口耳相傳、人際互動方式推展慈濟的年代，前進的腳步顯得比較緩慢。於是她每週邀請北區三位慈濟委員或慈誠前來新竹分享做慈濟的心得，藉此帶動新竹區委員們分享慈濟經驗的風氣。分享的故事動人，許多人深受感動，逐漸有人會帶著親朋好友來參與，人愈來愈多，最後不但擠滿了會場，甚至擠不進來的，只好站到門外的小巷子裡旁聽。

另外在校園推廣部分，張子貴發願要隨機在清大及交大校園內介紹慈濟。透過唸書時建立的人脈，她逐一邀請有興趣的同學、師長參加慈濟的共修會。在初期的拓展上，她擅長的素食家常菜，可以說是幫了不少忙。

在清大唸書期間，張子貴借住在乾媽趙昭子教授的學校宿舍裡，屋裡寬敞舒適，還有廚房，因為學校附近少有素食店，她都自己下廚開伙，經常以炒米粉邀請出門在外的同學們一起分享。後來為了接引清大與交大的同學參加週三晚上的共修會，她便在這天晚上親自下廚，利用美食吸引同學們前來參與。

吃人嘴軟，同學們吃完飯後，當然不好意思馬上離開，總要聊上幾句話，張子貴就利用這個機會介紹慈濟，並且鼓勵他們用完餐後，一起去參加新竹區慈濟的共修會。後來，當用餐人數較多之後，有一些同學還會來幫忙揀菜和洗菜，在備餐和用餐的過程中，她有更多的時間和大家閒聊，很自然地分享慈濟的種種。私人情誼與對慈濟的認同與日並進下，不少同學便陸續參與慈濟的活動。

這些同學都具有善念，且大多是清大和交大佛學社團的成員，在認識慈濟後，便紛紛在佛學社團內分享或推廣慈濟活動，並參與共修及委員的訪貧工作，甚至連附近新竹師範學院的同學也共同參與。

一九九〇年十二月，張子貴籌辦了第一次花蓮靜思精舍參訪之旅，她招呼著三十位交大、清大師生，進入觀音殿聆聽上人開示，那次大家感動滿滿賦歸。隔年三月，她再次安排交大訓導長郭義雄教授，率領交大師生一行五十多人前往精舍參訪，上人特別與他們座談，「往上比，天是沒有頂的，永遠令人心不滿、不足、不安，所以要知足；今天在一流學府安心求學，所以要感恩。」上人又勉勵眾人：「覺得應做的，便要去做，發揮本身社會的功能，勿輕己能。」受到上人無私建設醫院、學校，利益人群的大無畏精神而感動，師生們紛紛皈依上人。

座談中，交大管理科學研究所的詹天賜教授，發心長期義務協助慈濟基金會及花蓮慈濟醫院規劃電腦化系統。後來交大畢業的一些同學如黃兆民、林信漳等，也在詹教授的指導下，一起投入電腦系統的建置，最後留在慈濟服務。張子貴希望為上人延攬專業人才的目標，此時終於有了開端。

不過，延攬人才進入慈濟，事後成效最大的，反而是無意間開展出的「慈濟大專青年」這個團體。和她一起在校園推動慈濟的這些學弟、學妹們，如交大的蔡宗宏、台大的陳祈森、新竹師範的王佩茹等，他們將慈濟大專青年的種子，透過舉辦一梯梯慈濟醫院志工隊的體驗，以及校園慈濟社團的推動，一屆屆地傳遞下去，帶出綿延不斷，更多、更廣的慈青種子。

一九九一年，慈青的發展，已擴及到了北區、中區和花蓮三地，為加強各校之間經驗的交流與心得分享，張子貴決定發起「慈濟大專青年聯誼會」，九月八日在臺北「慈濟文化志業中心」召開籌組會議，計有臺大、中興、淡江、文化、清華、交通、靜宜、輔仁、竹師、北醫、慈濟護專等校代表三十餘人參加，上人及慈濟基金會副總執行長王端正均親臨致詞鼓勵。上人勉勵大家「人生道路，要一步一腳印，步步踏實。」

一九九二年五月三十一日，「慈濟大專青年聯誼會」正式成立，組織章程由張子貴負責擬定，一顆顆充滿希望的慈青種子，從此不斷發芽茂盛成長，由國內擴展至海外。

個子嬌小、做事嚴謹的張子貴，如今已是大專院校的副教授，繼續在教育界為作育英才而努力。事隔二十餘年，如今回首當年，昔日慈青夥伴們為理想奮鬥的熱情，猶在她的心中迴盪不已……

「當年有些想法與理念，在一股熱情下成立了慈青，這一群人都有很好的善念，聚在一起所散發出來善的言行舉止，令人感到很溫馨。這樣的善念是慈青很棒的特質，在過程中不斷引發許多動人的故事。因此只要這個精神永存，慈青動人的故事將會永無止境地呈現出來。」

青年的成年禮

文／羅世明

「哇！怎麼全身都是血？」一位年輕人被救護車送了過來，急診室的護理人員朝著志工呼喊。第一次到醫院擔任志工的李文忠趕緊趨前，準備將傷患抱起來換床的時候，對方混身是血的景象讓他嚇了一大跳。

「查看看身上有沒有證件！然後趕快報出他的姓名和出生年月日給我！」醫生在背後交代。李文忠翻尋對方的口袋，好不容易找到了身分證，正準備唸出，李文忠又是一愣，因為傷患正巧與他同年，生日又在今天！

「不曉得十九歲的生日能不能過完？」李文忠看著這位年紀相仿的年輕人，感慨同樣的十九歲，命運竟是如此不同，體會到證嚴上人說的：「生命就在呼吸間。」才剛唸交大一年級的李文忠提醒自己：「一定要趕快把握生命中的每一秒做有意義的事，否則無常一來，人生又能如何呢？」

李文忠只是慈青初期，許多前往花蓮慈濟醫院體會醫療服務的志工之一。

一九九一年六月，就讀交大的蔡宗宏，在清大研究生也是慈濟委員的張子貴帶領下，舉辦第一梯次的「大專青年義工隊」，前往花蓮慈濟醫院服務病患；許多學子因此從「做」中體會慈濟人文與精神，並發願為淨化人心盡一分力。於是在第二梯次時，證嚴上人為他們正名為「大專青年志工隊」，說明「志工」乃志願工作者，須抱持歡喜、感恩心，盡一己之力，全心為他人付出，無怨無悔。醫院志工隊，遂成為早期大專青年瞭解慈濟精神，以及培育大專慈青幹部的搖籃。

在那個年代，慈青還沒有獨立的社團，早期的成員幾乎來自校園佛學社團，例如清大的慧鐘社、交大的鐘鐸社、臺大的晨曦社。醫院志工隊強調實際體驗，做中學、做中覺的方式，有如佛教的「行」門，也讓慈青感受到慈濟與其他重視唸經、修禪的法門，有顯著的不同。而精舍師父一日不做、一日不食的克難精神，更是這群大專青年學習的指標。

蔡宗宏猶記得辦理志工隊的過程中，發生了一件糗事，不過卻讓他深刻體會到花蓮靜思精舍常住師父那一分無私無我的奉獻精神。那一次，他安排慈青志工隊前往花蓮，雖然已經和負責醫院志工的慈濟委員顏惠美、靜思精舍的德如師父事先聯繫過

慈青組成醫療志工隊，服務病患的同時，從病患身上體會「見苦知福」。攝影／楊政璽

了，但卻沒有確定抵達的時間。

當天慈青志工隊一行人，在接近中午時抵達花蓮靜思精舍。那時的常住師父人很少，也沒什麼訪客，同學們都說肚子餓了，蔡宗宏就帶著大家，熟門熟路地往精舍大寮（用餐處）走去。結果門一打開，大家突然一陣安靜，因為包括證嚴上人在內，大約五、六桌的師父正在用餐，此刻所有人都停下動作，對著他們張望。

德如師父反應很快，馬上站起來招呼他們進來用餐，而上人和其他師父迅速吃幾口飯，就全部起身離開，將位置讓給他們。蔡宗宏當時沒想太多，事後才愈想愈不對，事情怎麼可能這麼湊巧？

原來精舍生活很辛苦，飯菜得之不易，通常是豆腐乳配點青菜。那一餐，慈青志工隊突然造訪，沒有現成的飯菜可供應他們，師父們乾脆就不動聲色，把中餐讓給了慈青，寧可自己餓肚子。

參訪靜思精舍，讓志工隊同學體會到常住師父自律、勤儉的精神；醫院的志工服務，則讓同學們從人生百態中，體會人生無常，懂得要把握時光，知福感恩。

「哇！好可愛喔！」另一梯次由臺大學生組成的志工隊裡，陳淑誼早上在育嬰室服務，看到小寶寶的家人欣喜萬分迎接新生命；到了下午，卻接獲另一位病人往生的消息，「方生方死，方死方生」，陳淑誼感慨生死無常，人生必須及時發揮良能。

詹碧真則每天進出不同病房，接觸到許多學校生活裡難以想像的人生百態……

一位孤單老人，一生為子女拚死拚活，寧願自己挨餓受凍，也不願兒女們吃任何苦；提到子女的成就，他就滿心歡喜，但問起誰來照顧他時，他卻淚溼衣襟，沉默不語。

一位女孩需要靠氧氣罩呼吸，小小年紀就受盡病苦的折磨。當詹碧真唱歌給小女孩聽的時候，心情複雜極了，而這位小女孩最大的心願，也不過就是希望能夠像她一樣快樂唱歌而已！

一位因為神經萎縮而無法動彈的老先生，當他用力握緊拳頭，無比艱難地觸摸到自己肌膚的剎那，老先生尖叫、喜悅的神情，讓一旁觀看的詹碧真，淚水忍不住落下。

在這之前，幾乎沒有人認真想過，要如何將一個陌生人視為自己的親人，與他寒暄問暖、閒話家常，但來到醫院，他們卻學到了。

因為來自佛學社團，他們把七天的醫院服務當成是「打佛七」，為病人洗澡是「浴佛」，唱歌給病人聽是「讚佛」，幫病人推輪椅、穿鞋，替他們服務是「禮佛」，為病人端水、削水果是「敬（供）佛」，到病房慰問病人是「繞佛」，而送病歷則視為「跑香」，他們以妙喻善解，全心一志地投入其中。

一週的醫院服務，許多同學都反省，自己對陌生人可以這樣付出，為什麼對最親近的父母卻做不到？於是在營隊結束後，幾乎每個人都迫不及待想飛奔回家，含淚向父母道出心中的感恩和懺悔。

行動中得到感動，在每次回程的火車中，每個人都心得滿滿。慈青幹部打鐵趁熱，開始勸募志工隊的學生加入慈濟，成為會員。蔡宗宏就是因為帶志工隊的緣故，一九九一年以還未畢業的慈青學生身分，受證慈濟委員，第一年就募得會員一百多人，第二年更增加到兩百多人。

不過，慈青的活動雖然豐富，然而一旦畢業進入社會，往往因為家庭、婚姻、事業而無法繼續做慈濟。蔡宗宏也是，畢業後在資訊工業策進會工作，待遇好、前景佳，漸漸地就不再那麼積極投入志工服務。但每次參加慈青聯誼會等活動遇到證嚴上人，上人都會問他：「你什麼時候回來（慈濟志業體工作）？」語氣之中，充滿期待。

被問得十分心虛的蔡宗宏，一九九六年決定邀集幾位畢業慈青，一起報名慈濟大陸賑災團，重新投入慈濟活動。負責安排大陸團隊人選的德融師父，行前期勉他把畢業的慈青組織起來。賑災時，上人透過電話得知大家賑災感受很深，於是詢問大家：「感受深，有沒有發願？」當下蔡宗宏向上人發願，要把畢業慈青組織起來。

一九九七年六月二十一日，慈青慈懿會負責人呂芳川及慈青三位教授爸爸劉佑星、曾漢榮、范德鑫等人的協助下，在臺北分會舉辦了第一次的慈青學長回娘家活動，上人正式宣布成立「慈青學長會」，任務為輔導各地的慈青社，以及培訓成為慈濟委員或慈誠。蔡宗宏則在一九九九年辭去臺北的工作來到花蓮，在慈濟技術學院任教。

在學為慈青，畢業後是慈青學長，培訓受證成為慈誠、委員，或是進入慈濟志業體工作，延續慈青時為社會付出的理想。校園、社會兩相銜接，也為慈青鋪出了一條不悔的人生路。

緣起晨曦

文／陳誠皓、陳守環

初春的臺北天空帶著將雨的晦暗，三月的風吹著灰色雲層迅速流轉，陳祈森推了一下眼鏡收回遠望的視線，加快了腳步，追上了即將開走的公車，找到一個臨窗的座位坐下，舒緩一下旅程的勞乏。

四個多小時前，他還站在花蓮靜思精舍的白屋頂下向證嚴上人辭別告假，日出東方的朝陽，將清翠的松樹拖曳出長長的身影。晨曦中，上人幾句叮嚀，「要用心課業」、「用心接引同學」……他想到上人最後還不忘提醒「要記得常回來」，心中一陣溫暖流淌而過，更加堅定了自己選擇的方向……

一九八八年，陳祈森大二轉系進入臺灣大學農業化學系，開始對佛學產生了極大的興趣，他主動接觸不同的法門，更在同系學長曾皇鈞的引介下，參加了臺大佛學研究社團——晨曦社。然而在跑過幾個道場，聆聽過一些佛學講座，也參與過幾次學長組的活動之後，陳祈森漸漸感覺不滿足，「難道在社團，都只能學習理論嗎？」「佛教是這麼好的宗教，為什麼沒有佛教辦的醫院？為什麼沒有像天主教、基督教這樣走入人群，從事更多的社會服務？」這兩個困惑盤據在心頭好一陣子，他決定向學長曾皇鈞請益，卻開啟了與慈濟的因緣。

從小就被慈濟委員的姑姑曾美真，常常帶到靜思精舍的曾皇鈞，告訴這個憨直的學弟，有一所佛教辦的醫院，並且拿出了《慈濟》月刊、《慈濟叮嚀語》、《慈濟護專三週年紀念版靜思語》及《慈濟歌選》錄音帶與他結緣，之後還不時提供資料及最新訊息與他分享，這些資料使得陳祈森讀後聽後大為感動，暗暗下定決心，有朝一日要到精舍去參訪。

隔年七月，陳祈森搬到臺大男一舍，宿舍外洗衣坊的老闆娘恰巧也是慈濟委員的「幕後」（幫慈濟委員募款者），基於對慈濟求知若渴的心，他向老闆娘請求，任何有關慈濟的資料，不管是當期或過期的，他都願意細讀。老闆娘被他的精神感動，不但提供所有的《慈濟道侶》、《慈濟》月刊，還介紹慈濟委員謝洪春與他認識。理所當然，陳祈森成了她的會員，又從她那邊得到許多第一手的訊息，包括慈濟廣播錄音帶《渡》。裡面慈濟志工林松典的故事，給他許多啟發——錄音帶中，上人對林松典開示，對慈濟要「多瞭解」。

「多瞭解」這三個字立刻被陳祈森奉為圭臬，在慈濟出版品不多的年代，他極盡所能蒐集消化慈濟訊息，《慈濟》月刊及《慈濟道侶》中的每一篇文章，他起碼都反覆讀過三遍，每天固定在早上六點零五分及晚上十點收聽《慈濟世界》廣播節目。而且只要一聽到慈濟的活動消息，他都盡量排除困難參加。

入秋後的十月，他隨著慈濟列車回花蓮尋根，參訪過慈濟志業體及靜思精舍後，感動於上人的慈悲和慈濟入世弘法的精神，正和他心中期待能在現實社會中付出的理想佛教不謀而合。他當下發願要把慈濟精神引入臺大佛學社團晨曦社，要在崇尚研究「佛學」理論的社團風氣中，鋪出一條「學佛」的實踐之路。

接下來，陳祈森除了利用廣播、月刊等媒體「多瞭解」慈濟，也透過謝洪春及曾皇鈞認識了相當多的北部慈濟委員如陳美羿、林勝勝、喬秋萍、孫淑妙，以及黃永存等。親身接觸後，他更加清楚慈濟到底是怎樣一個團體。而這些長輩們對陳祈森年紀輕輕，就對慈濟那麼有興趣，無不十分疼惜，傾囊相授慈濟經驗。這其中也包括了當時就讀清大統計學研究所的慈濟委員張子貴，兩人時常電話長談慈濟校園推廣工作直至深夜。

一九九一年五月母親節，慈濟慈善事業基金會與金車文教基金會合辦「預約人間淨土」活動，上人親臨臺灣大學開示，陳祈森等臺大的同學，欣喜萬分前往聆聽。活動當天，臺大晨曦社同學不但設立攤位義賣紀念品，並將書展所有盈餘全數捐給慈濟，還聯合其他服務性社團，在母親節當天負責所有親子活動的帶領，使得與會的人都度過一個難忘的快樂假期。

這場盛大的活動辦完沒多久，張子貴及她的交大學弟蔡宗宏，準備籌辦第一次慈濟醫院醫療義工隊，經過上人首肯，於一九九一年六月二十四日至二十九日，舉辦了慈濟史上第一梯次的大專青年義工隊（後由上人更名為志工隊），由清大、交大同學共二十四人參加。是時已考上臺大海洋研究所的陳祈森請求張子貴允許後加入，同時也帶著八十學年度（一九九一年九月～一九九二年六月）臺大晨曦佛學社慈濟組預定成立的訊息及年度活動企劃書，面呈精舍師父，獲得認可。

許多活動在一九九一年內密集展開，七月底陳祈森第一次帶領台大的同學回精舍做志工，同學們對參與志工隊反應熱烈、收穫頗多，八月底再加辦一梯。同一時期，

1991年12月25日慈濟基金會於臺大校園舉辦「用愛心擋嚴冬」義賣園遊會，為大陸華東水災募款。
攝影／黃錦益

就讀農業推廣系三年級的馮文慧，因為學期報告訪問慈濟醫院的「志工老兵」顏惠美，被顏惠美的志工精神所感召，決定投入慈濟的校園推廣工作。因緣匯聚下，陳祈森利用九月開學之際，正式在晨曦社中發起「慈濟組」，讓許多已經身在臺大的慈濟志工子女或有心了解慈濟的臺大同學有個匯流的據點，也藉此凝聚起年輕學子行善的力量。

為了增加大家對慈濟的認識，陳祈森規劃每週舉辦一次活動，時常邀請慈濟資深委員前來分享慈濟故事，或是透過學唱慈濟歌選、比手語方式維繫大家的感情，更與北區慈濟委員保持聯繫，緊隨著慈濟志業發展的腳步而前進。

此刻，慈濟基金會才剛剛邁出了「國際賑災」的腳步，卻在大陸華東水災的賑濟工作上遇到空前挑戰——兩岸關係已冰封四十年，臺灣許多民眾並不能接受慈濟貫徹人道立場救助大陸災民的行動。當臺灣東北季風陣陣吹起，氣溫日趨寒冷，證嚴上人憂心災民入冬缺衣少食，呼籲慈濟委員在各地發起募心、募款的行動，晨曦社慈濟組的同學們也沒有置身事外。一場「用愛心擋嚴冬」大陸賑災的盛大募款活動，想要利用臺大的場地舉辦，但臺大的場地，只能臺大的師生申請使用，臺大晨曦社慈濟組，順理成章接下了這個任務。

晨曦社慈濟組學弟、學妹們視為「點子王」的馮文慧，從十月以來，以社團名義跑遍臺大各處室，用盡辦法克服困難，逐一向各單位承辦人員溝通商借操場來辦活動。兩、三個月密集溝通之後，終於如願借到場地。一九九一年十二月二十五日當天，臺大操場上愛心鑼響聲不斷，不僅募心、募款活動迭起高潮，也為慈濟大陸賑災工作打了一劑強心針。活動結束後一天，臺大操場已全面恢復原貌，負責環保工作的晨曦社同學們，繼五月的「預約人間淨土」活動後，又再次完美配合北區慈濟志工，成就慈濟歷史的一頁。

一九九一年二月十日至十四日春節期間，陳祈森再次促成臺大學生醫療志工隊，二十三位同學報名前往花蓮慈濟醫院為病患服務。志工隊結束的前一個晚上，同學們相聚在靜思精舍中庭，推舉馮文慧向上人請求將心燈傳給他們。

馮文慧向上人誠摯祈求說：「在臺大晨曦社有個傳『無盡燈』的傳統，源於維摩詰居士修行時，度化了一群魔女，而魔女們怕退了道心，問法於維摩詰。而我們是新發意菩薩，害怕自己會退初發心，請求上人將心燈傳給我們。如同維摩詰居士傳無盡燈一般……」

獲得上人慈允後，中庭燈光乍滅。陳祈森向上人虔誠恭敬地頂禮後，由上人點燃手中的蠟燭，點傳給陳祈森手中的蠟燭，再由陳祈森點燃下一位手中的蠟燭，如此一盞傳續一盞的心燈，輝映著神聖的使命。

同學們恭敬小心地捧著燭光，默默地在中庭中間排成出半弧形。數天以來，這一群志工同學在醫院服務，體會人生的生老病死、無常隨時到來，歷經了一番心靈的掙扎與生命的蛻變。

分享結束後，所有的心燈又一一地獻聚在上人座前。上人勉勵這群學子：「多麼感動人呀！一盞心燈傳出去，卻是盞盞心燈點亮回來，令人覺得前途光明！」

那一夜，臺大晨曦社慈濟組二十三位成員把有形心燈留在上人座前，也把慈濟靜思法脈的精神帶回校園，透過佛教四攝法中的「同事度」，承擔接引大臺北地區青年學子參與慈濟活動的任務。

走過才能懂

文／廖右先

一九九二年「慈濟大專青年聯誼會」成立，第一套慈青的服裝，由慈濟委員林臣英設計，慈青LOGO也由慈青潘勁瑞設計，經過證嚴上人選定後確認。然而聯誼會的組織該怎麼運作，卻還在摸索階段，密集的會議不斷地進行，仍然沒有具體結果。接下來的寒假，慈青接連舉辦了四梯次的醫療志工隊，加上兩個梯次的冬令營，來自臺中東海大學二年級的熊毅，以及臺灣大學一年級的邱定彬也在其中。透過冬令營分組合作的經驗，慈青傳承必須有組織化幹部的想法，逐漸成形。

大四即將畢業的李文忠、張榮攀等人，與靜思精舍師父商議，草擬了一份幹部名單呈送上人，建議由交通大學三年級的潘勁成擔任全省慈青總幹事、東海大學二年級的熊毅為副總幹事，統籌全臺灣慈青的校園推廣活動。

這份名單經上人確認時，增設了北區副總幹事，並且指定由邱定彬擔任。上人考量潘勁成總幹事在新竹唸書，而臺北地區大專院校密集，臺灣大學晨曦社慈濟組又在陳祈森、馮文慧等學長、學姊的帶動下已蓬勃發展，成立北區副總幹事可以讓各地區慈青會務，都有幹部就近整合資源，接引更多同學加入。

邱定彬和熊毅接下了任務，他們兩人是好朋友，但行事風格卻迥然不同。邱定彬總是可以在大眾面前，豪氣萬千地侃侃而談慈青的理想抱負；而熊毅做事卻是不慍不火，平日沉默寡言但又親切隨和，還記得第一次面見上人，也搞不清楚狀況，竟把一個遲疑許久的問題就這麼脫口而出：「請問上人，什麼是『愛』？」

「無緣大慈，同體大悲。」剛剛聽見上人給了八個字的答案，熊毅心中還在懊悔著，明明自己是想問清楚點，學生該怎麼談戀愛，怎麼就變成這樣了？

「這樣你清楚了嗎？」上人剛解釋完這八個字，眼睛直直地看著熊毅。

熊毅訥訥地回應：「就是我們要擴大自己的愛心，去關心跟我們非親非故的人，把他們當成自己的家人一樣去對待、去愛。」眼見上人點了點頭，熊毅鬆了一口氣，雖然還有點似懂非懂，心想著：「就先這樣做吧！上人說的不會錯。」

營隊結束，兩人回到校園，邱定彬立刻將自己的壯志付諸實行，儘管還不完全熟悉各校的慈青生態與環境，他還是決定先把參加過營隊的慈青找出來，讓這群「彼此陌生卻有營隊默契」的團隊先分攤功能組的職務，除了舉辦北區例行性活動，還要支援各校慈青的發展。

然而，邱定彬從學期一開始的躊躇滿志，在遇到各校的期中考之後，整個團隊就已經快要無以為繼了……

剛剛才熟稔彼此的北區幹部團隊，人人頂著課業的壓力，還談不上輔導校園發展，這群年輕人就得先面對三、四月之後的暑期營隊——共有三梯次的大專青年生活營及八梯次的慈青志工隊。在經驗不足的情況下，邱定彬及夥伴們忙於聯繫、確認各校的報名人數，還要協調營隊工作人員人力，更要趕緊安排食衣住行等庶務工作。

焦頭爛額之際，邱定彬秉著一股倔強的脾氣，打算要克服所有困難，他寧可不去上自以為「不重要」的課，包括軍訓、體育課被「當」也不在乎，他想要把所有時間都拿來處理慈青的事務。面對夥伴們善意的提醒，他也全當耳邊風，甚至常常動氣，認為大家都在阻礙他把事辦好；無論怎麼好說歹說，邱定彬就是不肯降低要求做事標準，即便與大家怒目相向也在所不惜。

在暑期營隊中，求好心切的邱定彬屢屢與夥伴發生不快，每天的營隊檢討會上，凡事他都要據理力爭，只要別人稍稍表達不當，就會引發激烈的言詞交鋒。同樣身為副總幹事的熊毅，在一旁看著臉紅脖子粗的邱定彬，聽聞過這位年輕夥伴在北區的帶領風格，不免心想：「有必要這樣嗎？」習慣以調和意見替代爭論的熊毅，在慈青會務的推動上，總會讓大家表達完意見後，再引導大家一起找出解決方案。但這種「溫溫吞吞」的方式，也讓邱定彬很難忍受。

「我不是在做好事嗎？你們不也都是慈青嗎？為什麼大家都反對我？」當情勢愈演愈烈，年輕的邱定彬不明白，為什麼身為一個慈青副總幹事，要這麼「辛苦」、「委曲求全」於大家？此刻，他像孤峰嶺上拔劍四顧的將軍，失去了奧援，只能把草木土石都看成敵人，也終於難挽挫敗。

「學分被當是我沒盡到學生的本分，人事糾紛是我沒盡好副總幹事的職責。」在學業與志業都已經失去平衡的邱定彬，回到花蓮痛哭著向上人發露懺悔，同時辭去了北區副總幹事的職務，改由臺灣大學四年級的黃芳淇以執行秘書的角色，繼續統領北區慈青的發展。

褪去光環的邱定彬，在大三時整整沉潛了一年，他決心用功讀書，將學期成績維持在平均八十分到九十分之間，但更沒有放棄慈青——因為這是他在還沒進大學之前，參與慈濟醫療志工隊時，早已選定的道路。

他在書桌前的牆上，釘上一張臺北地圖，然後將每間學校的位置都貼出來，並且把學校裡的慈青人力通盤認識、加以分析；隨後，他將心得寫成一本「萬言書」，認為慈青應該要「社區化」，就地結合慈濟資源來舉辦活動、推展會務。

一九九五年，邱定彬再度接任慈青北區副總幹事。他一改過去咄咄逼人的溝通方式，耐心地向慈青們說明方向、溝通理念，把大家的心力引導回自己的校區，集中在校園推廣及社團發展上，讓每年畢業的慈青學長的經驗，能夠就近留在校園中，並建立制度、培養人才，讓慈青開始免於面對年年因畢業而產生的人才斷層危機。

「理圓，人圓，事才能圓。」當邱定彬準備卸任副總幹事時，發現自己用一年的時間來反省，再用一年的時間來實踐，終於理解了上人對他的諄諄叮嚀。

「甘願做，歡喜受。」每當中區慈青幹部會議，熊毅覺得自己快要無法調和大家的意見時，總在心底提醒自己要接納別人不同的意見，讓別人感受到尊重、感受到愛。

自從上人開示了「無緣大慈，同體大悲」，熊毅就一直在找尋「慈悲」兩字的真義——他體悟到，人如果做得不甘願、不歡喜，就不可能達到慈悲的境界；然而自己承擔副總幹事的工作，偏偏就只能感受到責任，根本談不上歡喜，更別說甘願，只有每每回到靜思精舍見到上人，感受上人的濟世宏願，自己才能提振使命，找到力量再做下去。

從大學畢業卸下中區副總幹事職務、讀研究所參加慈青學長會、當兵後又回到花蓮慈大附中任教，熊毅一路走在慈濟的道路上，一路仍不停地找尋著自身的「慈悲」力量。終於，他在自己的學生身上找到了。

小娟剛剛來到花蓮慈中時，倨傲的神態，和一頭短到不能再短的頭髮，在在顯示出她內心的叛逆，讓作為級任導師的熊毅傷透腦筋。

熊毅評估，如果要循循善誘她來適應校園生活，得要靠全班的力量。他對班上其他學生說：「我們帶著愛來看小娟，不要因為『是』跟『非』，讓我們班產生對立；如果我們一直講道理，就算我們都對了，但小娟不願意接受，她離開了，那我們訂下的這些規則，又有什麼意義呢？」

徵得全班同學的同意之後，熊毅得以用更大的彈性面對小娟的反抗。一個巴掌打不響，小娟的叛逆就像石頭丟進了棉花堆裡，沒有預期的責罵，只有綿密的包容，叛逆無法激怒別人，只能選擇逐漸沉寂。慢慢地，小娟態度改變了，開始把熊毅的話聽進去，也明白他的苦心，成績也有顯著提升。

最後，小娟決定要留在慈濟中學直升高中部，把媽媽嚇了一大跳：「怎麼可能？這孩子以前天天打電話回家抱怨，說學校多糟、多糟……」但熊毅可是一點也不意外，他早就抱定了不管這個孩子有多少改變，就是要持續愛她，「如果我做不到愛學生，學生怎麼可能會改變？」

領受一句話，需要多久的時間來體悟？一顆種子，又需要多久時間來萌芽？熊毅不在乎學生要用多少時間來懂得他對他們的愛，因為他自己也是用了將近二十年的時間，來體現「慈悲」這兩個字。如今，他終於可以對上人說：「我懂了什麼叫『無緣大慈，同體大悲』。」

攝影／張毓芬

第二堂

感恩「那些陪伴」

體貼入微的懿德媽媽

文／張麗雲

參加慈青的活動，就會發現它和其他社團或學校組織不同之處——這群大學生的身旁，有許多沒有血緣關係的「媽媽」、「爸爸」，他們通常在活動中幫忙準備餐點、與慈青談心，或是帶著慈青訪視貧困個案、關懷機構等，在這群慈青的心目中，他們真的就像自己的父母……

一九八九年十月二十五日，慈濟護專成立，同一天，證嚴上人也為這群護專學生，遴選德智兼備的慈濟委員，組成「懿德母姊會」，關懷離鄉背井的莘莘學子；懿德媽媽在先，慈誠爸爸接著加入，後改稱「慈誠懿德會」。慈青也沿用此例，有陪伴他們的慈誠爸爸、懿德媽媽，稱為「慈青慈懿會」。

其中，在臺灣不同地區的懿德媽媽黃鳳美、王靜慧、陳蘭香和曾海洋，面對素不相識的慈青孩子，如何貼近他們的心？

慈青的「阿母」——黃鳳美

「阿母，阿母，您看我們將長桌擺在這裡可以嗎？」「阿母，我們明天會到家裡的四樓『家聚』喔……」活動中，孩子們你一言我一句，向黃鳳美說著。

一九九六年，臺中師院成立慈青社，懿德媽媽黃鳳美把慈青視如己出，如慈母般地疼愛他們。雖然鳳美做起事來要求嚴格，不過慈青和她仍然很親近，常以「阿母」暱稱。然而這聽在才上大一、近十年來從未喊過「媽媽」的蔡文惠耳裡，卻感到很不習慣，剛開始她根本喊不出來……

蔡文惠念小學四年級時，媽媽因病往生，兄弟姊妹四人由阿公、阿嬤和爸爸照顧長大，「媽媽」、「阿母」這些名詞，對她來說，早就是遙不可及的陌生記憶。

然而，鳳美對待慈青像家人般的關照，讓文惠感覺到與鳳美之間，有一種說不出的情感。因為陪伴慈青，鳳美了解外縣市孩子到異鄉求學的辛苦，有的孩子是單親，或是家庭經濟狀況不佳，出門在外生活不好過。因此，當有慈青向她詢問臺中哪裡可以找到適合的租屋處時，她就將家中的四樓整理一下，以很便宜的租金，讓慈青住了

黃鳳美帶著慈青訪視，讓慈青見苦知福，培養為社會付出的心。 攝影／陳榮照

進來，也可以就近關照她們的起居生活；蔡文惠就這樣，也跟著住到了鳳美家中。

某個週末下午，慈青在鳳美家四樓，準備晚上家聚的資料和點心。鳳美打理完店裡的事後，端著一大鍋義大利麵上樓，慈青一看到，都尖叫了起來：「阿母，我們好愛妳唷！好棒喔！又有義大利麵吃了。」每個人都湊到她面前，要先「聞」為快。

「好啦！鍋子都快翻了，要有人文！」鳳美看著慈青們樂得手舞足蹈，仍不忘提醒。

「是！」大家異口同聲地回答。

討論結束後，鳳美與慈青們一起享用餐點，閒話家常，分享彼此的近況。不知不覺中，月亮已經高懸天空，慈青才依依不捨地回家，蔡文惠習慣性地與鳳美送其他的慈青到大門口，看著他們離去後，兩人才轉身一起上樓收拾善後。

「文惠啊！阿母店裡最近很忙，尤其是暑假更需要人手，妳要不要來店裡打工幫忙啊？」

「真的嗎？好啊！」蔡文惠好興奮，也對鳳美的突然提議感到好意外。

「她怎麼會知道我要找工作呢？」眼見暑假即將到來，蔡文惠正愁著到哪裡能找到一份短期的打工，因此對鳳美突如其來的邀約，內心萬分感恩。

鳳美會有這個提議，是因為常聽到蔡文惠拿起電話時，常叫著「阿嬤，阿嬤」，從沒聽過她在電話裡叫過「媽媽」，更從未聽她提起媽媽，鳳美知道這個孩子家裡定有些事。

見到原本叫不出口的「阿母」，對她如此體貼，凡事為她著想，蔡文惠感到一種無法形容的喜悅。

「阿母！謝謝您！」文惠記不得在什麼狀況下，不經意開始跟著大家一起叫「阿母」了，因為她從來沒有想到，自小失去媽媽的苦，會在加入慈青後，從鳳美媽媽的身上找到埋藏已久的幸福。

有一回打工後，文惠正準備要騎車回龍井的家，鳳美突然拿出一袋桃子要她帶著，「文惠，這桃子軟軟的，妳要回去，剛好帶給阿嬤吃。」

「阿母，感恩您！」那些日子的相處，讓文惠對鳳美媽媽點點滴滴的愛，至今都難以忘懷。

無處不在的陪伴——陳蘭香

火車疾駛向南，窗外的景致如電影倒帶般，將謝東憲的思緒拉回十幾年前，在屏東師院（已改制為「屏東教育大學」）的慈青生活。他知道那顆自畢業後就不安定的心，此刻已找到了依歸——回到屏東教書，而「蘭香媽媽」希望他陪伴慈青的事，也該實現了。

當年，陳蘭香一直希望謝東憲畢業後，能回到屏東教書，也陪伴慈青，然而……

「東憲，你考慮得怎麼樣了？」蘭香再次問他。畢業後，東憲就到苗栗教書，

只要是分享帶慈青的媽媽經，陳蘭香總有說不完的動人故事。攝影／陳美蓮

後來雖轉回屏東任教，不過對於陪伴慈青的事，他一直猶豫著。

「師姑，我想要出國再讀兩年書，等一等再說吧！」

蘭香拍拍他的肩膀，微笑地點頭：「沒關係！去吧！回來再說。」她沒有挽留東憲，也沒有再提及要他陪伴慈青的事。

兩年後，東憲留學回來了，因為上人一句「使命感不夠！」的話語，讓他對於自己以課業為藉口，遠離眾人對他承擔慈青使命的責任懺悔不已。在回屏東的火車上，他想起蘭香媽媽的期盼，最後決定接下棒子，開始陪伴慈青。過程中，發覺蘭香媽媽好像仍在一旁「看頭看尾」，這看似無所不在的影子，其實是來自於她的一分「用心」。東憲也開始學習用同樣的方式「陪伴」慈青，要將這個影子深深地烙印在心中。

「如果不是遇到蘭香媽媽，我今天就不會站在這裡！」營隊活動結束後，謝東憲在幹部知心相契時刻上臺分享，「十幾年前，蘭香媽媽在帶我們的時候，不管多忙，一定會出現在活動現場，讓你找得到她，比如要去居家關懷，臨時找不到車輛，她會告訴你：『沒關係，沒問題，我來想辦法。』在辦活動時，她總是掏心掏肺，輕輕的一句關懷，蘭香媽媽永遠給慈青一股安定的力量……」他一口氣說盡了對蘭香當年的印象。

「慈青一屆一屆來了又去，如潮水般，去了再來或不來，蘭香媽媽從未說過『累』字，而我曾答應她回屏東帶慈青的事，卻是一延再延……」謝東憲站在臺上，想到懿德媽媽蘭香，內心就澎湃不已；此刻，蘭香就坐在臺下，仍是帶著一貫溫和的微笑，遠遠地看著他。

這樣的情景讓謝東憲想起自己第一次參加慈青營隊時，蘭香正好是他的隊輔媽媽；當時，她也鼓勵東憲上臺分享。當東憲正緊張地不知該說什麼是好的時候，蘭香就像現在一樣，對著他微笑，豎起大拇指鼓勵他，為他心中注入一股安定的力量。

「現在，我答應蘭香媽媽回來帶慈青的事，一定會做到，就像她當年對上人的承諾一樣：『要以菩薩的心來帶慈青，用媽媽的愛來關懷孩子』……」東憲有點哽咽，而蘭香手上的手帕也已被感動的淚水溼透，她走向臺上，給了東憲一個愛的擁抱。

幸福好滋味——王靜慧

天未亮，廚房裡早已萬頭鑽動，整齊的白色頭巾與白帽相映其間，像是一群專業廚師團隊，在五星級飯店烹煮佳餚一般。北區懿德媽媽王靜慧正站在大鍋前，身手俐落地指導著慈青學長們如何炒乾扁四季豆。

二〇〇九年間，在北區某個慈青營隊活動中，由慈青學長會組成的香積組掌廚。雖然已經學了將近一年的廚藝，慈青學長黃愷宜還是不放心，心想：「掌營隊活動的香積，可不是開玩笑的！」因此她請靜慧媽媽一定要在旁協助，幫他們「看頭看尾」。

「油要夠，四季豆炒起來才會鮮綠入味，不要加水喔！」靜慧耐心地說，但她並沒有親自下廚，而是由一位慈青學長抄起鍋鏟，很有架勢地翻炒著四季豆。

「媽媽，媽媽，油要熱多久？」「媽媽，豆子要放了喔？」……對於慈青學長們你一言我一語的發問，靜慧耐住性子，一一指導。

過了一會兒，黃愷宜又發出求救的訊號：「媽媽，我們這樣切紅蘿蔔對嗎？」另一桌，一批慈青學長正在切紅蘿蔔絲，求好心切的黃愷宜，過來拉著靜慧媽媽的手，請她一定要看過才安心。

「對，下刀要俐落，不要拖，切出來的線條大小形狀就會一致而非常美，切一吋長就好，這是師公教我們的：『吋菜、吋菜，做人才會有分寸』。」

家住三重的王靜慧，和一起關懷慈青的丈夫陳添福，時常遠從三重到淡江大學，陪伴著約一百人的慈濟青年社團（當年慈青社還未成立）；靜慧很會作菜，只要慈青要辦活動，就不用愁「吃」的問題。

「你們共有多少人？」是靜慧媽媽的招牌語。每一次慈青要到她家開會，她一定會先問這句話，就算是簡單準備個羹飯、羹麵，或是小點心，她都會很用心，讓這些

北區懿德媽媽王靜慧（左手拿塑膠盆者），做得一手好菜，不僅慈青常大飽口福，社區媽媽也常圍繞請教。攝影／李獻雄

住在外面的孩子，就像回到家，吃到媽媽的幸福好滋味。

二〇〇八年，靜慧開始為北區慈青學長開授「香積班」，傳承廚藝，讓他們在辦營隊時，也可以親自下廚，為慈青學弟、學妹服務。一年後，第一梯次的香積團隊正式上場。

營隊前，慈青照例在靜慧媽媽家中開前置籌備會，黃愷宜從廚房走出來問大家：「你們共有多少人？」靜慧跟在後面，黃愷宜剛好轉身，兩人四目相對，笑了出來，慈青們在客廳裡也笑成一團，一位學長在一旁打趣地說：「嗯，有夠像喔！現在換妳（黃愷宜）囉！」

如今，黃愷宜學會了刀下的功夫，也體會到要以心上的功夫來陪伴慈青弟妹妹們。即使結婚後，還一直把王靜慧視為是心中永遠的「媽媽」，這位溫婉的媽媽與個性嚴肅的陳添福爸爸，一進一退的應對，也成了黃愷宜夫妻倆相處之道的典範。

體貼入微傳法——曾海洋

尖石鄉是新竹縣原住民地區三個鄉鎮之一，也是新竹慈青常去關懷的地方。

這天，懿德媽媽曾海洋帶著一群慈青來到一戶人家，發現家裡十二個孩子都患了砂眼，一旁的媽媽也不知如何是好。一問下來，才知道這個家的窮困情況，平日一家人都共用一條毛巾洗臉，因此只要有個孩子感染了砂眼，其他孩子就無一倖免……

慈青們看了這樣的情景，心中很震撼！他們無法想像，在當年人人說臺灣錢淹腳目、經濟起飛的年代，竟會有這樣困頓的家庭？

曾海洋可以感受到慈青們臉上的困惑，她藉機告訴孩子：「我們首先要為他們做的事是，教他們『結紮』，第二件事是，引導他們如何帶孩子過著健康的生活？」她

曾海洋在新竹擔任懿德媽媽時，常帶著慈青訪貧、進行機構關懷，培養慈青孩子的悲心。攝影／簡淑絲

強調著說：「給他們魚吃，不如教他們如何釣魚。」之後，她帶慈青一起規劃，引導這個家庭慢慢步入正軌生活，也由慈青來教導他們一些基本衛生習慣。

又有一次，曾海洋帶慈青到新竹縣世光教養院關懷重度身心障礙的孩子。她對慈青說：「以後你們可以規劃如何來跟孩子們互動，就交給你們了喔！」於是慈青開始與院方互動，也得到他們的認可，加上曾海洋對他們的信任，慈青從一個月一次增為一個月兩次，甚至是一週一次的深入關懷。

十幾年當中，清華大學、交通大學和新竹師院（已改制為「新竹教育大學」）的慈青，雖然幾經輪替，但對世光教養院的關懷卻從未中斷；從付出中得到的啟發，也一直影響著當年的慈青。這些都是來自於曾海洋的信念，她信任慈青，給他們完全發揮的空間，就如已畢業多年的顏秀雯所說：「海媽把慈青當成慈濟委員般帶著，我們常跟師姑、師伯一樣去助念、訪貧，她一直很用心地在帶我們的過程中，默默地傳承給我們慈濟精神。」

四位「懿德媽媽」亦母亦師——黃鳳美嚴中帶柔，多創意、精進求法，是慈青心中的懿德典範；陳蘭香菩薩心腸，視慈青如子，慈青們亦回饋以愛；王靜慧以媽媽的心，溫暖孩子的胃，學會家庭生活之道；曾海洋理性而柔軟，動靜中傳承著慈濟精神。她們四人專長、個性不同，但都是慈青孩子眼中的「好媽媽」。

永遠靠山的慈誠爸爸

文／蘇嫻

長久以來，「嚴父慈母」是許多人家對「雙親」角色的寫照，多數孩子與嚴肅又嚴格的父親總顯得較為疏離。然而朱自清先生的〈背影〉一文，卻讓人深刻感受到——不擅言詞的父親對孩子也有滿滿的愛。

在慈青成長的過程中，有一群慈誠師兄，扮演著「父親」的角色，他們有的嚴肅、有的慈祥、有的逗趣、有的溫暖，他們都是慈青背後堅定不動的靠山，陪伴慈青一路從求學、成家、到立業，視如己出地給慈青孩子無止境的溫暖……

永遠靠山的祥爸——呂芳川

七月正值各大專院校的暑假，卻是慈青最忙碌的日子，全省各地的慈青紛紛回到花蓮參加營隊，同時進行新舊學年度幹部的交接典禮。身為全省慈誠懿德會總幹事的呂芳川，法號「濟祥」，同學們都稱呼他為「祥爸」，每年都會特地排出假期，在營隊中陪伴慈青幹部。

就讀臺大的慈青王慧芝走進了慈濟技術學院宿舍，準備前往七樓文康室參與交接典禮的籌備會議。「唉！」一想到兩天之後，就要接任全省慈青總幹事，她幽幽地嘆了一口氣，踏上階梯的腳步愈來愈沉重。

她根本不想參與這個會議，對於接下全省慈青總幹事，她覺得根本是一件做不到的事情，也感到無比的後悔，心想：「如果可以躲到一個大家都找不到的地方，就不用面對這些壓力了！」

於是，她停了下來，不再繼續往上走，一個轉身，踏入了就近樓層的交誼廳裡。

獨自坐在交誼廳裡的王慧芝，心情並沒有變得比較舒坦，臉色也愈來愈黯淡，因為自己這番逃避怯懦的行為，讓她更沒有信心接下全省慈青總幹事的職務。

就在她整個人被負面想法密密包圍起來的同時，她的手機忽然響了起來。看著螢幕上的來電名稱「祥爸」，她並沒有太意外，應該是其他慈青夥伴找不到她，不曉得該怎麼辦，只好請呂芳川出馬。內心責任感與自卑感交戰了一回合，王慧芝還是把電

被慈青親切稱呼為「祥爸」的呂芳川（右一），在南京兩岸青年慈濟人文交流中，陪著慈青一起活動。
攝影／顏霖沼

話接了起來。

「喂！祥爸……」

聽出了慧芝的猶豫，祥爸立刻關心地詢問：「慧芝菩薩，您怎麼樣了？」

電話那一頭不疾不徐、溫暖平和的聲音，讓慧芝的眼淚流了下來。「祥爸，我……我真的沒辦法接下全省總幹事。」

王慧芝一邊哭著，一邊把自己這些日子以來累積的煩惱，一股腦兒地全倒了出來：「我覺得我不夠資格當爸爸口中的菩薩，我還有很多不足的地方，怎麼有辦法擔任大家的表率？怎麼能帶好全省的慈青？可是現在才說不接，又對不起學姊一年的陪伴，我好像怎麼做都不對！」

祥爸耐心地聽完王慧芝膠著的心情之後，輕輕地說：「慧芝啊！沒關係，平常心就好。」

這一句「平常心就好」，瞬間安撫了王慧芝焦慮緊張的情緒。儘管她不負責任地躲了起來，沒有參與會議，卻沒有被責備與質問；相反地，還得到了來自「爸爸」對自己這個孩子無條件接納的心。不論她的能力到底有多糟，或是情緒會起起伏伏，她身邊的這位「爸爸」都會用平常心來看待。因此，最後王慧芝也放下了對自己的不信任，接下了第三屆全省慈青總幹事這項任務。

身為企業家的祥爸，一點都沒有大老闆的架子，反而十分謙卑，不論是平輩的慈懿會師兄、師姊或是慈青晚輩，他一律都用「菩薩」稱呼。對於帶領全省慈青與慈懿會，他也是用平常心，如證嚴上人所說的「盡本分，得本事」，至於其他一切榮辱，他都沒有放在心上。「溫良恭儉讓」——溫和、善良、恭敬、儉樸、謙讓，是王慧芝對祥爸的形容，也是祥爸對她最大的影響。

無微不至的文昌爸——劉文昌

證嚴上人創辦慈濟醫院之後，早期往來靜思精舍與醫院之間的一條道路，就被慈青們稱為「師公路」。二〇〇一年開始，在花蓮舉辦的慈青幹部訓練營隊，都會安排慈青同學在清晨走上這一段十公里的「師公路」，讓同學體會當年上人不畏辛苦、堅持創辦醫院的精神。

第一年設計這個課程時，承擔陪伴慈青營隊機動組的文昌爸爸，提前兩天帶著生活組、機動組的慈青工作人員，勘查行進的路線。

首次擔任生活組工作人員的徐慈謙，非常期待能「步行」返回精舍，興奮地像是要去遠足一般！跟在文昌爸身旁勘查場地時，她一會兒開心地欣賞左邊的稻田，一會兒與身旁夥伴讚歎右邊結實纍纍的果樹，根本不曉得完成這個活動有多少事情得要預先準備。

「看一下！第一個休息的茶水站，可以設在這裡，要準備長桌。」還沉浸在郊遊踏青氛圍的徐慈謙，聽到了文昌爸的聲音，「哦！」了一聲，趕緊在自己待辦的事項上，寫下爸爸的叮嚀。

而隨著車子繼續往前行，文昌爸不停地交代：「這裡要設早餐區」、「那裡要再

做事細心、體貼人意的劉文昌爸爸（右一），時常承擔慈青營隊的機動組，也在社區、外島義診等活動中，協助布置場地等工作。攝影／張嫦娥

設個茶水區」、「前一天晚上要來把這個水溝旁的水泥磚貼上反光條」、「這邊有坡度，所以要在頂端多設一個交通管制人員」……種種的準備都是為了不讓同學餓了、渴了，或是不小心受傷。徐慈謙原本歡樂的心情，逐漸被緊張感取代，她開始意識到，這段路程好像不是這麼輕鬆，有很多細節得要注意。

突然，文昌爸將車子停了下來，對著慈青說：「我們要去跟前面這幾家民宅借廁所。」爸爸沒有等大家詢問，立刻解釋：「後天要走上這麼長的一段路，要事先準備，避免萬一有人需要用到洗手間。」

徐慈謙正感動於爸爸如此細心的設想，才準備隨著爸爸進入民宅拜訪，便聽見民宅裡傳來拒絕爸爸請託的聲音：「沒辦法！沒辦法！那麼多人！還不脫鞋子，我家地板會髒掉啦！」

一連碰壁了好幾家，徐慈謙看著爸爸，不管他多麼客氣地詢問，甚至答應事後協助對方清掃地板，卻仍舊一再地被拒絕。徐慈謙忍不住想請文昌爸放棄，但又不敢明說，只好怯聲地問：「文昌爸，您不是說昨天已經借到了三、四家了嗎？這樣應該夠了吧？」

文昌爸搖了搖頭說：「三、四百人要用，（廁所）還不夠！」他的腳步沒有停歇，絲毫沒有要放棄的意思，又繼續拜訪下一家，「這間我已經來兩次了，再試試看！」文昌爸回過頭來對著慈青說。

終於這間民宅主人拗不過文昌爸一再地請託，同意借廁所讓慈青使用。「好啦！好啦！我是看在師兄你真的有誠意，你們那天有需要就來用啦！」

回到文昌爸的車上，徐慈謙望著文昌爸被太陽曬得黝黑的皮膚、紅通通的臉頰，再看看自己手上那張已經寫得密密麻麻的待辦清單，她心中充滿了感佩：「原來要讓大家安全、舒適地走回精舍，有這麼多事情要考慮和準備。阿爸真的很細心，而且我們只場勘一次，但阿爸這幾天晚上不知道已經來回這條路多少次了！」

經過這一趟「返家十萬里」的洗禮，徐慈謙感受到的不是路程的遙遠，而是文昌爸對同學十萬分的照顧，這些無微不至的縝密思維及貼心舉動，都只為了成就同學返回心靈故鄉的願望。後來，徐慈謙不論承擔哪個組別，都會站在其他組別工作人員角度思考，懂得多體貼他人一些，便是源自於文昌爸不辭辛苦、默默付出的身教。

要求嚴格的添福爸——陳添福

添福爸過去是一位銀行主管，也是一位傳統的父親。他認為做對的事本來就是理所當然，因此很少直接誇讚孩子，反而對孩子的錯誤都會清楚明白地指正。他與慈青互動也是如此，自然地，多數慈青都很敬畏他。

但是畢業於政大公共行政研究所的陳泊壽，卻絲毫不畏懼添福爸的威嚴，不論是在慈青或慈青學長的階段，對添福爸給予的建議與指導，始終很有自己的主見。

研究所畢業後的陳泊壽，進入了金融業工作，事業一帆風順，兩三年的時間就累積了好幾百萬的存款。意氣風發的他，看上了一部進口車，毫不猶豫地就買下來犒賞自己。

在開著新車前往添福爸家中開會的途中，他得意洋洋地想，同在金融業工作的添福爸應該會以他的成就為傲，或者至少可以獲得一個讚許的眼神。

「晚安，添福爸。」陳泊壽站在閃亮的進口車旁，開心地與添福爸打招呼。沒想到添福爸看了一眼他的車子，臉色一暗，沉著聲音詢問：「你為什麼要花這麼多錢買一部進口車？」

原本興高采烈地要與添福爸分享榮耀的陳泊壽，像是被澆了一盆冷水。「沒什麼。因為存到足夠的錢，就買了。」陳泊壽也冷冷地回應著。

儘管看出陳泊壽心裡的不悅，添福爸未予理會，繼續曉以大義：「你現在是賺了很多錢，也只有自己一個人要過生活，但是你之後要結婚，要養一整個家，花錢不可以這麼隨性……」

當下，被唸了一頓的陳泊壽，雖然沒說什麼，其實心裡十分不服氣。「真是古

外表看似嚴肅的北區慈誠爸爸陳添福（右一），在營隊頒發結緣品時與學員親切互動。攝影／陳盈如

板！我有本事賺這麼多錢，為什麼不能買？」事業平步青雲的他，對自己充滿自信，絲毫沒有危機意識。「哼！我結婚以後，一定也會賺更多錢來讓家人過好日子。」

兩、三年後，泊壽結了婚，有了家庭，事業持續穩定發展。此時，金融海嘯席捲全球，他看到身邊許多友人，在一夕之間傾家蕩產，自己的業績也滑落不少，這才驚覺財富如流水，一縱即逝。

他突然想起當年添福爸的提醒：「男人衝刺事業很好，你可以自己去冒險，但是不可以讓家人跟著你一起陷入危險。」此時的泊壽瞭解爸爸的「古板」，其實是對家庭的負責。因此當證嚴上人呼籲「克己復禮」、過簡單生活時，陳泊壽便把進口車賣了，並且逐漸讓自己從外勤業務人員，轉做內勤教育訓練的工作，雖然收入減少許多，卻能給家人一份更穩定的生活。

年輕時，陳泊壽面對添福爸毫不迂迴的指導，心裡常有許多不平之鳴，但卻仍然尊敬爸爸。因為他深刻感受到，添福爸是把他當作自己的兒子，才會不僅關心他在慈青的情況，也會深入瞭解他的生活。從他踏進慈青開始，到畢業後的創業、結婚，將近二十年時間，都有添福爸寶貴的智慧，讓他的人生方向更正確、過程更平穩。

一直都在的田爸——田憲士

李彝邦與鄭雅蓉兩人都是臺中區畢業的慈青，現在成家立業，也回過頭來關懷與陪伴慈青，不管是慈青在校園的活動，或是大型的慈青營隊裡，都可以看到他們全家出動的身影。

這天他們前去校園參與慈青期末暨送舊茶會。踏進教室沒多久，竟然看到了中區資深志工田憲士也來到了會場。鄭雅蓉很訝異，立刻上前招呼：「田爸，您怎麼會來？」

田爸露出一貫的微笑，輕鬆地回應：「我沒事就來了，給這些畢業生祝福。」一旁聽到的李彝邦，非常清楚像田爸這麼資深的志工，是不可能會「沒事」的，田爸一定推掉了許多會議、勤務，才能出席這場小小的期末茶會。

李彝邦非常感恩田爸永遠將慈青擺在第一位的那分心思，連忙請田爸坐下，但田爸卻說：「我到處看看，不用管我了，去忙你們的吧！」看著田爸往其他慈青學長那兒走去，李彝邦猜想今天也是田爸「下鄉關懷」、「拜訪老友」的行程吧！

田爸除了關心著慈青，對於畢業的慈青學長，更是不會放棄任何能看見他們、與他們聊天的機會，總是在與一群慈青學長的閒話家常中，藉此瞭解大家的近況與動向，關懷每個人的生活，也常藉由慈濟新知與上人法語，為這群社會新鮮人解答事業與人生的疑惑。

隔了幾週，又是中區慈青籌辦的暑期社區營隊，田爸當然也來到營隊裡關懷慈青同學們。

「Yes, we can！」中區慈誠爸爸田憲士（右一）跟著身穿灰衣制服的慈青學長們、懿德爸爸媽媽們，在營隊中呼口號，為慈青工作人員加油！攝影／羅國文

只見他一會兒被慈青請去擔任機動組，協助接送講師、幫忙載送營隊物資；一會兒又在生活組幫忙準備茶水，當他彎著超過一百七十五公分的身子，臉上掛著微笑幫忙每一小組添茶水，或是站得挺拔地在水槽前洗菜，神采奕奕地拿著抹布整理齋堂的種種模樣，讓鄭雅蓉每每看著，都看不出來田爸的年齡，只有那滿頭斑白的髮絲，才藏不住田爸已年逾七十的事實。

等田爸忙完齋堂的事情之後，又回到課堂中，關心大家上課的情形，然而卻因為體力不支而打起了瞌睡。鄭雅蓉與李彝邦看著爸爸，沒有叫醒他，心裡卻想著，

以爸爸的年紀，應該要在家中含飴弄孫，而不是在營隊中忙進忙出。

鄭雅蓉與李彝邦從來沒有問過田爸：「為什麼不在家裡好好休息？」因為他們知道，答案應該只有一個，就是上人在二十年前對這些「爸爸們」的一句叮嚀：「你們要去帶動慈青，要好好地帶。」

田爸雖然是位成功的實業家，但他那有如彌勒佛般的招牌微笑與柔軟身段，都讓慈青十分樂於與他親近。田爸很少會拿著麥克風，站在臺前教育慈青，然而他恪守上人的指示，從慈青聯誼會創立之初至今，二十年來他從不缺席，默默陪伴的精神，無聲無息地點滴灌注在慈青的心田上。

「他不需說什麼，也不太需要做什麼，只要我們一轉頭，看到田爸站在那裡，就會安心。」鄭雅蓉與李彝邦如此描述著田爸對他們的影響：「他那種每場活動必到的毅力，就是對我們最好的身教。」

亦師亦友的教授爸爸

文／張麗雲

一般人對大學教授的印象是學識豐富，但常讓人敬而遠之。然而，劉佑星、曾漢榮、范德鑫這三位慈青的指導教授，是以什麼樣的風範和修為，成為這些慈青大孩子一輩子念念不忘的「教授爸爸」呢？

我的探照燈爸爸——劉佑星教授

農曆年才過，臺南的春天卻感受不到一點冬日寒意。成大校園裡，一群慈青兩兩列隊，整齊地朝光復校區的社團辦公室前進，一襲藍天白褲，映照在暖陽下，感覺特別耀眼。

舒適的天氣裡，跟在隊伍後面的林曉瑩反而滿臉愁容，蹣跚地跟上，進入大廳，

個性溫和的劉佑星教授是慈青的「探照燈爸爸」，常指點慈青待人處事的細節。攝影／林宜龍

看到早已在大門等候的指導教授劉佑星，她心頭一震。

「劉爸爸好！」大夥兒向劉教授致意問好。「好久不見了！」劉教授笑咪咪地回應著。

不過，林曉瑩卻不敢直視劉教授，深怕劉教授問起寒假期間，那些讓她接不完、心情跌到谷底的電話……

「曉瑩，我是師伯啦，這次的邀請名單是誰決定的？」一位師兄在電話那頭問著，令曉瑩有些納悶地回答：「怎麼了？師伯……」「曉瑩，我知道你們都很用心在規劃暑期營隊，可是，你確定幾位平日跟你們互動良好的師姑、師伯都被邀請到了嗎？」

「喂！曉瑩妳聽到了嗎？……」

林曉瑩不敢推卸責任，很理智地應對每一通電話，並自責地向打來電話的師姑、師伯們一一解釋，說是她不夠用心，沒有過濾要邀請的懿德爸爸、媽媽名單是否有遺漏，就讓慈青幹部發了出去。然而，一想到證嚴上人很擔憂青少年問題，希望慈青能利用暑假到九二一希望工程災區，帶動高、國中生做「心靈復健」；而慈青幹部們為了達成上人的期待，用心地利用寒假籌劃營隊的各項細節，林曉瑩也不忍心再責怪他們不夠細心與周延。

林曉瑩一直忐忑不安，不知如何向劉教授啟口？她早有心理準備地想著：「我捅了這麼大的婁子，劉爸爸一定知道，會來質問的。」

那天她躡手躡腳地走到劉教授面前，輕輕地問：「劉爸爸，您最近有沒有接到什麼反應的電話？」

「什麼電話？」劉教授反問她。

「就是九二一希望工程災區的營隊規劃啊，我們漏掉邀請一些師姑和師伯……」

「哦，有啊！」……

時間靜默了約莫兩、三秒鐘，劉教授並沒有繼續說下去的意思，林曉瑩心想：

「奇怪！」

「那……」她支支吾吾地不敢直接問出口，過了一會兒才說：「那……那您怎麼沒質問我們為什麼這樣辦事呢？」

「因為我相信你們的思維都是正向，也尊重你們的決定。我了解師姑、師伯們的個性，同時也很清楚你們團隊的運作模式，所以我不會讓一件事情一傳再傳。」劉教授慢條斯理地，若無其事般輕輕地回答。

剎那間，林曉瑩心中的那塊大石頭，放下了，她放聲哭泣，一個多月來的委屈如洩洪般，在劉教授沉穩的聲調中一卸而下，所有因誤會而產生的責難，也如過眼雲煙。

「為了帶動更多年輕人，為了因九二一地震後，無學校可讀、心靈受到創傷的孩子們，一點點的委屈算什麼？」林曉瑩心裡想著，而每次只要再想到劉教授，她心中就會生起一股暖流。劉教授的沉著處事風範，一直是林曉瑩往後人生旅程中，處理人際關係的最佳學習榜樣。

「劉爸爸就像一座山，一個支柱，也像一座探照燈，為慈青指明方向；是默默支持者，也是慈青永遠的後盾。」林曉瑩後來回憶當時的心情說：「上人的法，就在劉爸爸身上展露無遺，他的理性、穩定與包容，也一直是慈青們學習的典範。」

親切的講師爸爸——曾漢榮教授

「據氣象局最新資料，強烈颱風提姆明天凌晨將朝花東直衝而來，請民眾注意防範，慎防海水倒灌……」電視裡正重複著最新的颱風訊息，而正在花蓮慈濟護專準備大專青年生活營的慈青們心中卻很篤定，因為歷年來在護專校舍內辦營隊，也曾遇到過大小不同的颱風，但一向都很順利，所以不必擔心。

「定彬，淹水了！」「停電了……」「哇，學員都到齊了，學長，我們該怎麼辦？要不要修改上課流程啊？講師會不會來呢？」「……」面對一連串的疑問，身為領隊的邱定彬被突如其來的狀況，搞得內心浮躁不安。

連續整天的風雨，用餐場地、宿舍積水，停水又停電，此時彰化師範大學的曾漢榮教授在下午如期抵達，而邱定彬心中仍拿捏不定，不知道要如何面對目前的窘境？

大夥兒安排好教授住宿後，晚餐也在匆促中準備妥善。邱定彬戰戰兢兢地領著香積組夥伴，送晚餐到曾教授的寮房。

「很謝謝你們，你們真用心，我一到，就看到你們帶領著大家清理環境，一點都不慌張！」

邱定彬還來不及開口說「對不起」，竟被曾教授搶先一步地「安撫」了下來，讓他像吃了顆定心丸，七上八下的情緒緩和不少，也對這位初次見面的教授，有了不一樣的看法。

理性且親和力特強的曾漢榮教授，教書之餘，時常撥空與慈青互動、分享。攝影／蔡淑婉

隔天清晨仍停電，投影機、麥克風都不能用，面對兩百多位學員，課務團隊真想找個地洞鑽下去，曾教授卻很隨和地告訴大家：「沒關係，你們怎麼準備，我就如何配合，甚至如果有其他教授因為颱風關係不能準時到達，你們要我延長時間上課也可以……」

正被颱風弄得昏頭轉向的工作人員，面對臺上這位理性且親和力特強的教授，除了敬佩外，還多了「慈父」的敬畏感覺，他的身教也融合在一系列「孝親」、「人與人之間互動」或是「社團組織的凝聚力」的教案裡，讓慈青與懿德爸爸、媽媽們受益匪淺。

苦學風趣的爸爸——范德鑫教授

在慈濟團體裡，人人平等，不過指導教授對慈青來說，向來是他們諮詢的對象，而懷抱著一種特別的敬意，但范德鑫教授卻給孩子很不一樣的感覺，就像一位親子互動特別好的父親一般。

一九九四年，慈青王佩茹承擔營隊生活組，她和團隊突發奇想，想要多一點創意，於是將飯糰捏成不同的形狀，擺入碗內。范德鑫剛好走到餐廳來關懷，王佩茹告訴夥伴：「慘了，教授來了，我們要怎麼跟他說我們為什麼將飯糰捏成這樣？」話未說完，教授已來到桌前。

「你們怎麼這麼厲害，想出這麼多花樣，真有你們的！」范教授笑容滿面，不但沒責怪慈青，還問：「有沒有還沒擺好的飯糰，讓我也來試試手藝。」

慈青們原本認為每位教授都比較「古板」，沒想到范教授卻一直讚歎他們很棒、

苦學出身的范德鑫教授，常會對慈青分享自身的經驗及故事，給予鼓勵。攝影／Lek

很有創意。

苦學出身的范教授，還常常在營隊裡鼓勵慈青：「我也是苦學來的，當年連學費都繳不出來，你們的環境都比我當年好，所以要更加倍努力。」他待人處事風趣，在營隊裡難免會有「變化球」，只要有他在的營隊，一切都「ＯＫ」。

這些教授爸爸們有不同的陪伴風格，但卻都有令慈青安心的特質——劉佑星個性嚴肅，卻有著如慈父般的愛；曾漢榮身教、學理融合，有著滿滿的慈濟人文；范德鑫則親和力佳，時常鼓勵慈青。他們都與慈青工作、生活在一起，沒有教授的架子，是慈青們亦師亦友的典範。

攝影／尤麗卿

第三堂

回首「我的成長」

在尖石看見希望

文／彭鳳英、羅世明

「宗宏，走！我們去寶山浴佛。」一九九〇年初夏，新竹慈濟委員鄭粧與曾海洋向就讀交通大學的蔡宗宏提出邀約。

「浴佛？不曉得要到哪一間佛寺浴佛？寶山鄉那裡有佛寺嗎？我怎麼都沒印象……」蔡宗宏內心雖然疑惑，不過當下沒有多問便答應了。

浴佛當天，除了蔡宗宏，還有幾位男同學同行，一起到集合地點，只見志工們忙著準備水桶、掃帚等清潔用具。「咦？師姊，不是說要浴佛嗎？為什麼還要準備這些東西？」蔡宗宏忍不住發問。

「不是啦！是要去幫個案『浴佛』！就是洗澡啦！」一位志工拿著清掃工具及盥洗用品上車，順口回了他一句。

這一刻蔡宗宏才明白，原來志工口中的「浴佛」，是要去幫一位照顧戶老伯伯洗澡，難怪大家要準備盥洗用品。

「第一次去，該不會輪到我幫忙洗吧？」看到只有少數幾位男眾隨行，蔡宗宏心中立刻閃過一絲猶豫，因為自己從來沒有幫陌生人洗過澡，也怕耐不住髒臭，於是懷著忐忑不安的心情，跟著大家上路。

蔡宗宏接受邀約，是因為先前慈濟委員到交通大學佛學社團——鐘鐸社舉辦茶會時，一群男眾穿西裝打領帶，女眾著深藍色旗袍的整齊隊伍，出現在他眼前；有別於其它道場都是法師前來，讓他對「慈濟」這個團體感到十分好奇。

蔡宗宏平日就常到道場參加法會、做早晚課與閱讀經典，近年來雖然從學佛中找到心靈的平靜，但總覺得與現實脫節，尤其對報紙上刊載的山地雛妓與人口販賣等問題，更是感到無能為力，一直思考自己能為社會做些什麼？恰巧在茶會上，慈濟委員談到他們會在尖石、寶山、五峰等幾個山地鄉做貧病訪視，於是他主動提出想要參與的念頭。

一行人驅車抵達寶山鄉的目的地，老伯伯的家是用鐵皮蓋的，不算太舊，當天一旁有不少鄰居圍觀，里長也到場與志工們會合。

志工伸手推門，一股惡臭撲鼻而來，蔡宗宏跟著慈濟志工往內走，看到一位老伯伯躺在木板床上，任憑師姊們怎麼喊他，都沒有回應，不知道是睡著了，還是失去了感覺？同時，大家也納悶，門邊堆疊著許多嶄新的棉被，老伯伯身上蓋的卻是外套和發黃的被單。

大夥兒忍不住問道：「有那麼多棉被，為什麼不蓋呢？」

里長伯嘆了一口氣，「要怎麼蓋啊？他根本沒辦法起床，大小便都在床上，政府及社會慈善團體捐贈的這些物資，根本就是白送了……」

蔡宗宏心中正隱隱感慨，突然間一個響亮的聲音穿透耳膜，直轟腦門，「宗宏，你和師兄們一組，負責『浴佛』。」

蔡宗宏聽到後，心想：「啊！這不是師姊要做的事嗎？床上不曉得有多少陳年的糞便，老伯伯又一副生死不明的樣子……」不敢再想下去，三個男生你看看我、我看看你，最後大夥兒長吸一口氣，下了決心：「好吧！既然來了就做吧！」

「老人家年紀大了，皮膚沒有彈性，皺皺的像雞皮一樣，要很小心地擦拭，不然會破皮唷！」師姊接著又再交代：「要先用布把黏在皮膚上的糞便、污垢沾溼，再慢慢地用指腹一點一點擦去髒汙。」

三個大男生憋著氣、小心翼翼地將老伯伯的衣服脫下，準備先幫他洗頭。糾結的頭髮，粘滿了不曉得是糞便，還是什麼樣的東西。本來老伯伯身上的味道就很重，熱水一沖下去，蒸氣混雜著臭氣，突然一湧而上，讓蔡宗宏胃裡的東西差點翻攪出來！三個人慢慢幫老人家清洗身體，漸漸地，鼻子好像已經麻痺，無法辨別味道是香或臭。一個多小時之後，終於把老伯伯的身體清洗乾淨，大夥兒坐下來準備休息一下。

突然間，一直不發一語的老伯伯，「哈——」一聲，長長嘆了一口氣。大夥兒都嚇了一跳，以為發生了什麼事，趕緊問：「阿伯，您怎麼了？您哪裡不舒服？」老伯伯看看大家，終於開口了，「不是啦！是很爽快啦！」說完，接著又是「哈——」一聲。

「唉呀！嚇我們一大跳，爽快就好、爽快就好！」大夥兒被老伯伯給逗笑了，老伯伯也心情愉快，和大夥兒開始聊天。

看著這一幕，蔡宗宏很感動，因為能為社會奉獻自己的力量，正是他想要的。

回程時，蔡宗宏心想：「我們去『浴佛』，彼此都法喜充滿，不就是佛教說的

『共修』嗎？這件事情，我一個人絕不敢做，即便我有很大的願力，看到他這樣子，可能會花錢請人家幫他洗就算了。」

從此蔡宗宏把更多念經、打坐的時間，拿來參與慈濟的訪視，跟著志工一起「共修」、「行經」，並且更加珍惜時光用功讀書，日子就在埋首書堆和忙碌的訪視行程中度過。

一九九一年某天，蔡宗宏正在學校的資訊中心裡忙著寫作業，在資訊中心工作的慈濟志工曾建元，突然走過來拍了拍他的肩膀：「宗宏！來看一下這張剪報！最近我沒空，可不可以幫我去探訪這個家庭？」

蔡宗宏看了一下剪報，上面寫著：尖石鄉嘉樂村有一對夫妻，昨晚開車出了車禍，先生重傷、太太往生，家裡面還有一位年長的阿嬤，與四個年幼的小孩亟需外界援助。

蔡宗宏當下二話不說，一口答應，但事後想想卻有點後悔。尖石鄉在深山裡，距離學校那麼遠，自己也從來沒去過，不曉得要往哪兒去找人？他心想，自己真的是空有熱忱，卻沒有把事情想清楚……

幾天後，蔡宗宏還是硬著頭皮，帶著那張剪報，天還未亮就趕著出發。從交大到尖石鄉，要先到新竹市客運站搭公車往竹東，到竹東之後再換搭往尖石鄉的公車；途中還得在內灣村和尖石鄉交界處下車，辦妥入山證後，再搭車進去，單趟車程就要花三個鐘頭。

在竹東上車的時候，他才上車，司機看著他，馬上說：「先生，你是不是搭錯車了？」

「有嗎？這不是要去尖石的車嗎？」蔡宗宏愣了一下。

「那你要找誰？」司機又再度發問。蔡宗宏滿腹疑惑，雖然想著：「我要找誰你會知道嗎？」但還是把手上的剪報遞給司機，「我要找陳淑華！」

「陳淑華！」司機看了看他，喊了一聲，馬上轉過頭對著全車的乘客說：「陳淑華！應該是住在嘉樂村尖石國小旁邊的那一家吧？」「對啦！對啦！」「就是前一陣子爸爸媽媽出車禍的啦！」車上乘客七嘴八舌應和著。

原來全車都是村民，公車司機長年跑這段路，早已認識所有的人。蔡宗宏說明原意後，就跟著一車子的村民進到了尖石鄉嘉樂村。

「尖石國小到了！」司機拉開嗓子提醒蔡宗宏下車。

蔡宗宏走到車外，一眼望去盡是荒涼，正想找個人問路，就有個小朋友迎面而來，蔡宗宏拿著剪報趨前詢問：「小朋友，請問嘉樂村的陳淑華家在哪裡？」

「我就是陳淑華啊！」看著剪報，陳淑華繼續說：「那就是我家啊！」

「哇！會不會太巧了？」交談間，一陣寒風吹得蔡宗宏直打哆嗦，而他眼前的小女孩卻只穿著單薄的衣服。

蔡宗宏問：「你不會冷喔？」陳淑華聳聳肩：「習慣了！」

一場車禍，讓國小五年級的陳淑華失去媽媽，重傷的爸爸不知道要多久才能痊癒？加上阿嬤老了、弟弟妹妹都還小……

陳淑華在寒風中單薄的模樣，蔡宗宏想起小時候，家裡很窮，自己又很喜歡讀書，父母得辛苦工作、省吃儉用，才能讓他完成學業。他覺得陳淑華的成長過程跟自己很像，心裡就興起了一個念頭，「要幫助他們」。

此後，蔡宗宏一有空，就到尖石鄉陪伴陳淑華一家人。他把陳淑華姊弟當作自己的弟弟、妹妹般疼愛；把自己當成他們的課輔老師，教導他們課業、鼓勵他們努力讀

蔡宗宏（中)和同事前去探望尖石鄉陳淑華的兩個妹妹陳淑君(左)、陳思竹（右）。照片／蔡宗宏提供

書。

一轉眼，孩子們長大了，陳淑華考上國立高職那年，蔡宗宏替她高興的同時，也擔心她是否繳得起學費。他暗自盤算：「這幾個孩子那麼想念書，卻沒有錢，真的很可惜。無論如何一定要幫他們籌學費！」

過幾天，陳淑華從蔡宗宏手上接過註冊收據，眼眶紅了，她說：「大哥哥，謝謝您！我……」蔡宗宏拍拍她的肩膀說：「你們要更加努力讀書，未來要成為有用的人。記得，有能力時，要幫助需要幫助的人。」

蔡宗宏一路陪伴這一家人，包括後來協助陳淑華處理阿嬤往生的後事、照顧兄弟姊妹的學業，還有指引他們的人生方向……

四個孩子最後認蔡宗宏為他們的「大哥哥」，並且都讀到大學畢業，出社會後也有一份正當的職業；結婚時，還邀請他代表家中長輩出席，讓蔡宗宏對這二十多年來的陪伴，感到十分欣慰。

往後的日子裡，蔡宗宏總會不時這樣想：「上人開闢慈善志業這一條路，讓我們看到社會角落裡，那些苦難人的需要。如果沒有慈濟人，也許他們永遠都會在社會的最底層，走不出來。」蔡宗宏感恩有幸走入「行」門的佛教團體，在上人「做中學、做中覺」的理念中，體悟了付出的真諦。

告別花東新村

文／沈國蘭、羅聿

農曆歲末之際，正逢強烈寒流來襲，冷冽寂然的氣象，一如災後的景況，原有的十八間木屋已然化為焦土，拂面的風，蕩入鼻間，空氣中依稀還聞得到焚燒後的熱氣與焦味……

三天前的凌晨，臺北汐止的花東新村，遭逢大火侵襲，因事出突然，風勢過大，加上木造建築的易燃特性，受災村民都只能逃命，眼睜睜看著家園，付之一炬。

木屋的殘骸旁，幾位老婦人茫然地注視前方，怎麼也找不到焦點；錯落一地的炭塊上，有許多壯丁忙著收拾善後；村子的入口處，蹲著幾個孩子，不時往聯外的道路望去，像是在等著什麼人。

「大哥哥、大姊姊，就知道你們一定會來！」忽然，孩子們都叫著朝村外跑去，圍著一群穿著藍衣白褲的年輕人，或拉著衣角、或勾著雙手，一邊迎著他們進村，一邊七嘴八舌地搶著描述火災的情況。

孩子們口中的「大哥哥、大姊姊」，是長期在該村進行課業輔導的慈青學長會成員，他們在得知火災消息後，在慈青慈懿會總幹事呂芳川的帶領下，帶著一些應急的物資，趕來關懷。

「沒了……在裡面都燒掉了……」一位阿嬤看到熟識的慈青學長謝淑慧，不禁想起去年豐年祭時，她特地為這群每週日到村裡為小朋友課業輔導的年輕人，縫製了五件傳統服飾，要讓他們往後都能穿著參加村裡的年度盛典。

一旁的慈青學長施束鍾看到阿嬤的眼眶泛紅，趕緊趨前扶著阿嬤瘦弱的雙臂，抱著她說：「沒關係啦！只要阿嬤好好的，就好啦！」

關懷團繼續前行，把手上的物資分送給受災村民，每靠近災區一步，腳底似乎就愈能感受得到地上被焚燒過的餘溫。

一群孩子拉著慈青學長們，到村裡的活動中心坐下，靠在大哥哥、大姊姊堅實的臂膀上，遙望遠方，哼起最熟悉的歌曲〈快樂天堂〉，「大象長長的鼻子正昂揚，全世界都舉起了希望……老鷹帶領著我們飛翔，更高更遠更需要夢想……」

清越、昂揚的歌聲穿過蔚藍的天空，喚起記憶中，一年多前那場串起慈青學長會與花東新村因緣的大火……

花東新村，汐止最大的原住民社區，當中二百多戶居民，全來自「花」蓮與臺「東」的原住民部落，他們因繳納不起市區的房租而自行搭建木屋；社區內沒有水電，多以發電機發電或點蠟燭照明。一九九七年十月十七日清晨，因住戶點用燭火不慎引起大火，造成十七間木屋燒毀。

慈濟志工在災後關懷行動中，發現村民除了就業、就醫困難外，還有教育的問題。許多孩子的課業趕不上學校進度，甚至有中輟生乏人照顧。

「教育，是窮困孩子唯一的希望」，慈青慈懿會總幹事呂芳川了解後，向村民代表詢問：「我們慈青同學可以來協助課業輔導，順便陪伴孩子，這樣好不好？」立刻取得大家的一致支持。

在呂芳川的號召下，北區慈青學長會開始著手設計課程，並邀請慈青參與活動企劃。如此，能讓慈青學長會藉由承擔具體的社會服務項目，持續參與慈濟活動；同時，也建立慈青學長與慈青之間的傳承模式，啟發更多有志願及能力的慈青。

「臺北慈青學長會關懷汐止花東新村原住民課輔活動」，自一九九八年二月十五日起，每週日上午，在慈青學長的推動下，以尊重原住民傳統文化的原則，進行課業與生活教育輔導；北區慈青六個分區，則是分批輪流參加，協助課輔活動的進行。

一大早，炊煙從各個木屋裡升起，課輔團十餘位成員，隨著呂芳川的腳步登上汐止山頭。有的慈青感覺彷彿走到了窮鄉僻壤，看著一間間用奇形怪狀的木板拼湊成的屋子，不禁好奇地問：「這裡可以住人喔？」

再往村裡走，遠遠就看見幾個孩子蹲在地上，手拿細棍在地上撥弄著。蔡宗宏走近一看，孩子們即一哄而散，地上散著的，是幾條乾裂的糞便。

約定的課輔時間到了，在村子的活動中心卻沒遇到半個孩子，宗宏背著擴音器一邊播放〈快樂天堂〉，一邊向村裡宣傳：「小朋友好，我們是慈濟的哥哥、姊姊，請大家來廣場集合。」許久，孩子還是沒出現。

宗宏決定主動出擊，與慈青們四處遊走，一戶一戶把孩子們找出來。「哇！他們來了！」孩子見到藍天白雲的身影，興奮地大叫，開始向屋外衝去，不是投入慈青的懷抱，而是跑給他們追……

當下一陣慌亂，慈青們分組要把孩子追回來，這第一次的課輔活動，竟然是瘋狂的「老鷹抓小雞」。眼見有個孩子要被追上了，竟迅速地爬上村裡的瞭望臺，瞭望臺搖搖欲墜，一副要倒下來的樣子，底下的慈青同學趕緊焦急地往上呼喚，孩子卻朝向臺下吐出口水，還帶上幾句髒話。滿懷熱情的慈青遇到了野蠻任性的孩子，像是一把槌子重重往胸口砸去。

經歷一場耗盡體力的遊戲後，慈青學長施東鍾逮住機會即說：「小朋友，現在回家拿作業，哥哥、姊姊陪你們一起做功課。」一聽到「作業」，許多孩子就此一去不返。首次的課輔活動讓團隊備受挫折，返回後召開檢討會議，只好先將每份輔導個案資料建檔，逐一把孩子的個性與生活環境都記錄下來。

「小朋友說他們都沒有吃早餐呢！下次上山能不能準備一些餐點？」慈青廖逸貞發現，要吸引這些孩子上課，需要有些誘因。而為了使課輔內容生動活潑，慈青學長謝淑慧蒐集資料、製作教具，將課本題材轉換成大富翁遊戲內容，設計造句接力遊戲，希望能增加孩子的學習動力。

再次回到花東新村，好不容易把所有孩子都找齊了，慈青先用歌聲團康引起注意。霎時，冒出一個聲音：「這一群山下的漢人，竟然跑來教我們跳舞！」幾位較年長的孩子態度冷漠，但臺上的慈青仍賣力地跳著。

以帶動唱拉近距離後，接續進行課輔，但是有些孩子仍顯無精打采，為了吸引孩子參與學習，慈青拿出帶來的幾袋土司。果然，孩子們全湊了過來，對這群大哥哥、大姊姊的體貼行為，又驚又喜；享用的同時，也增進了彼此的情誼。

慈青分成兩批課輔，針對國小低年級學童設計剪紙、彩繪等活動；高年級以上同學著重學校課業輔導，幾乎是一對一的教學與陪伴。課輔地點「活動中心」，是村裡司令臺後方，一間用木板拼湊成的屋子；進入活動中心得先爬上司令臺，裡頭只能靠門口的光源照亮，讀起書來感覺吃力。

為了解決照明問題，改善孩子的讀書環境及提升學習意願，呂芳川協助裝設太陽能電燈。以往，孩子們總是望著山下通明的燈海，現在有燈了，就算太陽下山，依舊能在這裡寫作業。

「來，跟著我寫一撇一橫一束一勾，這是『ㄅ』……」慈青學長呂佩芳緊握孩子的小手學習注音符號。練習沒多久，這些身上帶有好動因子的孩童，身體開始蠕動，無法靜坐在小板凳上。有的玩起追逐賽，慈青拿著作業追著跑；有的拉著慈青去山

每一次花東新村的活動，慈青都準備了自製的教材，配合說故事或話劇演出，只為了抓住孩子的注意力。
照片／慈濟基金會提供

邊、路旁，分享發掘到的新祕密；有的天南地北說著沒完沒了的故事，要慈青陪在身旁聽。

花東新村因一場大火與慈濟結緣，慈青學長經由課輔，牽出許多大小朋友的情誼。其中，呂佩芳做孩子最忠實的聽眾，進而了解孩子的內心世界；施東鍾不只陪伴孩子，會在課輔後留下幫村民做手工……許多失學的孩子又回到學校，許多家長因孩子規勸而減少抽菸飲酒的習慣。這些微妙的轉變，都在點滴的互動中開始。

一年多來，每週的陪伴不曾間斷。點滴的汗水從宗宏的額頭直冒，他看看手錶，才發現原來是正午時分，烈陽高掛頭頂。活動中心一旁炊煙裊裊，柴火正煮著大鍋飯，幾位婦人有的攪拌、有的添柴、有的大喊，喊叫課輔結束的孩子準備用餐。正當慈青學長準備離去，幾位孩子揪住衣角跟在後頭。

「等一下！」阿嬤手捧著一大包東西，快走到宗宏面前，急說：「做好了，五件衣服重做好了，記得這個月豐年祭一定要來！」幾位慈青圍看阿嬤做給他們的傳統服飾，孩子拉起宗宏的手，說：「來，我來教你怎麼跳舞！」

相約慈濟寺

文／陳婉貞

蒼茫的天空下，猶似巨龍的萬里長城……一群初造訪中國的臺灣學生，一邊欣賞著塞外風光，一邊低頭揀拾寶特瓶等回收物，連白皮膚紅頭髮的外國人都嘖嘖稱奇。這群學生不由自主地互相笑說：「沒辦法，我們習慣隨手做環保，這就是慈青的特色。」

兩岸青年交流，始於一九九六年慈濟榮譽董事與慈青組成的「兩岸跨世紀音樂文化交流訪問團」，在北京大學的音樂會上，為兩地青年聯誼交流揭開了序幕，彼此留下良好的印象，相約兩年後的北大百周年校慶時再度歡聚。

每一位北大的學生，總能出口成章，侃侃而談，令人欣羨。臺灣慈青手語無聲的說法、展現自信的笑顏。兩岸青年有著對社會、對民族相同的熱情，我從當中找到正向思考的力量。

——慈青學長王慧芝

第二梯次的兩岸青年文化交流團在一九九八年暑假開啟，臺灣慈青依約再次前往交流。首次擔任學員長的王慧芝，忙著為團隊在陌生的香港啟德機場找尋適合的集合地點，她趕緊拉了邱定彬來幫忙：「定彬，你前兩年來過，比較有經驗，請幫忙找一處可以集合一百個人的場地。」一看似鎮定的臉上，心中卻七上八下，聲色不由得緊繃起來。慧芝利用這空檔，趕緊整理一下情緒，思索接下來的行事重點。待集合好學員之後，她馬上布達訊息：「請大家務必排好隊伍，注意慈濟人威儀。不要忘了前兩天集訓時，指導師父交代的事項，切勿自行行動……」專注地看著所有學員，逐項完成布達事項的慧芝，直到上了飛機前往北京，心中仍對自己過於嚴肅的聲色懊惱不已。

從香港轉機到北京，再從機場搭車到北大，慧芝不敢片刻鬆懈，直到來到北大校園，耳邊傳來熱情的歌聲，那是北大學生歡迎的禮物，各個教室中，時時傳來笑語，還有精采的畫面分享兩岸青年愛的足跡，親切的互動，讓慧芝終於漸漸放下心中那顆牽掛的石頭。

原來在出發前往北大之前，慈青們心中多少都有點擔心，原以為這些來自中國各省的天之驕子，個個優秀無比，臺灣慈青不知道屆時該如何與對方交談？就讀臺灣第一學府——臺灣大學的慧芝，又擔任這次的學員長，雙重壓力上肩，更把她壓得喘不過氣來。

接近中午用餐時分，慧芝漸漸找回自己，她用心地把需要布達的內容，事先編寫下來，微笑地叮嚀著學員們：「大家都表現得相當好，午齋是當地的師姑、師伯用心準備的，請大家好好享用。」溫言軟語的叮嚀取代教條的布達方式，大家都在開心的氣氛下，前去用餐。

餐會中大夥兒閒聊，慈青們發覺原來兩岸青年所關心的話題其實是差不多的，課業上的學習、畢業的出路、會不會想出國唸書等等，雖然腔調有些不同，年輕人的世界卻是相通的；雖然還在暑假期間，但北大的學生早就自行來到學校努力地自習，整個教室都坐得滿滿的。他們非常重視課業，每天都要花上十多個小時上課、唸書，他們熱愛自己所選的科系，對於未來的理想很堅持，特別是他們會常思索時代性的問題，這點似乎是臺灣的大學生比較缺乏的。

用完餐後，慧芝依行程安排活動，大家隨著相見歡的羞赧，到兩岸社團的互相介紹、慈濟骨髓資料庫的說明，穿插著手語團康、靜思劇場、民歌傳唱等活動的進行，場面愈來愈熱絡，青年共同的熱情語言，化解了臺灣慈青對這些中國大陸頂尖優秀的學生的刻板印象。

「你們的笑容好溫暖，每個人慈濟面霜擦得非常美麗，不知道有沒有賣？我想給咱們北大的學生都擦上一點！還有就是你們的手語，表達出言語所無法表達的真正情感。」一位北大的學生分享她的心得，這句話讓臺灣來的慈青，突然發現了自己在北大同學心目中，特有的價值。高度競爭的環境下，讓北大同學在同儕的情誼交流上，比較難放得開，臺灣慈青溫暖和悅的特質，正是北大同學最心動之處。

那一趟交流，慧芝感受到兩岸青年學子各有擅長，臺灣學生熱情有活力，幸福又懂得付出；北大學生認真求學問，論點深刻又專精。但最重要的是，她學到了欣賞別人優點的同時，也能不輕己能的自信心：「正向思考是我在交流中的成長與學習，到現在都受用。」

瞬間亮起的營火晚會，展現出慈濟人特有創意與使命必達的精神。時至今日，每當遇到挫折時，我會想起那一年的熊熊營火。

——慈青學長陳秀玲

隨著交流的行程漸入尾聲，北大學生也善盡地主之誼為來自臺灣的慈青夥伴一一介紹校園概況，從古蹟、博物館、校史館，到校園生活的點滴等。主持圓緣晚會的陳秀玲忙到下午，才有時間與另一位主持人討論活動細流，雖然出發前團隊已備有多項活動準備呈現，不免還是感到慌張。

設想再多仍無濟於事，到了當地現場才驚覺，預定舉辦的溫馨燭光晚會，湖畔卻沒有燈，怎麼辦？同行的慈濟志工個個挽起袖子，有的進行採買、有的進行施工、有的準備茶水點心，學生們分組進行節目排練，沒有人對活動緊湊提出怨言。直到晚上湖畔的燈燭亮起，連北大的學生都感到不可思議，從來不曉得他們的學校那麼漂亮！北大同學的讚歎，讓秀玲感到無比溫馨，因為慈青無論需要什麼、缺少什麼，這一群隨行的慈濟師姑、師伯，總有辦法滿足，那種被呵護與疼惜的心情，讓她的心一直被愛充滿著。

人與人之間的互動是相當微妙的，在情境的導引下，慈青的親和力與北大學生的

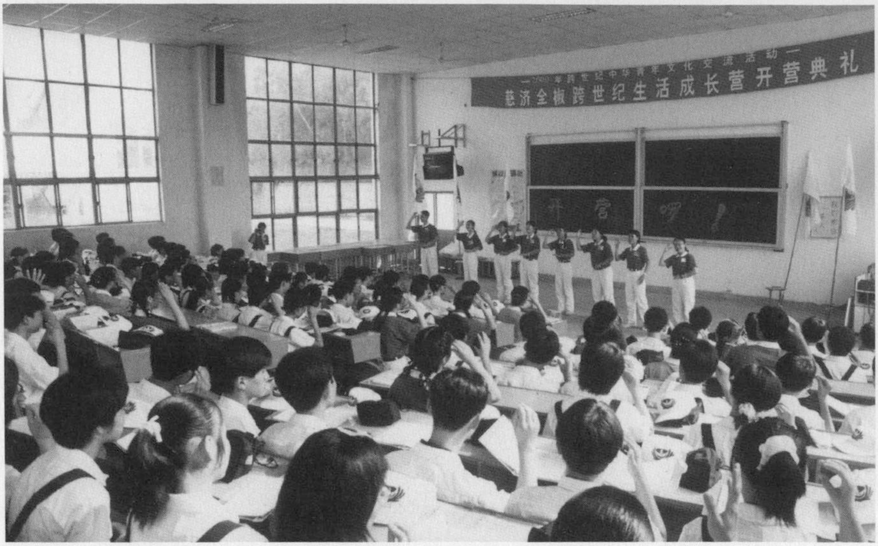

從第一次兩岸青年交流開始，後續又接著出團，圖為2000年慈濟教師與慈青組團，前往大陸安徽省全椒縣和江蘇省南京市進行文化交流。攝影／黃朝南

熱忱相互迅速地感染開來，彼此手牽著手，輕輕揮動，在慈濟歌曲〈一家人〉的歌聲與手語相伴下，串起兩岸學子的心。

臺灣慈青們驚喜地發現在北京大學的湖畔，竟然有一座和慈濟同名的古蹟——「慈濟寺」，縱使古蹟由來已不可考，卻更令大家覺得因緣殊勝。這天晚上，來自臺灣二十五所大專院校的五十位慈青同學，便在這座「重修慈濟寺」前，與四十多位北大學生，一起進行了一場難忘的燭光晚會。

一位北大學生坦誠分享：「臺灣人不是都拚命地賺錢嗎？怎麼會做善心事業呢？我想如果不是透過這樣的交流訪問，彼此溝通一些看法與見解，也許雙方永遠都會存在著一些錯誤的認知呢！」

另一位北大學生也分享了她的幾點感受：

「人生只有使用權，沒有所有權。」這句話讓我感受到自己對於社會的責任——應該如何在有限的生命裡奉獻出自己最大的價值。我感到相當慚愧，竟虛度了許多光陰。

還有對「愛」這個字的重新認識，原本以為愛是轟轟烈烈的，今天省悟到愛其實是平淡、純淨的，方才看臺灣慈青表演的話劇——一個癌末病人忍痛保持身軀的完整，用大體捐贈來表達對社會的愛心，我開始有深刻理解了。

再來是生活習慣與修養吧！我身旁的慈濟媽媽教我如何正確拿碗筷等事，讓我體會到讀書之外，一個人在生活上應該要如何調理自己。

「湖上生明月，天涯共此時。兩地相隔遠，今夜兩相知。」這一句北大學生送給慈青同學的內心話，常常會在秀玲的心中迴盪。（註）

直至今日，秀玲每當遇到突發的事件，總是心存感恩和希望：「我在文化交流中感受到慈濟人團結合作、克服困難的能力，還有對岸的學生認真讀書的精神，讓我每當遇到挫折時，都有學習的標竿。」

我們在臺灣只是去進行訪貧，是大環境中的某個小個體，在那裡，可以體會整個貧窮的農村的生活，所以對大家來講印象會非常深刻。

——慈青學長邱定彬

臺灣慈青離開北大後，文化交流的最後一段活動，是「見苦知福」的訪貧。大批人馬離開了熱鬧的北京大城，搭五至六小時的車，一路由平坦到顛簸，來到河北的張家口，遊覽車停在一個路口，大家繼續走了兩個小時的山路進去，才能到紅旗營村。

邱定彬隨著領隊走進土磚牆，在茅草搭蓋屋頂的房子內與鄉民聊天，老弱婦孺是村裡的特色，物資有限，生活簡單到了極點。定彬對他們的廁所特別有印象，那裡沒有抽水馬桶，廁所都是直接挖一條溝就地解決，團員看了看，幾乎沒有人敢使用，只好透過安排到半路上的警察大隊去上廁所。「那邊廁所不錯啊！」有團員這般感覺，因為「它至少有門！」。

鄉村貧農生活困苦如此一般，定彬那時才發現，過去他從《慈濟》月刊「知道」中國貧農的孩子，要走一、兩小時去上學；但如今他才真的「感受到」，那種生活艱辛的程度。

他還發現，在臺灣所看到的貧困人家，往往只是隱藏在富裕繁榮的環境裡，某些少數的家庭和個人。但到大陸訪貧，卻可以體會到在廣闊的地區，那裡存在的貧窮，卻是一整村、一大片人家苦，令人感受到那種苦難的遼闊和沉重。

兩岸青年交流開啟序幕，臺灣慈青透過交流的過程，敞開了學習的視野，也深化人文與生活，更讓他們體驗到不同的人生智慧，伴隨著他們成長……

●註：北大同學分享取自《慈濟》月刊第382期　楊倩蓉〈千江映月〉

●資料來源：《慈濟》月刊第382期〈不悔大愛兩岸情〉、倪銘均部落格——用愛看世界、teabobo 部落格、真理大學慈青陳誼謙分享資料。

相片裡面有我

文／涂鳳美、章麗玉

「這是臺東海灘班遊嘛！看，明明去玩水，褲管還拉得那麼高，耍酷！」

「我記得，這是和靜宜大學的聯誼。看到沒？女生比男生還多，綠葉襯紅花。」

彰化師範大學的教室裡，同學們七嘴八舌地談論，哪些照片可以放進畢業紀念冊裡。

「你們在看什麼這麼開心？讓我瞧瞧！」剛走進教室的蔡清煌也湊過來。

「不用看啦！反正相片裡面又沒有你。」輕輕一句話，卻惹得同學一陣大笑。

「真的耶！每一張都沒有我。」蔡清煌認真地翻了翻班級相簿，才想起從大一到大四，班上所舉辦的聯誼或班遊，自己連一次也沒有參加。

「那些日子我在哪裡？」走出教室，蔡清煌沿著校園裡的椰林大道踽踽而行，大學四年的假日點滴，有如校園中那座白沙湖水面，清晰地浮現在眼前……

「我終於上大學了。」回想大一那年，開學典禮一結束，蔡清煌便回到宿舍，看著其他同學欣喜若狂地期待著新鮮人的生活，他心裡想的是「這四年該做些什麼？」

「好好地過這精彩的四年吧！你們會喜歡的。」想起學長、學姊的分享，再想到父母「希望你能進入有慈青社的大學念書」的深切期許，交枝接葉地滑過蔡清煌的腦海，接著又浮現小時候的畫面——不論誰來募款，父親總是一百、兩百捐款，還不忘告訴蔡清煌要多做好事的畫面。思著想著，他的眼皮也愈來愈重……

「地震啊！搖得好厲害！」室友們帶著驚恐的叫聲，在黑暗中倉皇奔出宿舍，那是才過完開學典禮的隔天，一九九九年九月二十一日的凌晨。「家裡不知道怎麼樣了？」對外通訊斷線，一心只想回家的蔡清煌，在學校宣布停課一星期後，隨即搭火車返回高雄。看著車窗外因地牛翻身而隆起的馬路，見到翠綠山林經過生死搏鬥後所留下的傷痕，他的思緒完全停頓。

一星期後回到學校，便聽說慈青在為九二一地震募款，以及招募大學生到災區參加「安心計畫活動」的消息，蔡清煌心想：「我只是個大一的新生，能做什麼呢？」但他還是決定加入學校的慈青社，跟著慈青學長、學姊學習活動的規劃，同時間，他也開始大量閱讀名人、偉人傳記。

「原來這些成功者，大學時期是這樣過的，這就像慈青被賦予的責任和使命一樣。」蔡清煌茅塞頓開，期望、理想、責任、使命，那一刻全部自動連結。二〇〇〇年暑假，他投入「慈濟九二一安心計畫」營隊，並承擔隊輔，當時招生的學員是臺中縣災區的國中學生。

該如何融入他們？又該如何拉近與他們之間的距離？他們應該很安靜吧？那是不是該準備很多話以避免冷場？這些問題，蔡清煌反覆思考，也做了萬全的準備。

「你們是來打工賺錢的嗎？」營隊還沒開始，這些國中同學就他們的觀察結果提出疑問。

「我們只是來陪伴大家，希望每個人都開開心心的。」回答後，再看著同學的表情，慈青們讀懂了，那是一張張半信半疑的臉龐。

「現在大家輪流自我介紹，最好每個人都取一個好記又好叫的外號，就像我叫『煌蟲哥哥』……」和預期中的差不多，每位同學幾乎說出姓名就靜下來了。蔡清煌拿出看家本領，改以引導的方式，譬如「你的外號好有趣，怎麼會想到用這個？」或是「妳的背包好特別，妳一定很喜歡粉紅色」之類的。碰到不想開口的孩子，這位

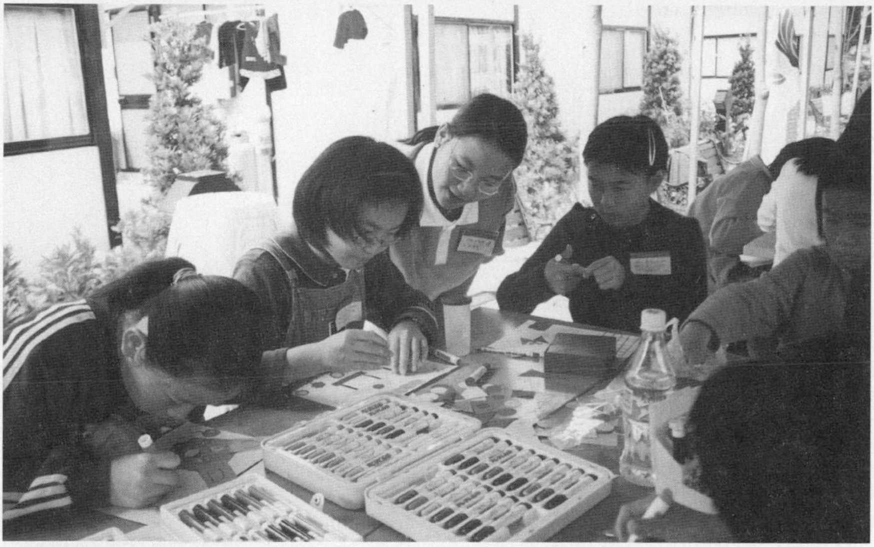

南投縣埔里鎮921地震安心計畫，慈青陪伴大愛村的小朋友們利用廢紙創作。 攝影／何貞青

「煌蟲哥哥」就用傳紙條的方式，把關心化成文字，這招果真奏效，第一天下午，孩子們就幾乎「解凍」了，除了一位綽號「小黑」的原住民少女之外。

小黑的確和其他同學不同，三天的營隊裡，她每天都第一個報到，不過始終不發一語，只靜靜地坐在一旁。她那瘦瘦小小的個兒，黝黑的臉龐加上糾結的表情，讓一雙大眼睛看起來更為深邃。眼眸中透露的除了陌生、懷疑，似乎還有一分期待。

身為小黑的隊輔，蔡清煌直到第三天才有機會關心她的家庭狀況，只不過仍是有一搭沒一唱的。營隊結束了，那小小離去的背影，是他們道別的唯一方式。

「煌蟲哥哥！我又來了。」順著被重重一拍的後背轉過去，一張完全沒有戒心的燦爛臉龐，映入蔡清煌的眼簾。那是二〇〇一年的仲夏日，蔡清煌以學員長的身分再度來到營隊中。

「哇！小黑，妳長高了。」能馬上叫出她的綽號，蔡清煌自己也很意外，更讓他想不到的是，第一年營隊結束後，完全沒有聯絡的小黑，竟然會再次出現，而且話變多了。

小黑令他想起第一年的隊輔經驗，而這次承擔學員長的角色，蔡清煌感覺每一根神經都已經繃到極限，隨時都會斷掉似的。尤其是營隊的第一天，壓力與緊張，幾乎是從醒來的那一秒就開始了。但看到負責生活組的慈青夥伴，熱得在茶桶前猛灌水，制服上盡是汗水所留下的白色痕跡；還有，那低著頭雙眼緊閉、坐在矮凳上任由慈濟志工刮痧的團隊們，蔡清煌的眼眶熱了。趁著學員上課的空檔，他到了營本部稍坐片刻，但他實在太累了，不由得闔上雙眼。

「學員長在睡覺耶！不要吵他，他真的累趴了。」

「是啊！每天晚上，他一定確定所有團隊都就寢了，才去睡覺，隔天一大早還得喊大家起床。」蔡清煌的拚勁，同樣讓工作團隊的夥伴們不捨。雖然如此，他總不忘在每天回程的途中，為大家及自己信心喊話，一句「耶！順利的一天！」彷彿又為明天的精力上緊發條。

「營隊還要繼續辦下去嗎？每次光是場地的布置，就得花費很多時間、人力和物力呢！」持續了兩年的營隊，在組合屋及九二一希望工程陸續完成後，也就是地震後的第三年，慈青團隊經過幾次的討論才做出決議，將原本的「安心計畫」轉變為「社區營隊」，轉而在各地就近帶動青少年。透過一梯又一梯的營隊接引，更多的慈青投入，而慈青學長、學姊也持續扮演陪伴與傳承的角色。

「學長！你在忙什麼啊？」看著蔡清煌手中的一大疊相片，慈青學弟們十分好奇。

「掃描九二一安心計畫營隊的相片啦！十幾年前沒有數位化，拍照都用底片。」看著自己從大一到大四的蛻變，蔡清煌慶幸自己能把時間花在對的地方，不論全球慈青日、兒童營、青年成長營、薪傳營等等，都有自己的身影。

「學長，這位是你吧？哇！你參加過好多活動喔！每張相片裡面都有你耶！」

「是啊！這些相片裡面都有我。」

921深情的慟

文／詹大為

一九九七年九月，施宜良負笈前往美國波士頓音樂學院攻讀碩士，隔年他參加慈濟美國紐約分會成立十周年慶活動中，感受到慈濟志工熱情親切的招呼，不可置信地想：「怎麼會有這樣的團體？怎麼會有這麼好的人呢？他們到底想做什麼？」

隔年七月，施宜良回到臺灣參加慈濟基金會所舉辦的暑期慈青營隊，與各國慈青齊聚花蓮，第一次到靜思精舍，看到精舍師父簡單純樸的生活，也瞭解早期慈濟功德會是如何辛苦建立的過程，原本滿肚子對慈濟的疑問，全部消失無蹤。那次營隊，帶給施宜良滿滿的動力。九月初，北美的慈青們齊聚在北加州聖荷西分會召開一次整合會議，籌備成立「北美慈濟大專青年聯誼會」（NATC），會議中共同研討六大專才小組，分別為：行政規劃、電腦網路、文宣影視、靜思研討、醫療人文、音樂工程；而施宜良當時承擔了「音樂工程」小組的召集人。

會後，北美慈青們一起來到舊金山大橋附近的海灘，升起了營火，離情依依之際，有人提議：「我們朝著靜思精舍的方向，一起來向上人發願好不好？」空曠的海邊，隔著浩瀚的太平洋，一群年輕人排成一列，大聲地呼喊著：「敬愛的上人，我們願意生生世世追隨您！」慈青們一次又一次奮力地對著大海呼喊，想像著這股強大的聲波和心願，可以傳送到太平洋彼岸的花蓮海邊，傳到靜思精舍裡，讓證嚴上人聽到……臨走前，眾人用一個壽司袋盛起一把沙灘上的沙，請在場的童鈴釵師姊幫忙帶回臺灣呈給證嚴上人，希望讓上人知道海外慈青們立願精進傳承的心……這一段動人的記憶，後來由當時精舍師父填詞、美國慈青作曲，譜成〈海邊的一把沙〉這首歌；對慈青來講，它不是一首歌而已，它是一個回憶、一個承諾、一段歷史、一段情感，不僅是生命重要的一部分，更是內心深處那分「緣」的烙印。

一九九九年初，〈海邊的一把沙〉被錄製成CD供大家請購，所得款項捐助薩爾瓦多賑災；同年暑假，臺灣及海外的慈青們，一起走上街頭為科索沃的難民唱這首歌，北美慈青們，以音樂創作，為全球災難貢獻一分心力。九月，臺灣發生「九二一大地震」，災情慘重，全球華人紛紛慷慨解囊，施宜良回到臺灣參加全球慈青日營隊時，和許多海外的慈青一樣，心繫著想為故鄉做些什麼的心情。二〇〇〇年一月初，在全球慈青日及慈青海外幹訓營結束之後，各專才小組向上人報告今年的計劃，輪到音樂工作小組時，施宜良說出心中的想法。

「剛發生的『九二一』地震不但震驚了全世界，也引起華人界的關懷，對於所有慈濟人而言，這個百年的災難更是心中不能抹去的慟，所以我想在未來兩、三年的時間，籌劃一個較大型的音樂劇，為這個讓人心碎的災難留下歷史的見證。」聽到這裡，上人突然感嘆地說：「兩、三年喔！不知道兩、三年我看得到，還是看不到呢？今年是世紀末的最後一年，如果能在這個世紀結束前，為這個世紀末的災難呈現演出是比較有意義的。」

聽到上人這樣說，施宜良腦海裡不斷反覆評估著：「一年的時間可以嗎？要找故事、要譜曲創作，一年的時間真的可以嗎？」正在猶豫不決時，心中突然冒出「做就對了」四個字，他決定鼓起勇氣去做。回到美國之後，施宜良開始構思，要如何編劇、編曲，雖然他主修音樂，不過因為經常在學校裡演出音樂劇，對這種集音樂、戲劇與舞蹈於一身的音樂劇略有概念，但是現實依然考驗著他，「一齣音樂劇至少要有十幾首曲子，短短一年要從創作、編劇、錄音、排練到演出，每個環扣都是極專業的挑戰，相信一定有很多困難在前面等著，怎麼辦呢？」他想來想去，愈想愈茫然，開始後悔自己這麼天真地就答應了。

「不行，答應上人的一定要做到！」施宜良馬上告訴自己要有信心，做就對了，「早期上人克難濟貧的竹筒歲月更辛苦，面對蓋醫院的種種變化更是困難，自己小小的挫折算什麼呢？」每回想到這裡，他就可以再次地坐在桌子前面，敲打著鍵盤，繼續編曲。「相信這件事是有意義的，相信這樣的理念是可以得到認同的。」在籌備的過程中，他總是用這兩句話來砥礪自己，也用來說服別人，讓各種人才和資源陸續加入。

慈青們以網路即時通、電子郵件互相聯繫和溝通，共同投入創作的工作。創作的部分比較沒有時空的限制，可以由海外的慈青來承擔，在臺灣演出的部分就需要密集的排練，這部分就由臺灣的慈青來承擔最適合了。施宜良就在摸索中，慢慢地找出方向和方法。

除了創作之外，施宜良也要思考一些道具、服裝、布景等呈現的想法。他在圖書館找資料時，如果遇有不了解的地方，學校的老師們也都很樂意地給予協助；就這樣，不知不覺一個學期很就過去了。

「只剩下半年的時間了，而演出前的排練是最關鍵的」，「彩排階段我可以留在美國嗎？」「沒有人能就近溝通協調可以嗎？」在種種考量之下，似乎「休學一學期」是最好的方法……

「Are you sure you want to do this?」（你確定要休學？）

「Yes, I think this is the best way I can arrange.」（是的，這是我想到最好的方法。）

「Hum……let me see……」（嗯……讓我想想看……）

學校的教務主任 Ms. Harrie Lanburger 翻著施宜良的課程表，來來回回地看了幾次後說：「Ok! Yi-liang, since you will spend a lot of time and effort on this project, I will suggest you can use this musical project as your GPC project credits.」（好的！宜良，既然你會花很多時間和心力在這齣音樂劇上，我建議你用這齣音樂劇做為你的「學士後演奏家文憑學分」計畫）

「I thought I need to do something relate to my Violin for the GPC project

施宜良（左一）為921地震紀念音樂劇《深情的慟》進行演出者甄選。攝影／沈萬清

credits……」（我以為我需要做一些和小提琴相關的內容……）

「Don't worry! Since this is "musical", I think you can do it……」（不用擔心，因為這是一齣「音樂」劇，我想你是可以這樣做……）

當時施宜良心中非常激動，也非常感恩，因為有這位外國老師的支持，讓他更相信投入這件事是對的。二〇〇〇年夏天，施宜良回到臺灣之後開始展開演員、歌手、舞者、手語表演者的排練；很多人都是第一次見面，需要一點時間磨合，尤其要毫無表演經驗的志工呈現出專業的表現，更是另一項挑戰。

然而，隨著時間一分一秒地流逝，展演的日子一天天地接近，既有的困難陸續解決，但新的問題隨時不斷出現，他心中的壓力持續累積著。

「當有很多人一起工作的時候，大家是充滿熱情和承擔來投入，有的人遇到困難時便會放棄、退出；不過，有的人在遇到挫折後並沒有放棄，他會調整自己的腳步和方法，再繼續向前推進。」每每現實情況與內心想法產生拉距時，上人的叮嚀適時地浮現在他的腦海裡，鼓舞著他堅持走下去。

二〇〇一年一月一日，《深情的慟》音樂劇在南港大愛電視臺終於登場演出，演員的呈現令人感動，觀眾的反應熱烈，當演員謝幕時，大家都紅了眼眶，臺下的掌聲如雷，這一刻，施宜良感到一切如真似幻，一幕幕過程閃過腦際……一年前只是幾個年輕人的發想，想不到一年後的今天，竟不可思議地實現了！

因為有大愛電視臺及慈濟基金會人文志業發展處文史組提供素材，才有了「故事」；因為有各國慈青的創作，才有了「歌曲」；因為有波士頓慈青及慈青學長們，創作的歌曲才得以製成音樂光碟和宣傳海報；因為有臺灣的慈青、志工及大愛臺，演出才得以成功；是證嚴上人、北美慈青們及精舍師父一路的支持才堅持到最後，演出圓滿，少了任何一個部分都不行，施宜良深深體會到這個因緣是眾人一起成就的。

音樂劇很精彩，但終有落幕的時候，而人生這齣戲仍然在上演，施宜良如今在慈濟志業體工作，任職於慈濟基金會，職志合一，學習付出，在真實的舞臺上繼續體悟人生。

在異鄉生根

文／郭乃禎

就讀小學四年級的歐陽立人，放學後甫踏入家門，正高興著放暑假了，卻聽到媽媽蔡秀雲（慈璽）說：「行李收一收，我們準備出門。」他乖巧地把衣服收一收，跟著媽媽提起行李，坐上了從臺北往花蓮的火車。

到了靜思精舍，歐陽立人回想起曾經在臺北吉林路的慈濟聯絡處，和媽媽一起聽證嚴上人講經，知道精舍就是上人的「家」。

「哦！原來慈濟是這樣子！」活潑的歐陽立人，張大眼睛，好奇地梭巡著精舍的一切；他隨著精舍師父做蠟燭，幫阿喜伯為花木澆水，這新奇又有趣的感覺，與在臺北的生活完全不一樣。住了一個週末後，媽媽有事要回臺北，看歐陽立人「玩」得很開心，便問他：「你要繼續住在這裡嗎？」歐陽立人點點頭，就此展開了一個多月的精舍生活。

一九八六年，小學五年級下學期快結束時，歐陽立人又跟著媽媽「出門」，這次的距離更遠了，是移民到美國洛杉磯。到了美國，媽媽在努力工作之餘，還和臺北的慈濟志工保持聯繫，並常常在家裡舉辦慈濟茶會。

歐陽立人放學後，就回家幫忙，或是陪媽媽拿著從臺灣寄來的《慈濟道侶》，走到附近的華人區小吃店、書局等店家，詢問是不是可以在店裡擺放，供人閱讀。後來有了正式的聯絡據點，母子倆就常去會所，幫忙打掃廁所、倒垃圾。慈濟事對歐陽立人來說，就像是他常幫媽媽做的家務事一樣，既自然又生活化。

在會所，每週都至少有一次共修，由於美國法令規定，十四歲以下的孩子不能單獨留在家裡，因此許多志工或會員都會把孩子一起帶來，並在會所內挪出一間房間，作為孩子們玩樂的空間。

同樣帶著孩子參加共修的陳燦輝，看到大家的兒女聚集在會所裡，漫無目的地玩要或發呆，不禁感到憂心：「有這麼多孩子在這裡，又不願意進去共修，他們沒事做，久了也許就不願意跟著父母來；跑出去玩，又可能會造成社會問題……」

陳燦輝擔心的社會問題，是指幫派問題。歐陽立人身邊的華人同學，有許多家境富裕、父母疏於陪伴的孩子，才高中就開著名車到處遊玩，但心中依舊孤獨。

當地的白人、黑人看到年紀還小的學生就有名車，一致認為：「哇！這些華人真有錢！」就結夥欺負這些留學生。漸漸地，華裔留學生們不甘被欺負，組成「華青幫」等幫派，打架鬧事。

為人父母都不願意看到自己的孩子加入幫派，為了照顧這些跟著父母到會所的孩子，一九九一年四月十四日，在志工陳燦輝和沈寶釵、黃庭國和王淑娟、何日生和曾慶方等幾對志工夫妻的籌劃下，正式成立「美國慈濟青少年團」；並時常舉辦戶外活動，讓四十幾位國中生、國小生透過拔河、兩人三腳等遊戲，一起聯誼交流。

在美國居住的華人，不常有戶外活動，加上父母工作等關係，就算孩子想出去玩，也不太可能有機會。而當時美國的中文學校又不盛行，許多會員看到《慈濟道侶》上關於青少年團的介紹後，紛紛將孩子送來參加，讓活潑好動的孩子能有同伴一起嬉戲，也能藉此學習中文。

青少年團成立時，已是高中生的歐陽立人，是孩子中較為年長的一位，他承擔起分隊小隊長的職責，負責說明團康遊戲的規則等，雖然不像現今慈濟營隊的隊輔，得負責諸多事項，卻也肩負引導的功能。

幾次聚會後，志工認為青少年團的活動，如果僅止於吃吃喝喝、玩團康遊戲，不是長久之計。開始試著帶團員參加志工的老人院探訪，讓團員負責其中一段表演，增加他們的參與感。過程中，團員們看到老人家露出微笑，都非常開心，時常利用一個下午的時光，與老人家同樂。

除此之外，青少年團也開始參加洗車募款、街頭募款、掃街等其他志工活動，進而舉辦青少年團的「慈濟精神精進一日」。靜思精舍常住師父前來教導團員佛教儀軌、拜誦經文，讓原本喜歡戶外活動的他們，感到很新鮮；團員們盤坐在蒲團上，聽志工黃思賢分享八個佛教故事，雖然腳有些酸麻，但透過精進一日將心靜下來，對慈濟有進一步的了解，團員們還是很開心。

繼加州之後，在德州、紐約等地也陸續成立青少年團，同樣為照顧異鄉遊子的下一代。其中，成立慈濟德州支會的推手之一林學仁，承擔了德州青少年團的團長，與其他志工一起帶著這群師姑、師伯的孩子或華裔留學生，到老人院、身障等機構關懷，走入當地社區服務。

「種子真的要從小菩薩、年輕的菩薩開始培養！」林學仁在陪伴的過程中這樣想著，因為他看見青少年有的生長在美國，有的來求學，語言能力佳，比師姑、師伯更容易融入當地社區及美國主流社會，能促進與居民的溝通及互動，進而招募當地志工。

林學仁是「來來來，來臺大；去去去，去美國」時期的留學生，他能理解有些青少年來到外地生活、讀書的心情，適時給予鼓勵。不過已四十多歲的他，仍希望有更多人來引導這群青少年，更貼近他們的心，因此後來有紀克明、熊士民等年輕志工投入，他們已出社會，有穩定的工作，舉凡規劃活動、團康，或在會所空地打球，都和這群青少年打成一片。

此外，青少年團也跟著師姑、師伯關心其他華裔小留學生，大家一起活動，在外地有了「家」的感覺。Frankie就是這群小留學生之一，他是臺北一位慈濟志工的孩子。

從小就很調皮的Frankie，常常讓師姑、師伯不知道如何陪伴他，後來就給他一些「苦工」做，比方搬東西，師姑、師伯發現他做得很開心。林學仁有一次請他一起搬東西，必須從一樓搬到三、四樓，只見熱情的Frankie一口氣答應幫忙，還從最下面往上扛，挑起最重的部分承擔。活潑好動的他就在青少年團的服務過程中，找到自己能發揮的所在。

臺灣慈青在一九九二年正式成立，而美國慈濟青少年團自一九九一年運作了幾年後，也逐步學習臺灣慈青的團體規章。從青少年團的制服——白色的T恤，印著一個愛心，上面寫TC，到穿上慈青藍天白雲的制服，並開始正式學習佛教禮儀、生活行儀及茹素等，逐漸轉型成慈青、慈少團體。

從青少年團、慈青到如今受證為慈誠，歐陽立人雖然長大就業後，較少時間能投入參與，但若活動需要人力，就會回去幫忙，諸如主持活動、指揮交通等，幫忙大大小小的事情。

「孩子！回來啦！」會所裡，志工們只要看到歐陽立人回來，就像自己的孩子回家一樣親切問候，而當時年紀小、坐不住的團員們，如今都已是而立之年，紛紛成家立業，歐陽立人每年都會與他們在加州相約聚會。在慈濟二十多年來，沒有兄弟姊妹的歐陽立人，即使又「出門」在外工作，他心裡明白慈濟這個「家」及這些「家人」，永遠展開雙臂等著他回家團聚。

另一個「家」的場景，出現在臺北的一場婚禮上，許多從德州回來的「家人」慶賀著一位青少年團的成員完成終身大事了。

「嗨！師伯，我還記得以前跟你一起搬東西……」帶著一張成熟的面孔，Franki在參加婚禮時，開懷地對著林學仁打招呼，一起暢談往事。

帶著父母般的心情，林學仁望著這群孩子再聚的畫面，讚歎著：「那分心真的很難得！他們很多人現在工作很穩定，還特別請假回來，再看到他們那分初期至今所凝聚下來的感情，還是很感動！」

慈青，向世界發聲

文／郭乃禎

「三十個人的力量有多大？你們知道嗎？」

臺下三十多位來自世界各地、不同國籍的青年們，個個露出好奇的神情，定睛看著臺上的黃懷萱。在這聯合國世界青年大會的講臺上，黃懷萱面色從容，即將開始她的講演，內容從三十個家庭主婦追隨證嚴上人推動「竹筒歲月」的故事，到慈濟推動環保等，這四十多年來的歷程，將濃縮在三十分鐘裡，由一位慈濟青年，代表向世界發聲。

二〇一一年的暑假，在聯合國總部大樓舉行的世界青年大會，黃懷萱及夥伴劉思佳穿著青藍亮麗的慈青制服，綁著整齊的兩束辮子，代表慈青站上講臺；這是美國慈青自二〇〇六年參加青年大會以來，終於擁有第一個正式上臺分享的「三十分鐘」。黃懷萱雖然面帶笑容，流暢地以英文分享，卻也難掩既興奮又緊張的心情。

在介紹慈濟的緣起後，懷萱切入此次講座主題——素食對環境的影響，她滔滔不絕介紹吃素的好處，眼裡投射出的光芒，一如小小懷萱時的堅定透亮。

懷萱年幼的時候，曾問老師：「老師，為什麼我們只吃牛、魚、雞，不吃小狗小貓？」

「小狗小貓很可愛呀！不可以吃牠們。」

聰明的小懷萱心想：「那麼，如果不可愛的動物，就可以吃了牠嗎？」雖然覺得沒道理，但也順其自然地跟著大家一起吃。直到十二歲那年，看著便當裡的一條魚，感覺那條魚似乎也一直看著她。

「我真的不能吃牠！」突然的一念之間，小懷萱不想再吃肉；吃素的「怪」念頭讓懷萱總是和他人不同，她的心中孤單著，一度想要放棄。

直到大學一年級來到慈青社，「你們都是吃素嗎？真是太好了！」懷萱如獲知音，又想到「還可以做好事，那為何不來？」因此參加了慈青社。

就在加入慈青第二年，二〇〇七年南加州發生森林大火，無盡的火勢不分晝夜地吞噬乾燥的樹林；特別是在夜裡，夜幕中烈焰的紅光閃動著，詭譎地令人害怕。

當時的大火燒毀了許多房舍，黃懷萱於是跟著志工們投入救災。當看到志工九十

美國紐約「第七屆世界青年大會」，慈青代表和各國青年領袖互動交流。攝影／楊育儒

度鞠躬、送上物資，或溫柔地與受災戶談心，這一幕幕的畫面，讓懷萱很震撼也很感動，此刻才覺得慈濟是真的與眾不同！她同時想著：「上人的法，到底是什麼樣的吸引力，讓師姑、師伯們能一致地呈現出慈濟的精神？」為了尋找解答，她決心投入更多、承擔更多，承接慈青幹部以後，小懷萱成了能獨當一面的女孩，同樣的堅持和單純不變，懷著心中所相信的一切。

而後，舉凡機構關懷、環保掃街等大大小小的活動，懷萱都熱心參與，而且不只是參與，大三、大四時承擔社長的她，還積極與同學、學弟學妹分享慈濟，其中有許多是不同族群的同學，為了將慈濟的精神傳達清楚，懷萱也琢磨起英文翻譯與表達，希望能適時適切地隨時介紹慈濟。

透過「說」慈濟，她也就更加了解慈濟，並像一塊海棉一樣，從志工身上一點一滴地學習。家住北加州的她，每當要開車回到位於南加州的學校，在八個小時的車程裡，她總是和同行的夥伴聊聊慈濟事，或鼓勵同車的學弟學妹們，對自己要有信心，要勇於承擔。從孤單到覓得夥伴，從被動認識到主動介紹，荳蔻少女的純真稚氣，在歲月的精練下已成長為一股青年的自信，但是，自信還須禁得起考驗。

大學畢業後兩年，懷萱在因緣際會下，代表慈青成為二〇一一年世界青年大會講座的主講者之一。講座前，參與大會的慈青們在紐約進行三天的營隊集訓，她和劉思佳緊鑼密鼓地練習了好幾遍，待一切準備就緒後，接著在志工、慈青的面前試講一遍，沒想到那次試講結果，卻讓黃懷萱淚如雨下：「怎麼這麼糟糕？聽了大家的建議，我們怎麼沒有想到把它做好一點？」

壓力如影隨形，並隨著講座時間的逼近，如同一塊一塊的石頭，層層加累，重重地壓在心上，原先有三十位慈青要去參加青年大會，但後來被告知只能有十位進去會場，所以黃懷萱覺得講座分享的內容如果出現瑕疵，會對不起其他沒辦法進去的慈青夥伴們。

經過了一番調整，很快地到了講座當天。「歡迎大家來認識素食的好處！」「你好，我們是慈濟基金會的志工，歡迎你來聽演講。」開場前的五分鐘，臺下聽眾仍稀稀疏疏，而在臺上準備講演的懷萱發覺「沒人有興趣聽」！難過的心情讓她惴惴難安。為了舒緩懷萱的心理壓力，其他慈青們趕緊跑到場外，邀請新朋友們共襄盛舉。這些忙裡忙外的身影，令懷萱難以忘懷，「他們沒有站在臺上分享，但想要讓大家都了解慈濟的心，卻是這麼堅定，而且還要感恩他們給了我們這個機會，站在臺上學習」。

講座很順利地進行，許多青年還對於「蔬國護照」、環保餐具等分享內容，頻頻表示驚奇與肯定！現場掌聲四起之餘，有位臺下的青年還舉手說：「聽兩個小時，我也願意！」

講座後，有兩位聽眾希望跟著慈青回慈濟紐約分會，繼續交流。途中，慈青整齊的兩行隊伍，在街上走著。排隊，在紐約街頭是很突出的一件事，因為繁忙的人們都是各走各的，即使是機構團體，也不會想到要排隊；不過這兩個「新夥伴」很認真地排在慈青後面，並開心地說：「耶！我們跟著這條藍色的龍走動！」這比喻令黃懷萱笑了起來，也喜見其他不同團體的青年，願意接納、學習更多關於慈濟的一切。

「一直覺得，如果我們沒有把這件事做好，會對不起所有慈濟人，直到講座結束時，終於有種我們這個team（團隊）完成使命的感覺。」一如往常的笑容，回到懷萱的臉上，她深刻感受到，這次講演不是只有臺上的人在發聲，而是每一位慈青、每一位志工都在用身行介紹慈濟，讓世界看到慈濟。

「三十個人的力量有多大？你們知道嗎？」懷萱在慈濟的歷史中聽聞到了，如今更親身體悟到了，她和慈青們也展現出三十個人的力量，那是一種一生無量，以身作則、堅定力行的力量。

攝影／郭又銘

第四堂

發現「青年使命」

荒漠中的春天

澳洲義診（上）

文／陳寶滿、林如萍

二〇〇七年南半球的夏天，一行九人的牙醫義診團坐上飛機，飛往離布里斯本一千公里外的澳洲西部，那是一個遍地紅土、長滿枯黃野草、樹林也不甚茂盛的澳洲內陸。

那裡看起來沒什麼生氣，卻是有著濃厚人情味的地方，或許是因為很久沒有人關心他們的牙齒，半年前曾到此義診的牙醫們耐心看診，讓接受診療後的人都很開心，有的邀約他們到農場騎馬，有的則是帶自家種的蔬菜水果來感謝大家，對醫師和志工來說，這是他們初次感受到如此地被需要，這充滿歡喜與成就感的經驗，讓醫療團隊有著共同的默契——還要再回來。

「轟隆——轟隆——」引擎聲漸漸停了下來，小飛機開了三個多小時終於抵達，等了半年再次前來義診，吳佳緯醫師忍不住搶先走出小飛機，想要呼吸一口新鮮空氣，並伸展快要發麻的手腳，正當他張嘴大口吸氣時，「哇！」無數飛蟲差點吸進嘴巴裡，跟在後面的人也傳出各種驚叫聲，眾人耳邊嗡嗡不絕，不約而同雙手齊舞，卻揮不走那一群群熱情的蒼蠅。

「不會吧？這裡都是這樣嗎？蒼蠅每天都會有嗎？」大夥兒面面相覷，身上無時無刻都停滿蒼蠅。前來接機的官員，似乎無視於蒼蠅的存在，大家只敢抿著雙唇，喃喃跟官員對話，深怕一不小心就將蒼蠅吃進嘴裡。

志工們正在奇怪當地人怎麼受得了時，幾位戴著怪異帽子的當地人朝他們走來，他們的帽沿上綁滿一條條的線，線上綁著小木塞，只要稍微搖晃，停在上面的蒼蠅就四處飛散；原來，當地居民用自創的多功能帽子來趕蒼蠅，也有人在帽子邊沿縫上網子，避免蒼蠅靠近，面對這樣的奇景，大夥兒不禁莞爾，打心裡佩服居民們的智慧。

走出機場，一行人搭上當地衛生署提供的車子，奔向一望無際的沙漠，經過了三、四個小時的車程，終於抵達目的地的小鎮。在澳洲西部有許多像這樣的小鎮，小鎮上的醫院都是公立的，只可惜沒有醫師願意留在這裡，許多醫院形同空屋，政府單位只能一段時間，從市區醫院派醫師來看診，但距離上一次公派醫師看診至今，已經不知有多久了。

大夥兒一進醫院，只看到診療椅蒙上一層厚重的灰塵，一隻母雞正大剌剌地端坐在椅子上休息！居民一見醫師來，趕緊過來幫忙整理環境，機器很久沒用，經常出現問題：鑽牙機的幫浦不靈光，水噴不出來，醫師臨機應變請助理拿著裝滿水的點滴袋，用力擠壓出水來湊合應急。有時器材缺東少西，需要志工到鄰近醫院暫借，或想辦法修理。

有一次，吳佳緯修理鑽牙機修得滿頭大汗，鑽牙機才嘰嘰響地動了起來，他趕緊為居民洗牙，一個接著一個，好不容易有個空檔可以喘口氣，眼前卻出現一位全身刺青、身體壯碩、不修邊幅的患者，嘴巴開開地站在面前。經過檢查，這位居民沒了門牙，還有幾顆牙齒因為經常用來咬開酒瓶，已裂開缺角需要修補，其他的牙齒也都快蛀光了。

這位彪形大漢張大著嘴巴，面無表情，像要打人的樣子，還挺嚇人的。吳佳緯心裡不由自主地發毛，內心盤算著先與他聊聊天，等對方放鬆心情後再動手補牙。可是事情並未如他所想像的簡單，這名看起來強悍壯碩的男子，其實很害怕看牙醫，平時

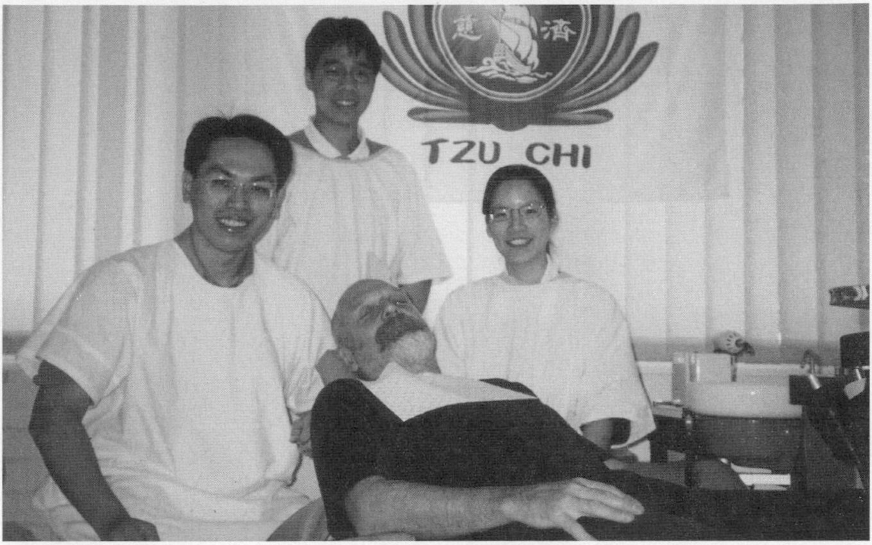

澳洲慈青牙醫義診小組，深入千里之遙的昆士蘭偏遠鄉村，為當地農民拔牙。（盧以欣，右一；吳佳緯，左一）攝影／黃耀南

沒牙醫來時，忍受不了要命的牙痛，只好拿起鉗子自己拔牙。吳佳緯知道，患者不想讓醫師看出他內心的害怕，所以講話冷漠，對醫師、志工的噓寒問暖，不會友善回應，當助理為他打針的時候，他還會緊張地發抖。

「我現在要幫你清洗牙齒，會有些刺耳的聲音，可以嗎？」「現在開始補牙，會有一點痠痠的。」「不舒服嗎？我們休息一下！」在吳佳緯溫柔的互動下順利完成治療。

這位看起來彪悍的患者，臨走前眼眶溼潤，緊握吳佳緯的雙手，他雖然默默不語，但這真誠的舉動，成為吳佳緯持續參與義診的動力。

冬季的大陸型氣候早晚溫差很大，白天中午很熱，晚上卻得穿著大夾克；到了夏季，白天氣溫更高達攝氏四十八度半，不但蒼蠅多，過熱的空氣連空調系統都轉不動。每個看診的醫師都汗流浹背，甚至汗多到滴在病人的臉上。由於當地氣候乾燥，穿著溼透的衣服只要到外面跑一圈就乾了。有了這些經驗，隔年義診便改成氣候比較適宜的秋天和春天。

忙碌的工作，總讓人忘了時間。路途遙遠，來此義診並不容易，不論是醫師還是志工，大家都互相補位，希望在有限的時間內幫助更多的人，他們每天從早上七點開始看診到晚上十一、二點才結束。偏遠地區晚上沒什麼照明設備，天上布滿如水晶寶石般的星辰，把夜空點綴得更美；遼闊的大地一望無垠，反而讓人心胸開闊。

義診結束，醫院的宿舍就成了大家歇息的地方，但一走進浴廁正準備盥洗，卻發現天花板居然破了個洞，天上的星星正閃閃發亮看著你，這時，腳邊出現一隻樹蛙，似乎正在質疑是誰佔奪了牠的地盤，「不會吧！這裡面還有野生動物？」這些初次從都市來到這裡的醫師和志工，常常遭遇一些意想不到的情況，他們除了驚歎自然造物的景象，也感受人和自然萬物並存的關係。

有時還得面對兩難的抉擇，特別是當扭開水龍頭，一股黃濁的水衝了出來，夾帶著腐鏽的味道，總讓人猶豫，「洗？還是不洗？」「洗，好像會更髒，不洗又……」畢竟忙了一整天，硬著頭皮就洗了吧！

每個小鎮都很相似，鎮和鎮之間沒有什麼景點，一望無際的草原及紅土，直直的馬路，如果不是柏油路面，就是飛揚的塵土。尤其在石頭路上不能踩煞車，不然車子會打滑，甚至翻車，所以義診團每次出門，多是兩、三輛車，一前一後相互照應著。

某次，其中一輛車突然踩煞車打滑，一行人都被嚇呆了，還好沒有出狀況。路況不佳之外，遇到天色昏暗的時候也盡量不要開車，因為當地的袋鼠很大隻，都躲在馬路兩旁，車的燈光會吸引牠們快速跳過來，如果煞車不及就會撞到，一煞車又會翻車，非常危險。

危險似乎到處都存在著。有一回，車子行駛在四十幾度的炎熱沙漠，突然「砰」的一聲，車身緊接著劇烈搖晃，大家趕緊抓住門把，就怕翻車。說時遲那時快，車子深陷沙地，一動也不動。大夥兒連忙下車察看，原來是藏在沙子裡的尖銳石頭惹的禍，車子爆胎了。一行人「一、二、三……」使力地撐起三噸重的車子，折騰了半天，汗已溼透衣裳，好不容易換了輪胎，才又趕忙上路。

大約走了一半路程，車子又「砰」的一聲，吳佳緯十分緊張，想起出發前政府人員的提醒：「如果爆胎，千萬不要到別的地方求援，就坐在原地等，大約兩三天後就會有人經過。」他心想，「完了，到不了我們要去的地方了，請上人賜給我們力量！」所幸，還有第二顆備胎，他虔誠祈禱，千萬不能再發生第三次。

赴偏遠地區義診雖然困難重重，但開啟了澳洲慈青的行善之旅，也成就一群自信不足、不知道怎麼跟病患交談的牙醫系學生。他們付出助人的同時，也開闊人生視野，讓生命的意義更加多元。澳洲慈青義診團，足跡遍及昆士蘭省中部的八個小鎮，雖然在安全考量下，義診對象與區域，從偏遠地區改為布里斯本的難民，卻已然成為昆士蘭牙醫系學生課餘的主修，也是孕育澳洲慈青的搖籃。

澳洲義診（下）

暴雨中的淚水

文／陳寶滿、林如萍

澳洲慈青從二〇〇二年開始，至二〇〇四年為止，共前往澳洲西部舉辦義診六次，足跡最遠到澳洲最南端的塔司馬尼亞省（Tasmania）戴文港鎮（Devonport）。經過西部義診的洗禮，漸漸孕育澳洲慈青的成長與茁壯，二〇〇二年昆士蘭大學學生團體曾經調查，百分之十八的牙醫系學生願意出來做志工；二〇〇六年再調查，竟有高達百分之七十九願意當志工。現在這些昆士蘭大學牙醫系的學生，或多或少都曾參加義診，他們從不認識慈濟，卻透過義診瞭解慈濟。現在只要義診訊息發布，報名都大爆滿，這是牙醫系對醫療人文觀念的大改變。義診從最初的四位成員到現在已有一百多位。

二〇〇四年在安全考量下暫停澳洲內陸義診，大家都覺得義診辦不下去了，因為在布里斯本有許多醫師，不論是公立、私人的，能找什麼事讓他們做？盧以欣等人肩負著帶動慈青團隊的使命，還是積極尋求哪裡有需要牙醫義診的服務。最後，盧以欣

義診和洪澇救災累積出來的人生歷練，讓澳洲慈青更能深入呈現《清淨　大愛　無量義》音樂手語劇的意涵。攝影／黃伯襄

在學校老師的引薦下，得到政府難民中心開會的因緣，因為澳洲政府與聯合國協議長期接收國際難民，這些難民有牙醫診療的需求，政府人員開會時非常嚴肅，表情好像撲克牌上的臉譜，令盧以欣這一群熱情的慈青印象深刻，經過多次鍥而不捨的溝通與說明，終於接洽成功。

同年九月，盧以欣等人開始在伊莉莎白二世醫院，為澳洲布里斯本的國際難民做診療服務。難民義診的困難度比預期的高，曾經參與內陸義診的慈青盧威程，承擔人醫會志工總協調，他了解這些國際難民有語言與離鄉背井的因素，需要更多的溝通與耐心。

義診前一週，慈青就得特地前往難民住

處親自邀請；前一天和當天要再打電話提醒他們，可是還是有百分之二十五的人不願意去。盧威程曾遇到為了接一位非洲難民，早上八點開車到他家門口，打電話通知：「我們到你家了！」

「哦！我還沒起床！」結果等了半個小時再打電話進去，電話那端傳來，「哦！真的！你們已經到了，我剛剛才又睡了一下！」

「那你現在可以起床了嗎？」志工問，結果等到九點半再去敲門。

「好，我們已經在打扮了。」好不容易撐到了十點，門終於開了。

二〇〇六年九月，由於盧以欣等人前往牙醫協會分享慈濟牙醫師在內陸義診服務，引起與會人員關注，牽起之後盧以欣、吳佳緯及盧威程勘查評估距離布里斯本三百八十公里的塔拉鎮（Tara）亟需醫療的機緣。二〇〇七年五月七日，牙科義診開始在塔拉鎮展開，醫師及學生趁著勞工節放假進行三天義診，也帶動當地居民一起加入志工的行列。看到牙醫師、慈青、志工等親切服務，膚慰居民，盧以欣抬頭望著天空，感覺天色特別藍，晴空下，內心充滿了對未來的希望。

塔拉鎮的義診連續三年，正當一切漸入佳境時，卻在二〇一〇年政府部門換人，法令修改，無法繼續使用政府的設備，盧以欣感到十分錯愕，面對政府部門，常常談妥的事，每年卻還要重新再溝通，而且很多對外的會議，都必須遠赴塔拉鎮，如今一切又重新歸零。

年底，昆士蘭省的雨季異常地持續下著，大家仍如尋常般忙碌，沒有人意識到，一場世紀性的洪澇即將逼近。

盧以欣仍不斷為塔拉鎮的義診場地奔走，設備的部分則由吳佳緯尋求其他管道解決；同時，布里斯本的歲末祝福也正緊鑼密鼓展開。盧以欣邀請慈青學妹王姿欣、王柔欣姊妹幫忙籌辦，帶著大家學手語、戲劇編排……活潑開朗的這對孿生姊妹第一次以手語、戲劇演出《無量義經》德行品，初試啼聲即獲得滿堂彩。

為了延續這分感動，慈濟委員蘇琪明邀請王柔欣等人接續推動《無量義經》讀書會，希望讓當地人更了解慈濟，同時開始籌備共修活動。

其間，昆士蘭的雨勢一直沒有停止的跡象，二〇一一年初，史無前例的洪水終於奔湧而來，迫使大家中斷了所有的計畫，立刻投入救災。

剛接任慈濟布里斯本副負責人的盧威程，接下這次救災的總協調。「災難太大，下一步是什麼都看不到，每一波的挑戰都是從來沒有做過的！」他們在收容中心設立服務站，每天早出晚歸，連續四十六天，一天只睡兩小時，從發放到慰問關懷，盧威程等五位資深的慈青學長，帶著七、八十位慈青學弟、學妹，有的家裡也受災，仍跟著大夥兒一起搬了數不清多少噸的毛毯和物資。

水災急難救助告一段落，盧以欣沒時間喘息，她得繼續協調迫在眉睫的義診場地，於是再次和政府官員情商。二〇一一年四月下旬最後一次開會回程，大雨嘩啦嘩啦打在車頂上，政府官員一通電話傳來，語氣雖然很友善，但地點仍然沒有著落；盧以欣的淚水再也不聽使喚，心情如同窗外的天空一樣灰暗。

拖著疲累的腳步回到家，看著大愛臺電視節目，剛好播放著上人興建慈濟醫院初期的過程，「第一次規劃的土地不能用，那天也是下著雨，上人的心情就像外面的雨。」

盧以欣像是進入了上人當時的心境，瞬間，眼前一片模糊，畫面停格在下雨的那一刻，盧以欣止不住淚對著自己內心呼喚：「上人都走過來了，我應該也可以！」

隔天，整理了思緒，她向大家報告接洽狀況，忍不住又在眾人面前哭了起來，讓在場的師姑、師伯、學長及學姊急忙安慰。會後，大家有了共識，就算沒有場地也沒關係，即使要在外面搭帳棚辦義診也都可以，有壓力大家一起扛。

終究皇天不負苦心人，努力得到了回應。四月底政府官員傳來好消息，確定五月初塔拉鎮第四次的義診場地，但是設備要由他們自己帶過去；大夥兒興奮不已，一切辛苦的溝通總算值得！

義診有了進展，同時間，巨大洪災過後，也讓大家重新省思生命的價值所在。深感世間無常，於是原本正在進行的《無量義經》讀書會共修，在眾人的支持下，改以音樂手語劇來為災民祈福。這次公演由盧威程擔任總策劃，盧以欣擔任舞臺總監，在他們積極承擔下，同時帶動王姿欣、王柔欣姊妹，以及王英慈承擔讀書會、手語和戲劇的種子老師。從招生、售票、挨家挨戶拜訪，甚至到會員家裡進行一對一手語教學。

第一場於二〇一一年九月二十四日公演，之後上人特別開示，不是只帶給災民物質的幫助，而要像《無量義經》所說的「苦既拔已，復為說法」。於是十月十六日舉辦第二次公演，其中午場演出，特別邀請災民免費觀賞。

盧威程和王柔欣為此前往災區邀約。從黃昏忙到黑夜，走在伊普市住宅區凹凸不平的街道上，大部分災民的家園還沒恢復。灌木叢樹的梭梭聲，加上綠色、藍色等多種顏色燈泡，燈影幢幢，弄得盧威程心神不定：「簡直像鬼屋！」他和王柔欣挨家挨戶敲門邀請。

有的家中狗兒迎門撞上，嚇得兩人當下想拔腿就跑！盧威程強作鎮定告訴王柔欣：「待會兒看到狗衝出來，妳就先跑！」王柔欣也故作鎮定點點頭。兩人趨前敲門，沒想到主人從門縫看到身穿「藍天白雲」的志工，就熟稔地引領入內，對志工的關懷頻頻表達感謝，還告知家裡一切都已復原，要他們安心。

《無量義經》音樂手語劇公演，以一生無量的竹筒歲月撲滿作為推廣，慈青在盧威程和盧以欣的家製作報紙竹筒，從早到晚輪流接力完成，大家把它當成「慈青之家」。每個人不用拿鑰匙，隨時可進來開會、吃飯。原本動作稍慢的盧以欣，為了讓一百多位的學弟、學妹們不致餓肚子，煮飯的動作愈來愈快，愈有效率。

人一多，難免就會遇到有人心情不好，盧以欣就會做熱巧克力，帶到學弟、學妹住處送關懷。考試時，盧以欣會做甜點、南瓜湯、紅豆湯、愛玉、夾心餅等，讓學長、學姊一家一家送去慰問與鼓勵，至今也傳承成為大家互動的習慣。慈青學弟、學妹若遇到事情也會來找他們，找工作、找對象、搬家、吃飯等，兩人都樂於與大家共同分享。

從牙醫義診到水患救災，再到《無量義經》的演出，布里斯本慈青學長和慈青學弟、學妹之間，培養了革命情感，也帶動了慈青傳承的力量。盧威程和盧以欣在澳洲共組家庭，上人把「合心」兩個字送給盧以欣，把「互愛」送給盧威程。兩個人就在合心、互愛下，帶領著布里斯本的慈青往前邁進。

青年走入311

文／林玲悧、葉金英

二〇一一年三月十一日午後，任職於東京某家IT公司的陳量達，正緊盯著電腦螢幕，敲著鍵盤打字。突然間，一陣天搖地動，櫃子上的文件瞬間被震得散落滿地，沉重的會議桌竟被震移了位置，驚呼聲四起，人人擔心自身安危。然而，躲進辦公桌下的陳量達，腦中浮現的第一個念頭：「糟了！這會是個大災難！」「分會一定需要人幫忙，現在要怎麼和分會聯絡？」

地震發生的同時，日本慈青總幹事謝玉潔正行經馬路，面對街頭掀起狂風及巨大聲響，驚慌之餘，也讓本來想回到學校宿舍的她，立刻決定改往分會前進，看看有什麼可以幫忙的地方。然而，謝玉潔在車站等了兩小時，還是等不到電車復駛，便步行前往位於新宿的慈濟日本分會。「這好像在逃難！」謝玉潔邊走邊想，看著大批人群從新宿湧出，只有她繼續反向而行。

地震發生時，鍾佳玲在分會感受到地震搖晃的力道非比尋常，驚恐得跪在窗邊和其他志工一直祈禱。第一波地震過後，分散各地的日本慈濟志工，紛紛用電話、網路報平安，並迅速向分會前進。留守分會的志工則忙著蒐集災情，聯繫所有志工瞭解狀況。此時，謝玉潔來電詢問要如何走到分會，鍾佳玲同時也透過網路聯繫上陳量達，邀請他下班後一起過來開會。

兩個小時後，謝玉潔出現在分會。身心俱疲的她，腳底走到起了泡，看到熟識志工的那一刻，眼淚幾乎奪眶而出。

至於陳量達則一直等到深夜十二點，才順利搭上電車。由於電車必須確認沿途安全，才能逐站開放，走走停停，到達時已經半夜兩點。那時，分會二樓的燈還亮著，慈濟救災中心已成立，志工們繼續在商討急難救助的事宜。

透過新聞得知強烈地震引發的海嘯，重創日本東北沿海地區，加上驚傳福島核電廠輻射外洩，前所未聞的「複合式」重大災難讓大家驚駭不已，志工的心情極為沉重。日本分會副執行長許麗香，派請鍾佳玲負責錄影，而陳量達和慈青所組成的人文真善美團隊也即刻啟動，蒐集災情、撰寫日誌傳回臺灣，讓證嚴上人得以評估救援方向。承擔這項任務，慈青們比考試還緊張，從地震發生的那天起，時常忙到半夜兩、

日本於3月11日發生芮氏規模9.0強震，同時引發海嘯，造成嚴重災情；慈青謝玉潔(左)、慈青學長鍾佳玲籌備賑災相關事宜。攝影／吳惠珍

三點，但沒有人叫苦。

由畢業慈青學長帶著在學慈青組成的工作團隊，在關鍵時刻發揮良能，除了及時傳送災情資料，後續階段，陳量達更善用在日本工作六、七年的經驗，熟知日本當地社會文化，擅長交涉應對，當臺灣慈濟志工陳金發前來日本勘災時，陳量達成了最佳的翻譯幫手。

往東北災區的車上，陳金發與陳量達擠在狹小的位子裡，雙腳無法伸直；約八個小時的車程後，到了第一站，又得改搭乘計程車，才能繼續下個行程。為了盡快勘災，他們顧不得沿途奔波的疲累，馬不停蹄地一站接著一站，趕了好幾個地方。

大多數的時間，兩人都沉默不語，一方面是沿路看到災區慘不忍睹的情景，另一方面初步的賑災並不是很順利，不知道下一步該如何是好，陳量達感受到陳金發的沉重心情。不過，陳金發面對日本官員質疑時，都能以謙卑、圓融的態度，清楚說明慈濟賑災的理念和做法，讓一旁協助翻譯的陳量達非常佩服。兩人的年紀相差三十歲，陳量達感覺陳金發就像一位認真的爸爸，以無言的身教，督促他要更加盡力達成任務。

結束行程後，他們搭著巴士離開。回到東京，已是黎明破曉之際，一下巴士轉乘地鐵，陳量達提著行李走在後頭，看到陳金發微駝的背影，內心生起一陣酸澀，心想：「發伯都已經六十多歲了，還要這麼辛苦！年輕的我應該更加努力，趕緊接上去，多承擔責任。」

六月中旬，慈濟第一梯賑災發放團到災區岩手縣，送上見舞金（急難慰問金）。一位鄉親找不到自己的名字，顯得有些慌亂，負責接待的鍾佳玲不知該如何是好，趕緊求助陳量達。陳量達與這位鄉親談天時，得知他住在二樓，雖然受災情況較輕，但還是很需要這筆見舞金，經過妥善處理後，讓這位鄉親及時獲得幫助。離開時，這位鄉親還寫了一張感謝卡，感恩慈濟人。

陳量達來自馬來西亞，鍾佳玲和謝玉潔則來自臺灣，三人都是為了留學才來到日本。陳量達從小接觸佛教，來到東京讀大學後，一九九九年到分會當志工，參加慈青的活動以外，還幫忙編輯日文的《慈濟》雙月刊。畢業後，他承擔分會的活動策劃，這次地震發生時，手邊正在策劃《父母恩重難報經》音樂手語劇。

鍾佳玲在臺灣時就讀技職學校，熱心投入慈青活動，曾擔任學校慈青社社長。二〇〇三年赴日求學時，住在日本分會宿舍，二〇一〇年念碩士課程時，許麗香鼓勵她參與慈濟委員見習，課業雖然繁重，但參加慈濟總是讓她非常歡喜。

有了這群慈青學長及慈青的攜手支援、分憂解勞，協助日本分會志工人力吃緊的問題，使得這次賑災過程更加順利。不過因為地震後輻射外洩，風聲鶴唳，許多慈青被家長要求返回臺灣，但參與賑災、體驗無常，已讓這群青年對這片土地產生感情，不再只是過客。

「沒有我們這群孩子，日本師姑們會不會過度操勞呢？」謝玉潔含著淚回到臺灣，之後在父母的理解下再返回日本幫忙；而一度回到臺灣的鍾佳玲，也心繫日本賑災的狀況，上網問著：「量達學長，我可以幫忙什麼？」

一直留守在日本的陳量達，對慈濟志業有萬分的熱誠，公司和同事也非常包容，但志業和事業的糾葛，還是讓他很掙扎。三一一後，因忙於志工事務，讓他在六月份時，已用完了三十多天的年假。接著為了慈濟賑災之路協商，又必須硬著頭皮向主管請假，當他聽見自己以「今天有一點小頭痛」為由請假時，他其實也是「很頭痛」的！

人生的價值何在？證嚴上人說：「真正人生的價值，是將生命發揮在對人群有用之處，這必須有真誠的愛，才能奉獻自己的心力。」經過三一一世紀大災難，陳量達深刻體會這一番話。二〇一一年七月一日，他決定卸下科技新貴的光環，由慈濟志工轉任職工，輔助日本分會志工團體的運作。陳量達告訴朋友：「不論月薪多少、職位多高，都是個人的感覺，我的價值觀不在於此。」

三一一的歷練，讓這群青年變得更成熟。不忍敬愛的證嚴上人在真理的道路上孤獨前行。陳量達體會到，既然身在日本，唯有落實本土，愛的力量才會強大。災難已屆滿周年，鍾佳玲欣見慈濟的菩提種子已經發芽，日本慈青們紛紛投入慈濟委員見習、培訓行列，向陳量達學習，要在慈濟的道路接棒走下去。

在南非遇見米坦阿嬤

文／潘俞臻

「把他們當家人，就不能只是偶爾或是有空才去看看。」南非慈青學長每天輪流到黑人居住的鐵皮屋區，進行下鄉關懷，其中蔡凱帆一直記著志工潘明水時常掛在嘴邊的這一句話。

一九九六年，當蔡凱帆還只是個十五、六歲的高中生時，一到假日就跟著慈濟的師姑、師伯們去探訪貧戶或孤兒院、養老院，每一次的任務，除了擔任翻譯工作外，就是唱唱跳跳，帶動團康和遊戲，再不然就是為長者們按按摩、搥搥背；在師姑、師伯的陪伴下，每一趟的行程，都是既好玩又新鮮。

不過，現在輪到自己帶著慈青做訪視，蔡凱帆才知道想要打開受助者的心，有著一段漫漫長路……

二〇一〇年年底開始，蔡凱帆和同是慈青學長的黃騰緯等人，在本土志工蘇美尼亞（Nkwe Semenya）的協助下，開始將慈濟帶入坦畢沙社區（Tembisa）。

這一天，他們依約前往黑人居住的鐵皮屋區，做訪視關懷。

才剛走進黑人區，就有人好意上前關心：「你們迷路了嗎？鐵皮屋區很危險，趕快回家！」慈青學長們表明身分和來意後，繼續往前走。沿路上，不時有人投以好奇的眼光，還有人冷眼睥睨。

「又是來做樣子、照照相、打打廣告的團體。」覺得慈濟只是做表面工夫的人很多，也包括蘇美尼亞的兒子闊寶（Kagbo Semenya）。

蘇美尼亞在當區經營一間麵包烘焙店，遇上慈濟志工之前，就定期在街頭布施麵包等食物，給當地的孤兒或窮苦的居民。她除了扶養自己的六個小孩，還領養了社區附近的六個孤兒。

闊寶從小就跟著媽媽行善，對家裡經常有陌生人來用餐，早就習以為常。高中畢業後，為了分擔家計，他選擇休學，在家裡的烘焙店幫忙。

因為媽媽蘇美尼亞開始參與慈濟活動的因緣，闊寶和慈濟有了第一次的接觸，但他對慈濟並沒有好印象：「還不就是做秀！」媽媽雖然知道闊寶的想法，但她沒有多作解釋，只是默默地做。不過，闊寶偶爾也會以志工的身分，跟著媽媽在社區裡關懷

約堡慈濟人帶著「未來青年中心」的學生一起訪視照顧戶米坦阿嬤(Mida)；眾人與米坦阿嬤(左二)合影。
攝影／徐梅玉

其他的人。

二〇一〇年十月一日，坦畢沙社區發生一場大火，慈濟志工在災後短短三個小時內，深入訪視，一一造冊，並親手將應急物資送到受災居民手中。闊寶看到慈濟志工對自己鄉親那麼尊重，而且無私付出，才對慈濟的看法完全改觀，因而下定決心投入慈濟。

「終於有第一位本土的慈青萌芽了！」蔡凱帆開心地授予闊寶慈青的藍天白雲制服，那一刻，他的心裡有說不出的歡喜；而闊寶則是緊張又慎重地接過制服，在內心告訴自己：「從此就要負起行善助人的責任。」

在坦畢沙社區裡，住著身分背景不同的居民，其中米坦阿嬤（Mida）好像被這個社會給遺忘了。七十一歲的阿嬤獨居在一間磚房，從來沒有人見過她的兒女來探望，她的身體雖然健康，但由於曾經患有憂鬱症，所以精神狀況不穩定。米坦阿嬤是蘇美尼亞等本土志工關心的個案之一，就在鄰居策動要將她趕出社區的時候，蘇美尼亞覺得不捨，把個案提報給了慈濟。

那時候，米坦阿嬤把自己封閉起來，在自家門外掛上可怕的娃娃頭裝飾，用來嚇走想接近的小孩，連南非本土志工一開始與她接觸，也常常被趕出來，但志工不放棄，持續拜訪阿嬤；負責帶動當地慈善的慈青學長則決定，只要有空，就輪流前往探望。

本土志工深入了解後，將米坦阿嬤的故事，回報給慈青學長。原來阿嬤被自己的孩子拋棄後，生活無依無靠，只靠著拾荒找食物度日。除此之外，還有諸多不幸的事情，也發生在她的身上，包括受騙、被搶，甚至遭到性侵。所以，她非常排斥陌生人。

明白了米坦阿嬤的情形，慈青學長更覺得要加倍努力，好不容易，經過一次次的探望，漸漸取得阿嬤的信任，得以進到阿嬤的房子裡。

進到屋內，眼前的一幕，讓大家不敢置信！屋內連走動的空間都沒有，一包又一包的垃圾堆得比人還高，有些地方幾乎頂到屋瓦。原來，米坦阿嬤只要把東西撿回來，就不曾再丟出去，因此引來昆蟲和小動物到處亂竄，空氣裡散發出令人作噁的惡臭。

慈青學長問：「米坦阿嬤，您晚上睡在哪？」

阿嬤伸手指著垃圾堆，說：「睡在這上面啊！」

「幫妳把這些垃圾清理一下，好不好？」慈青學長又說。

「不好！它們都是我的寶貝。」阿嬤肯定地回答。

與米坦阿嬤對話的時候，慈青學長抬頭發現，房子的屋頂已經破爛不堪，只要下雨，屋子裡頭勢必會淹水，想到滿屋的垃圾浸在水裡會引發的後果，就不難理解為何鄰居急著想趕走米坦阿嬤。

「雨季就要來了，米坦阿嬤的房子，已經不堪居住，必須盡快整修。」「但是，如果把阿嬤的房子拆了，阿嬤住哪裡？」「滿屋子的垃圾，要先清掉才可以進行整修呀！」本土志工及慈青學長為了阿嬤安居的問題，熱烈地討論著。

最後，大家決定在阿嬤房子後面的空地，為她蓋一間寬三米、長六米的新房子，讓阿嬤安然度過雨季。

房子的興建工程，由慈青學長負責規劃與協調。為了節省人力費用，慈青學長帶領慈青們利用週末的時間，幫忙鋪磚頭、拌水泥、刷油漆。

米坦阿嬤看著一群非親非故的年輕人，為了自己揮汗付出，內心那顆善的種子，漸漸地萌芽。

「餓不餓？」「渴不渴？」在施工期間，米坦阿嬤不時前來慰問慈青。這一次，慈青學長和慈青們建立起來的不僅僅是這一棟新房子，還有阿嬤對慈濟的全心信任。

二〇一一年年底，新房子完成了，慈青學長原定的計畫，是希望米坦阿嬤能夠入住新房子，再將堆滿舊房子的垃圾清出後，開始整修破舊不堪的舊房子。但在新房子落成後初期，米坦阿嬤因為念舊，還是不願讓人將舊房子裡的「寶貝」清走，而且除了在新房子煮飯外，她的生活還是以舊房子和庭院樹下為主。

慈青學長為此感到煩惱，但用心體會後才發現，對米坦阿嬤來說，空蕩的新房子和堆滿雜物的舊房子，其實都一樣，除了雜物之外，她什麼都沒有。

此外，阿嬤的舊房子斷電很久了，慈青學長雖然已經為她申請復電，但還必須等待一段時間，才能恢復供電。於是慈青學長先幫忙安裝太陽能發電板，再送來電爐與鍋子，讓阿嬤不必再用危險的炭火爐烹煮食物。

這段期間，本土慈青闊寶也熱心協助，自告奮勇爬上新房子的屋頂，為阿嬤加強防水措施。另外，慈青們也貼心為新房子裝上塑膠地板，希望以後阿嬤都能在新房子裡舒適地生活，不必整天坐在庭院。

新房子愈來愈漂亮，阿嬤也看得愈來愈開心，大家趁機詢問她：「米坦阿嬤，要不要也讓庭院一樣美麗？」米坦阿嬤微笑著點點頭。這一刻，才終於得到阿嬤的首肯，可以幫她清理庭院。

闊寶邀來十九位本土青年志工，幫忙修剪樹枝、樹下的雜草及庭院周邊的雜物，將它們一一裝袋運走，連原本排斥米坦阿嬤的鄰居小孩，也一同加入清掃的工作。

有一天，慈青學長來探視她，米坦阿嬤神秘兮兮地把他們拉到一旁，小心翼翼地從衣服中拿出一個藥袋說：「將這些錢拿去幫助需要幫助的人吧！」

從那天開始，米坦阿嬤每次外出時，都會撿拾掉在路上的銅板，回家存放；每個月定期交給志工一個裝著銅板的小袋子，叮嚀他們拿去助人。從此，阿嬤成了慈濟會員。

米坦阿嬤待在新房子的時間愈來愈長了，她開始穿上鞋子，把自己梳理得乾乾淨淨。雖然舊房子的「寶貝」還是堆積著，但她已不再拾荒，還邀請鄰居參觀自己的新房子，就連以前常形容阿嬤舊房子是「鬼屋」的鄰居小孩也不再害怕，甚至經常到阿嬤的庭院來找她呢！

闊寶跟著慈青學長繼續陪伴米坦阿嬤，也經常和慈濟志工參與社區慈善工作，並持續向當地青年學子介紹慈濟，就近帶動家鄉的年輕人，加入關懷鄉親的行列。

二〇一二年，闊寶考進以函授而聞名全球的南非大學（UNISA）警政系。雖然闊寶家的經濟狀況還過得去，但大學學費仍是沉重的負擔，慈濟志工審慎評估後，決定申請慈濟「新芽助學方案」幫助他。

讀書與工作之餘，闊寶就帶著當地青年志工做居家訪視關懷，啟發他們的愛心與善念，與他們分享「即使力量微薄，也能助人」的理念。

「希望坦畢沙能有自己當區的慈青團隊，才能在第一時間給予及時且適當的幫助。」這是闊寶對自我的期許，更是南非慈青學長陪伴著慈青，希望未來和闊寶一起完成的使命。

晨鐘起 薰法香

文／江蘭英、梁妙寬

「嗶嗶——嗶嗶——」鬧鈴聲響起，賴曉逸下意識拉拉被子，真想繼續躲在暖呼呼的被子中賴床，「不要吵我，讓我再多睡一會兒。」迷糊中另一個念頭告訴她，要快點起床，很多慈青夥伴還在電腦的另一頭等她；翻了翻身，她把吵人好夢的鬧鐘關了，坐起身後，披上外套，顧不得微寒的空氣，拿起臉盆趕緊到公用衛浴室打理梳洗，隱隱傳來其他房間裡吵鬧的聲音，或許是還有同學嬉戲整晚還未就寢吧？

清晨五點，許多人還在暖被中作好夢，她已安然地坐在位於東海大學學生宿舍的房間書桌前，打開電腦準備與慈青們一起「晨鐘起．薰法香」聆聽證嚴上人開示《靜思晨語》。看著書桌上的相片，她對著相片裡的人說：「媽媽早安，您有看見曉逸嗎？我有聽您的話『要多做好事』喔！」想念著媽媽的她，思緒飛到遠處……

個子嬌小愛彈吉他的曉逸，在溫暖的家中成長，高二前不知憂愁是什麼，直到媽媽被醫師宣判罹患卵巢癌第三期，幸福快樂的家蒙上一層淡淡的愁緒，每天擔心著媽媽的病情，卻無法替媽媽承擔病痛。在慈濟擔任志工的媽媽不曾因為病痛而放棄做志工的機會，不治療的時間爸爸就帶著媽媽參與志工活動，讓她看了很心疼，卻也以媽媽為榮。

高中畢業考上東海大學餐旅管理系的她，不得不離開「雨都」基隆，前往臺中住校，但每有假期或假日，她一定回家看媽媽，她要把握與媽媽相處的時間。直到大二，那天基隆的雨不停地下著，躺在病床上的媽媽虛弱地握著她的手，氣若游絲地說：「要多做好事。」曉逸的淚不斷地流著，媽媽在雨水與家人的淚水交織中離開世間。

辦完媽媽後事，回到學校，她想著要讓天上的媽媽安心，也讓爸爸高興，她積極地投入慈青社，寒暑假必回花蓮靜思堂參加慈青營隊，甚至投入海外人文交流活動，並在大四時擔任中區慈青合心幹部——執行秘書。她忙於課業與社團活動，不曾沉浸在失去媽媽的情緒中。

大學畢業後她繼續留在東海就讀研究所，二〇〇七年她接下中區的慈青合心幹事，為負責中區二十九所大專院校的龐大社團會務及避免因開會而「夜拚」，她與慈

清晨時分，正是一個人神清氣朗，薰習法香的最佳時刻。攝影／釋德㑅

青幹部達成一項共識，每次以msn（電腦）開會必須在晚上十點三十分結束，即使沒有討論完，也留待隔日再議。

有感於慈青普遍晚睡的情形，曉逸發起「早睡早起運動」，每天清晨五點起床，為了讓這項活動形成常態，中區慈青慈誠懿德會合心幹事志工黃鳳美提議，「那就五點半一起起床收看大愛臺《靜思晨語》，聆聽上人開示，同時也可以利用網路分享心得。」活動發起人賴曉逸，加上其他三位慈青李儀鵬、黃志揚、陳韻潔，各司其職，大力推動。

「鈴鈴——夥伴你起床了嗎？要準備上線了喔！」起初，大家紛紛表示起不來，怎麼辦？韻潔見夥伴五點二十分還未上線，主動Morning Call，互相提醒，彼此激勵；儀鵬負責管理每天討論的主題，志揚則帶領大家分享。曉逸明白習慣養成期約為二十一天，她希望大家以身作則，堅持自己的心念，培養早睡早起的習慣。

在推動中時，常碰到因學校期中考或交報告的時段，上線人數很明顯down下來的瓶頸，每當看到上線及分享的人很少時，她的心情也跟著「down」了下來，此時她會無法自制地放下原本時段中規劃要做的事，開始與msn上的夥伴溝通，督促趕快做今日的分享及邀約明日上線，也因她的積極態度影響了慈青夥伴，人數不斷成長。

二〇〇七年十二月，花蓮舉辦全球慈青日，曉逸在營隊中向全球慈青呼籲共同加入「早睡早起聽晨語運動」，翌日，上人於營隊中勉勵慈青，提及慈青願意早起參與此活動，令人不只感動，而是震撼，並正式定名為「晨鐘起．薰法香」，並詢問在場全球慈青是一時感動亦是要實際行動？海內外慈青紛紛表示響應。

「咚咚——咚咚——」msn上的慈青夥伴上線了，「晨鐘起．薰法香」帶動全球慈青共同深入法髓，更進一步促進彼此之間的交流，花蓮本會為此特別於慈濟數位學習網，設立晨語讀書會分享平臺，讓慈青加入「晨鐘起．薰法香，慈青靜思晨語讀書會」線上課程。在二〇一二年慈濟大專青年二十周年慶的同時，全球慈青在各地持續早起進行著這項活動，不曾停歇。

有心對治就不難

文／胡美蘭、陳婉貞

二〇〇九年二月九日元宵夜，寒風陣陣吹拂，馬來西亞半世紀以來最大、最圓的月亮，高掛夜空。在皎潔的月光下，一群慈濟青年踩著輕盈的步履，相約來到檳城的慈濟馬來西亞分會，向長期關懷馬來西亞慈青的慈濟委員郭秋明（濟航）拜年。

熱鬧的新年氣氛瀰漫著，在這團聚的時刻，大家開懷地分享過去一年的收穫與得失，而來自各社區的慈青一一提出新年度的規畫與方向；然而，事事都需要人來成就，「招生困難」卻是大家共同的難題。其間，眾人紛紛提出當下所見的校園現象，例如沉迷網路遊戲，減少人與人之間的互動，為追求金錢進行商業活動，在各展場擔任活動人員或服務人員，缺乏長遠的工作與學習計畫。

現在的大學生，受到社會風氣「病毒」的侵襲，具有正向軌道、願意揚善的不知有多少？就在大家知道問題，卻想不出如何接引新人時，郭秋明靜靜地看了在場所有人，輕輕地說：「邀集慈青以《人有二十難》音樂手語劇巡迴演出！」

馬來西亞《人有二十難》音樂手語劇，共計十四場，跨越八州巡迴演出。每場都有一百零八位慈青搭配演繹，與全馬各地一萬四千多位民眾以法相會。
照片／劉思儀提供

沒有人回應，一個又一個的「難」浮現眼前！慈青與慈青學長會的每位成員面面相覷，有能力擔當此重任嗎？不同的念頭閃過每個人的腦際。幾天後，李雪瑩鄭重其事地問劉思儀：「思儀學長，還記得師伯提過的巡迴演出嗎？」

「嗯，記得，不過還不曉得幾時呢？」思儀想打住話題，雪瑩卻認真地又說：「師伯剛才問，我們有概念了嗎？」思儀頓時語塞：「什麼？我以為還沒確定，原來是真的喔！」

就這樣，劉思儀因為八年前參加過《靜思寰宇慈濟情》音樂手語劇十七場巡迴演出的經驗，她接下《人有二十難》音樂手語劇總統籌一職，開始召集籌委。寫劇本、練習手語、排隊形、場地租借、燈光、音控、布置、香積、結緣品、票務、菩薩招生、接待、人文真善美、知賓、公關、交通、開發周邊產品等二十多項工作，只有寥寥十幾人，無論怎麼分工，人員都會重疊。

「勤文，你來擔任我們手語劇的總務和機動窗口好嗎？你再幫我想一想還有誰可以參加，或邀約夥伴一起做。」思儀一通通電話邀約所有的工作人員，幸好每位慈青學長都願意接受挑戰；緊接著，努力邀約更多人加入。有人不假思索答應，有人擔心自己做不來。好不容易，才以二十人為基礎，成立總策劃團隊。

二月份，籌劃工作如火如荼分頭展開，慈青與學長們一手包辦。橫在眼前，先要面對的問題是巡迴演出的經費，要如何在短時間內募集呢？大家眉頭緊皺，陷入苦思……經過一番討論、激盪，他們仿照證嚴上人早期創辦克難慈濟功德會的方法，一人領一個「紙竹筒」回家，從自己一日一善開始，發心立願、力行齋戒，祈禱演出成功。

其他籌備工作也不簡單，戲劇組面對專業人員少、任務重、時間緊迫的困難，不僅自編、自導，甚至要自演。負責編寫劇本的黃雪琪，總是戲稱：「原本我是想加入手語團隊，卻被節目統籌李雪瑩『騙』去幫忙編劇，怎知一關接著一關，結果就一去不回頭。」

「應該怎麼演繹才能表達『二十難』的意義？要顯現年輕人的思想，又要幽默，又要攝住人心，又要感動。」黃雪琪不斷思忖著，不停地翻閱《調伏人生二十難》，試圖了解每個「難」的意義，想把上人教導的都編在劇本上；團隊密集開會討論，雪琪也反覆揣摩，但「好難！好難！」這念頭還是在腦中繞呀繞，跨不出下一步。

開會時，大家紛紛抛出遇到的難題，在腦力激盪中，郭秋明給了編劇一個執行的方向，告訴他們：「其實默劇不需要根據每一個難來呈現，觀眾無法在短時間內消化，整部劇只要表達出一句『有心對治就不難』。」

劇本方向確定後，手語及戲劇兩組演繹慈青，也緊鑼密鼓地進行排練。過程中，常常聽到「為什麼手語無法配合戲劇？」「為什麼要我配合你？」「為什麼事先不協調好？」……聽到無數的「為什麼」，慈青學長們常會以〈人有二十難〉的歌詞：「恆持心境能輕安，觸事無心也不難」或是「縮小自己棄成見，會善知識有何難」等等的妙法，透過練習時與年輕的慈青分享，如何在團體的互動中轉換心境，修正習氣，表現進退得宜。

二〇〇九年五月十七日，結合音樂及手語的舞臺劇——《人有二十難》，第一場於檳州大會堂登場。歷時約一個半小時的盛會，二十位幕後工作人員、八十八位入經藏菩薩，透過手語、話劇及人物見證，帶領一千一百多位民眾深入經藏。

燈光一下，所有演員呈現出角色要演繹的故事及內心世界，臺下的觀眾隨著劇情，時而歡笑，時而悲戚，有人默默地反省自己的錯誤，也有人欣慰學到克服困難的方法，讓節目團隊感動落淚，一致歡呼：「我們的演出是成功的！」繼檳城首演成功之後，二十三日雪蘭莪第二場演出，一樣獲得熱烈的迴響。

緊接著，二十四日晚間在怡保進行第三場演出，開場十五分鐘之後，「哈！哈！哈！」飾演人們心中的惡魔出場之後，突然「卡」一聲，現場一片漆黑……停電了！

遇到這措手不及的突發狀況，機動組馬上找人檢修，司儀和節目組忙著安撫會眾、前後臺工作人員一起跪地合十祈禱……十五分鐘過去，電還是沒來，學長們呼籲大家「不要緊張！頂住！」入經藏慈青一起跪在舞臺上淚流滿面地唱誦「誠心祈三願」、「祈禱」、「愛與關懷」、「慈青會歌」，一遍又一遍祈求電流恢復，讓演出得以繼續進行。

將近一小時，當司儀對觀眾宣布「展延演出」後，燈光卻奇蹟似地由外往內一盞接著一盞亮了起來。臺上臺下都拍手歡呼，看到多數的觀眾仍留在會場，全部工作人員都流下感動的眼淚，演出也得以繼續進行。

有了怡保停電的經驗，慈青體悟到，要恆持初發心，把每一場演出都視為成就一個「法會」，虔誠、用心不懈怠，提攜彼此的精進心，共同得到一句法——「有心對治就不難」。

「只要忙慈濟，到深夜都還不回家。」這是黃雪琪的父親不喜歡她參與慈濟的原因，偏偏為了籌備手語劇，她不得不夜歸。某個晚上，錄音完畢後，發現車子玻璃被敲破，當時已近凌晨兩點，從檳城回北海，必須過海。為了雪琪的安危，爸爸專程趕過來，從大橋尾端一直開車跟著，護送她回家。

「信己無私，信人有愛」，讓黃雪琪克服曾經想放棄的念頭，打敗疲累和摩擦，也贏得爸爸的護持。雪琪深信「爸爸是愛我的！」也期待爸爸願意來看手語劇，偏偏一場接一場過去了……爸爸還是不來。直到第十二場，爸爸終於在檳城菩提中學現身了！當下，雪琪破涕為笑。因為爸爸終於看見女兒犧牲那麼多所付出的成果，也看見女兒在慈濟做些什麼，而「有心對治就不難」這句智慧的法語，帶給黃雪琪一段甜蜜的感觸。

「媽媽，十四場巡迴演出圓滿了！我也進入志業體工作，您要趕快乘願再來喔！」節目統籌李雪瑩永遠忘不了這一段學習。早在二月份手語劇籌備期間，雪瑩的媽媽就因乳癌復發，不斷進出醫院，直到有一天，哥哥無奈地對雪瑩說：「不要再往外跑了！」不以為意的雪瑩被突如其來的這句話「嚇到了」！

這時，李雪瑩才知道媽媽病情不樂觀，「怎麼做好呢？」幾經苦思，雪瑩終於理解「行善、行孝不能等」的意義，也想出兩全其美的方法。爾後，她一邊在病床旁照顧媽媽，一邊編排手語隊形，萬不得已要開會時，也一定會先和哥哥排好班。四月份，媽媽走了！雪瑩認為這是媽媽要她專心承擔演出期間的幕後工作。最親的家人離開之後，雪瑩進入志業體，幫助上人推動志業，要和媽媽再續生生世世的法親緣！

跨越全馬八州九地十四場巡迴演出，每場次都有一百零八位慈青搭配，演繹《人有二十難》，也分享年輕人藉由慈青活動行入經藏，實踐證嚴上人「有心對治就不難」的微言大義。

看著踴躍參與的人潮，許多會眾因此深受感動，拿著手中厚厚的一疊人間菩薩招生表，劉思儀終於體會到「巡迴演出」可以召集更多校園學子參加，啟發他們的感恩心，去我執轉心念，學習與人相處之道；回到校園「同學度」，許多年輕飛揚的心因而得以覺醒，找到體現生命價值的所在。

時代青年千萬素

文／張明玲、李美儒

二〇〇九年十二月二十七日近午，證嚴上人在花蓮靜思堂參加全球慈青日的圓緣，典禮一結束，來自世界各地的慈青，跪著恭送上人從講經堂的中央走道離開會場，眼看著上人緩步走到最後一排出口處，慈青們心中的依依不捨愈發澎湃洶湧，全場鴉雀無聲，上人的身影即將消失在眼前。

頓時，全體慈青異口齊聲：「敬請師公保重身體，常住世間。」上人聽到孩子們發自內心的呼喚，回過頭向大家揮手道別的同時，表情堅定，語調輕柔地回應：「你們要我身體健康，常住世間，唯有你們素食。」

這輕輕的一句話，並沒有透過麥克風傳出去，卻讓坐在最前排的慈青學長，也是宗教處同仁的曹芹甄重重地聽入心坎，她想：「不可思議！這是上人第一次這麼明確地告訴大家該怎麼做。」

各地慈青在離開花蓮的回程火車上，陪伴的師姑、師伯語重心長地對慈青們說：

「上人很少這樣直接講，你們明年就要開始推動素食。」

此話一出，激起慈青們的決心，「對，我們現在就來策劃！」

「時代青年千萬素」的概念雛形，就在「空隆——空隆——」規律的火車行進聲中，一點一滴地建構成形。

二○一○年年初，曹芹甄與二十位慈青學長或慈青，幾乎每天透過網路連線，熱烈地討論兩個關鍵問題：「如何成功地吸引青年人吃素？」「如何讓他們進而自願承擔起勸素的使命？」

「勸素跟委員募款一樣，是要『募心』，我們要募一顆不忍殺害眾生的心，慈悲的心。」曹芹甄一開始就點出了重點。

經過了一整個寒假的腦力激盪，年輕人的創意發想如泉水般不斷湧現，一致認為：「只要你是這個時代的青年，就有責任與義務保護地球。」

因此，慈青們取得了三點共識——對內：以身作則，由自身響應齋戒做起，並在共修時分享齋戒的心得；對外：用活潑的方式，健康的概念，向社會大眾推廣蔬食的好處，並鼓勵人人透過蔬食為地球盡一分心力；最終，以一年邀請十萬個青年響應素食為階段性目標。

「時代青年千萬素．減少百萬CO2」，這句貼近年輕人心意的活動口號就此誕生。

同年四月十七日，籌備三個多月的活動正式於全臺超過五十所大專院校開跑，但當週卻立刻面臨各校舉行期中考，報名的慈青人數不如預期的情況，令北區慈懿會志工陳靜慧相當憂慮。不過，沒想到活動當天，先前只報名參加上午活動的慈青，下午也都主動留下來幫忙。充滿活力熱情的慈青發揮團隊精神，全員動了起來。

一群群穿著藍天白雲制服的年輕學子，有的推動「蔬國護照」；有的帶著「素素看，保證讓您一素再素」、「全體素立，煮席救胃……」及「特聘『五心級』煮席，為您獻上最熱心、貼心、窩心、開心、發自內心的素滿漢全席」等行動看板，穿梭在各個角落；也有的裝扮成可愛的大頭娃娃，力邀會眾簽署「一天五善」發願卡。附有蔬食食譜的「綠世代隨行卡」，更是這次推廣的重點之一，民眾憑卡就能到慈濟攤位享用美味素食，並在卡上蓋下「響應素食救地球」的紀念章。

這次活動，慈青們的活潑創意，顛覆了年輕人對素食的刻板印象，一整天下來，

為響應世界地球日暨慈濟環保20年，全臺慈濟大專青年聯誼會特別規劃「時代青年千萬素，減少百萬CO2」活動推廣素食及環保。攝影／郭美秀

全臺動員一千多人次，共有四千多人響應，募得近一百零八萬餐素食，證明蔬食開始年輕化了。

活動前，慈青學長原先考慮到年輕人比較靦腆，可能不敢向民眾分享茹素的理念，不過在這一波街頭勸素活動中，證明擔心是多餘的，就連人潮密集的火車站，慈青們一點也不畏懼，主動找機會迎上前去向路人勸素，若被拒絕，他們也都很有禮貌地說聲：「沒關係，謝謝您！」而這都要歸功於慈青學長代代相傳的「身教」。

慈青學長個個以身作則，堅定茹素力挺活動。其中彰化師範大學畢業的吳惠萍，在臺中特教學校教書，她在班上推動每週一素，剛開始雖有家長憂心孩子茹素會營養不足，但經過她的溝通後，連家長也跟著吃素。此外，吳惠萍還用生活化的方式，讓孩子知道氣候暖化會造成北極熊的危機，進而樂於不吃肉來愛護動物的生命；小朋友的善心甚至影響了家人，素食文化就從校園帶進了家庭。

另一位剛榮升為慈青學長的吳崇德，聽到慈青要推動「時代青年千萬素」時，雖然人在軍中，但只要輪到放假日，一出營區，立即趕往營隊，參加慈青活動，直到收假前一刻，才又匆忙回到部隊。他總是向學弟、學妹們打趣地說：「別人放假衝回家，我放假衝營隊。」形成「放假衝營隊，收假衝部隊」的有趣景象。

其實，吳崇德就讀位在臺中的臺灣體育學院時，旁邊就是小吃攤林立的一中街，他幾乎吃遍一中商圈的美食，例如超大G排、章魚小丸子、豚骨拉麵等。不僅如此，只要是參加好友聚會，還會到逢甲夜市裡的各式吃到飽餐廳，或知名麻辣火鍋店大吃一番。

有一次，校內推動熄燈減碳活動，吳崇德在宿舍利用熄燈的空檔，與大家分享環保理念，其中提到茹素的重要，同學都覺得他說得頭頭是道。幾天之後，有位同學看到他在喝豬血湯，當下就對他說：「你不是說要吃素救地球……」讓吳崇德啞口無言。因此他才了解，要推廣茹素，「以身作則」是最好的帶動方式。

此外，還有許多慈青身體力行茹素以後，都有好的改變——

中臺科技大學的黃郁琁在茹素後，意外治好煩惱她多年的青春痘，體重也減輕八公斤；全家人驚喜之餘，父親更開始下廚烹調素食，帶動全家人吃素。

彰化師範大學的王君豪因為吃素，改善心臟病的情況，精神和體力也跟著變好。他推動素食的妙法，是將慈青開會時間訂在用餐時間，讓夥伴多吃一餐素食，讓地球少一分污染；如果是邀同學聚餐，他會把地點選在素食店，幾次下來，同學們也開始接受素食。

不僅臺灣的學子接受素食，由慈青設計的「蔬國護照」更流傳到海外。馬來西亞慈濟幼兒園教師把「蔬國護照」推廣到檳城、北海、峇六拜、高淵與新山慈濟幼兒園，每個孩子都有一本，記錄自己及家人每天吃了多少餐素食。其中，六歲的鐘皓哲從小跟著家人吃肉，剛進幼兒園時甚至不願吃青菜，經老師陪伴後才漸漸肯吃一些；但自從領回「蔬國護照」後，他幾乎天天吃素，爺爺擔心孫子營養不足，故意拿他愛吃的燒肉在他面前「展示」，但皓哲看了許久，還是走開不吃。父親看到此景，受兒子的驚人毅力所感動，表示要向兒子學習。

此外，美國慈濟志工也透過大型活動在社區發送「蔬國護照」，更在萬聖節的遊行活動發揮創意，把自己打扮成各類蔬果，挨家挨戶敲門送上「蔬國護照」。之後，在六場「蔬國護照回娘家」的活動中，共募得近七萬餐素食。

四十五年前，上人的一句：「如果希望師父留在花蓮，那麼每個人都要日存五毛錢行善。」帶動三十位家庭主婦，開啟了用小錢行大善的「竹筒歲月」；四十三年後，上人同樣以一句話，啟發慈青推動「時代青年千萬素，減少百萬CO2」的勸素護生運動。

如今，距離二〇〇九年全球慈青日的那句「敬請師公保重身體，常住世間」，又過了兩年多，這群年輕修行者不捨上人的心情，更加澎湃洶湧，仍持續以他們獨特的創意，實踐「佛心師志」，傳達「願師公常住世間」的堅定心念。

馬來西亞「百蔬V族」

文／郭雪卿、張明玲

「如果凝聚一萬名年輕人的力量，每人響應吃素一百餐，共同達到百萬餐素食的目標，就可以為地球減碳盡心力。」二〇一〇年全球慈青推動「時代青年千萬素．減少百萬CO_2」活動，而馬來西亞吉隆坡慈青也於同年八月至十月期間，發起了「百蔬V族」專案。

這項活動由三十所大專院校慈青在校內推動，分發「V-gen卡」（中文「持素卡」，英文Vegetarian-generation），讓所有響應的人在卡上記錄自己的每一餐素，在一百天內能夠達到一百餐者，就會得到一份環保贈品；此外，百蔬V族也會受邀參與一系列由慈青主辦的環保活動。

「吃素和救地球有什麼關係？」、「吃素會不會不夠營養啊？」、「吃素可以環保嗎？」……對許多人來說，吃素彷彿披著一層宗教的外衣，但慈青要向大家宣導的卻是「吃素救地球」的觀念：「因為畜牧業是破壞森林最大的元凶；也是造成全球暖化氣體——二氧化碳、甲烷的主要排放來源；產生一份肉食，需要消耗的資源，更是同分量素食的十餘倍以上。」

為了推動「百蔬V族」，馬來西亞慈青不分宗教、不分種族，除了透過口耳相傳，同時也邀請當地的《中國報》協辦，結合九八八電臺，並運用「Facebook」及部落格結合媒體網路的力量，一同對外宣導。

《中國報》在連續一個月內，透過該報副刊做系列素食報導，也走入校園分發「V卡」給學生，為「百蔬V族」運動打響名聲；而九八八電臺DJ阿晨（Anson）更不時透過空中宣導，傳達蔬食環保觀念，號召大專生一同以行動響應蔬食環保救地球。

二〇一〇年八月十三至十五日舉辦的第十四屆中南馬慈青人文營，為了鼓勵學員多吃蔬食，不僅邀請慈濟志工分享「與地球共生息」，同時也向學員宣導「百蔬V族」運動，共有一百二十餘名學員領養「V卡」，一起穿上「百蔬V族」的T恤，發願由自身落實，同時呼籲身邊人響應，凝聚一股年輕人改變世界的力量。

國際醫藥大學（IMU）慈青也配合「百蔬V族」活動，主動發起「愛心飯盒」計畫，定期為同學提供美味、營養又價廉的蔬食晚餐，讓同學體會吃素的好處。

馬來西亞雪隆分會「百蔬V族」一日營，伊斯蘭教(回教)的學生茜蒂(中)跟著大家一同學習做素食料理。
攝影／張愷傑

為了尋找價格合理也願意配合的商家，慈青走遍大學附近的素食館，逐一解釋此一計畫。其中，「有緣素食館」的老闆是慈濟志工，得知大專生的理念，十分讚許及認同，願意給予折扣價以支持慈青推動愛心飯盒計畫。

找到配合的素食館後，慈青們開始上網以「Facebook」等管道，向同學宣傳素食晚餐飯盒計畫，得到熱烈的回應，同學紛紛表示願意長期向慈青訂購蔬食飯盒。

慈青們為每位同學準備了三個餐盒輪流替換，並用心地在每位同學的餐盒貼上姓名及個人喜好，如：加飯、少素肉、多青菜、不要辣等等，確保同學們每一餐都能把食物吃完，減少浪費。另外，還會在同學生日那天準備額外的「驚喜」，為訂購飯盒的同學添加菜餚或水果等，希望他們可以感受到溫馨關懷。

加入素食行列的大專同學愈來愈多，「你V了嗎？我們都V了。」這句話，不僅是「百蔬V族」大專同學的招呼問候語，也是身體力行後，對蔬食好處的肯定。

國民大學（UKM）微電子系彭奕翔事後分享：「參與慈濟活動後，才知道吃素的好處。還有，肉是酸性的，蔬（素）食是鹼性，吃素後發現會比較有飽足感，又能夠讓身體健康，所以就決定持續吃素。」

拉曼學院（TARC）公關系梁蜜雪也體會到：「環保是每個人的責任，而吃素可以減少碳排放量，所以我支持這種最直接的環保方法。」

「百蔬V族」活動舉辦後隔年，即二〇一一年三月二十六日，慈青們於慈濟雪隆分會再次舉辦「百蔬V族」一日營，發起了委任「V-Gen大使」的活動。「V-Gen 大使」各領養十張百餐蔬食卡，必須回到各大專校園影響身邊的朋友加入素食的行列，成功接引了將近一百五十名學員成為「V-Gen 大使」。

「我現在了解素食對健康與環境的幫助，我可以盡一分力量，向更多人推廣素食。」來自林國榮創意科技大學（LIMKOKWING）的印裔學生迪尼斯分享，他本身就常吃蔬食，而經過這次的營隊，更發心要承擔「V-Gen大使」，並成為慈青。

「Save the planet, start from your plate, start from when? Start from now!」慈懿會幹事魏碧華以一句英語口號為「百蔬V族」活動再出發；「V-Gen大使」帶著以素食拯救地球的使命回到各自的大專院校，向身邊更多的朋友推廣蔬食，讓更多的人了解到每個人都有改變世界的力量。

「百蔬V族」不怕力量小，只怕不去做，他們要影響更多的人加入蔬食拯救地球的行列，邀請每個人就從一餐蔬食開始。

●資料來源：臺灣佛教慈濟基金會（馬來西亞）網站登載文章：〈"http://chn.tzuchi.my/index.php?option=com_content&view=article&id=1045:v&catid=155:2010&Itemid=403" 雪隆百蔬V族大聚會　千人吃素救地球〉、〈雪隆慈青推廣百萬蔬　減少百萬CO_2〉、〈慈青幹部研習營　歡喜學做好青年〉、〈百蔬V族一日營　青年合心集萬蔬〉、〈雪隆V族人素世代　小動作大改變〉、〈中南馬慈青人文營（一）改變世界的力量〉、〈中南馬慈青人文營（二）「百蔬V族」從一餐開始〉

心生活 新食器

文／方玉葉、潘俞臻

二○○六年九月，剛開學不久，各式各樣的迎新活動後，就讀慈濟大學教育研究所的謝瑞君，來來回回走在學校裡，心中的問號愈來愈大；只見垃圾桶被塞爆、各類回收物都滿溢在地上……她的心裡起了疑問：「這是我嚮往的慈濟大學嗎？」

「師父，為什麼大家都不知道愛惜？上人那麼用心創造了這麼好的環境，讓我們讀書，大家都不知道要珍惜。」在大學時期就參加慈青的瑞君，向靜思精舍德勳師父傾訴著。

師父看著瑞君，語氣平和地回答：「看不習慣，就要拿出『勇氣』去做、去改變。」

這一句話，讓瑞君想起了《牧羊少年奇幻之旅》這本書中的句子：「當你真心渴望某樣東西時，整個宇宙都會聯合起來幫你完成。」於是她決定挽起袖子來，幫忙工友做分類。

分類時，發覺有一些東西是不能回收的，這些垃圾，包括免洗餐具、衛生筷等，之後只能被載到七星潭附近的垃圾場掩埋。瑞君又想：「七星潭是花蓮人最愛的海邊，不過卻也是另一座垃圾山。美麗與醜陋只是一線之隔，很可悲！」她的心中開始醞釀著，想起自己是來唸「教育」的，剛開學的此刻，要如何先修好這個課外的「環保」學分？

十月下旬的一個晚上，瑞君發現幾位同學出現在一樓大廳，還有工友和幾位志工媽媽來參加做環保。分類結束時，剛開完會的總務長劉佑星老師立刻「預約」下一次要來幫忙。

第二次回收工作將結束時，劉老師與大家巡禮一遍後，決定調整分類標示。瑞君與同樣就讀慈大的慈青學妹盧弘慧，還有其他同學則開始設計標示的內容，希望能更提升校內學生分類的習慣。

「您，願意加入愛地球的行列嗎？」瑞君為了進一步推廣環保，還製作了簡報，呼籲大家一起來推廣「心生活運動」，使用環保餐具，少用衛生筷、紙餐盒，用具體行動愛護地球。

除了瑞君在校內推廣環保，慈大慈青們還擴及到校外宣導。同年十一月初，在某次的慈大慈青社家聚裡，醫學系四年級的顏佐樺與公衛系的妹妹顏采如，加上傳播系的楊雯婷一起腦力激盪，討論著如何在外用餐時，能減少製造垃圾，便以「心生活、新食器」為主題，策劃向花蓮地區的店家推動「不提供免洗餐具」的運動。

下課後，三個人揹起背包，踩著腳踏車來到一家餐廳前，向餐廳老闆說：「您好，我們是慈濟大學的學生，想和您商量一起來推動『不提供免洗餐具、杯子』，鼓勵消費者帶餐具來吃飯，用折扣或加量來回饋給客人，好嗎？」第一次向店家開口的三個人，已不記得先前演練了多少次，才鼓起勇氣說出這些話。

「你們這些學生想法太單純了，這做起來很麻煩的。」店家的直接拒絕，讓帶頭的佐樺心裡有著錯綜複雜的滋味，但仍勉勵兩位夥伴說：「這不是三分鐘熱度，一定要堅持下去。」

帶著一股堅持提倡環保的心，三個「臭皮匠」不停地到處解說，秉持著「做，就對了」的精神，不時地討論說話的態度和技巧。終於，有些店家看到她們誠懇的說明，而且經過計算後，認為不提供免洗餐具還可減少成本，決定願意試行一段時間看

為響應環保，慈濟大學慈青社走出校園，推動「心生活、新食器」運動，結合商家推出的優惠方案，鼓勵民眾養成隨身攜帶環保餐具的好習慣。攝影／李家萱

看。慢慢地，有愈來愈多的慈青加入，一起推動「心生活、新食器」，響應的店家也漸漸增加到將近一百家。

「我們來辦製作標章及海報，貼在店裡，也感謝店家的支持。」有慈青提議著，因此大家一起設計及製作「心生活、新食器」的Logo及宣傳品，還有慈青熱心地幫忙製作網頁，讓更多民眾上網瀏覽、得知訊息……這些行動只為了一個方向——不要再浪費地球資源。

經過近兩個月的推動後，十二月在花蓮靜思堂舉行的「全球慈青日」營隊中，馬來西亞僑生身分的佐樺把握機會上臺，向臺灣及海外慈青們分享，並希望：「這個運動，能延伸到澳洲、菲律賓、新加坡、馬來西亞等地。」

慈大慈青們的努力，在第二年有了成果，受到花蓮縣環保局的重視，並和慈濟大學簽署「環保公約」，合作推動「心生活、新食器」，希望讓這項運動持續進行。當時的花蓮縣環保局長戴文堅表示：「我們很感恩學生願意利用課餘時間，帶頭推廣民眾自備餐具，所以環保局更應該和他們站在一起，將這個運動推到全世界。」

從瑞君對校內環境及回收分類的省思與實踐，到三位慈大慈青騎著腳踏車，對外向店家推廣「心生活、新食器」，她們不只學習到用心做有意義的事，而且從花蓮帶頭行動，也確實發揮影響力，讓許多慈青更加重視「隨身攜帶環保餐具、水杯」，並一起身體力行，推及到臺灣各地及海外，這正是「心生活」的蝴蝶效應。

Not meditating, Working

EI STUDENT GRACE
embraces a very hands-
and of Buddhism: one
tresses "working among
eople rather than meditat-
mountain retreats," she
Which is why she joined
zu-Chi Foundation, a
hist charity. In her first
at college, Yen began
teering at a local hospi-
here she helped to care
derly patients and com-
the teenage victims of
accidents or failed sui-
"I sometimes thought I
ore out of those sessions
they did," she recalls.
xperience taught her to
life — and to make the
se of her own.
Between working toward
luate degree in education
e disabled, Yen tutors
capped children and now
Tzu-Chi's 5,000-mem-
outh wing. When an
quake struck Taichung in
mber last year, Yen and
iends rushed to the cen-

David Hartung for Asiaw

tral Taiwan city to join the relief effort, building tempo rary shelters, handing out fo and clothing, even playing with traumatized schoolchil dren to give them back a se of security.

The idealism is perhap not very typical of her con- temporaries. "I sometimes think I should do more to a vance myself — get a well- paid job, for instance," Yen concedes But this 25-year-o reckons helping others just feels right.

— By Bradley Winte

翻拍自《亞洲》周刊
（2000年）

第五堂

守住「初發的心」

恆持善念——慈善青年

發心容易恆持難，要青年學子放下年輕人的娛樂，走入社區服務人群著實不易。然而南臺灣的謝東憲、菲律賓的蔡昇航、南非的黃淳楷與美國的葉昭君，以實際的行動證明——慈青孩子長大了，心念始終如一。

風災過後，名利遠颺——謝東憲

文／陳慶瑞

一九九四年暑假，「慈濟大專青年營隊」在花蓮靜思精舍舉行圓緣時，證嚴上人為每位慈青點傳心燈，並輕聲地說：「孩子，發願吧！將這股清流帶回學校。」

看著上人瘦弱的身影，謝東憲想起去年在書局所見的《靜思語》，裡頭介紹著「佛教克難慈濟功德會」成立的艱辛歷程，不禁當場哭了起來，並默默發願：「我一定要放下世俗名利，將慈濟清流帶到學校。」

謝東憲(左三)參與四川震災關懷團，協助搬運物資，徒步前往駐站的洛水鎮中心小學進行發放。攝影／姜雨利

秉持著這分心念，謝東憲回到屏東師院舉辦茶會，號召志同道合的青年，一起參與慈濟活動，當時因人數不多，而沒有成立社團；但一到寒暑假，謝東憲仍會參加慈青營隊，並曾參與大陸安徽全椒的人文交流。

直到畢業分發至苗栗任教，以及服兵役後，當初的熱忱，也在紅塵滾滾中慢慢消退。

「我是老師，必須以教學為重。」在現實與理想的拔河中，謝東憲找到了藉口，逐漸淡出慈青領域，甚至在二〇〇三年決定前往澳洲留學。

看著一心想到澳洲深造的謝東憲，上人對他說：「只要穩定下來就好，要把心投注在幫助別人上面。」但仍無法讓他打消念頭。

二○○六年暑期，謝東憲參加慈青幹部營隊。一位慈青學長與上人分享時，提及雖然有很多事想做，卻感覺時間不夠的問題。沒想到上人只輕輕地回答：「不是時間不夠，是使命感不夠！」

「使命感不夠」這五個字，猶如當頭棒喝，讓謝東憲回想起要到澳洲修讀碩士學位之前，曾向上人發願，會設法在澳洲參加慈青和慈誠培訓的往事。如今回臺灣已近一年，他卻仍沉浮於現實名利中，沒有兌現承諾！

營隊結束後，在回屏東的南迴鐵路上，火車疾駛的「扣扣」聲，不斷地、重重地敲擊著謝東憲那顆懺悔的心，他當下發願，一定要在兩年內完成慈誠見習和培訓。登時，一九九四年暑假慈青營隊圓緣時的場景，又浮現在謝東憲的腦海中。

受證後隔年（二○○九年）南臺灣發生「八八水災」，謝東憲剛好在花蓮參與慈青營隊。當時南迴鐵路已被大水沖斷，他一心懸繫故鄉的災情，立刻搭火車上臺北，再轉搭客運經高速公路返回屏東，抵達家門時已是深夜；隔天清晨他便冒雨前往屏東分會，投入災區救災工作。

那天在分會，除了有慈濟人忙進忙出，還有很多鄉親主動打電話或親至分會，探詢協助救災機會，他們不為名、不為利的付出，讓謝東憲感受到鄉親的真情。

當謝東憲跟著慈濟救災隊伍進到災區時，眼前不論大小街巷都是滿地泥濘，只見志工一鏟一鏟地挖掘；突來一陣滂沱大雨，打在沒有準備雨具的志工身上，但他們仍若無其事地繼續工作。看到這些情景，他心想：「雨水對這群志工而言，已經和汗水沒有什麼不同。」

「志工每天晨昏往返於災區和分會之間，看得出他們真的很累，卻沒有人喊累。」謝東憲在欽佩之餘，表現更為積極，即使在夜晚返家後，就立即累癱在床上，隔天一早仍隨著志工再進災區清掃。

看著謝東憲的用心投入，屏東的慈濟志工對這位「慈青學長」讚譽有加，災後更邀請他承擔屏東合心團隊的活動組工作，讓他與屏東社區互動，更加緊密。

由於八八水災，謝東憲讓「慈青」招牌更加亮麗！而那顆不計名利的初發心，也終於在屏東找到了生根發芽的地方。

菲律賓的奇蹟之愛——蔡昇航

文／薛燕春

二〇一二年五月十三日在菲律賓馬利僅那體育館，一萬五千人參加浴佛，五千位本土志工排出菩提葉、慈濟會徽、蓮花及同心圓，這是慈濟在菲律賓，首次以圖騰的呈現方式慶祝「佛誕節、母親節、全球慈濟日」，而這個願望，蔡昇航期待已久。

十七年前，蔡昇航與弟弟、妹妹懷著觀光的心情，隨著父親蔡萬擂到臺灣花蓮，參訪靜思精舍，並在慈濟醫院體驗志工服務。當時蔡昇航對慈濟仍是一無所知，直到他在醫院替一位將滿十八歲的癌末少年慶生，才讓他對生命有不一樣的詮釋。

「為什要提早幾天過生日呢？」蔡昇航好奇地問。

「因為他等不到十八歲了……」慈濟志工顏惠美簡單的回答，是蔡昇航從沒想過的事。他看著少年的母親端起生日蛋糕，不由自主潸然淚下；眾人圍著為少年慶生，原本是應該快樂、開心的，但場面仍難掩幾分感傷。看到這一幕生命無常的示現，使得蔡昇航決定把握當下，回到菲律賓後要成立慈青社，號召更多年輕人協助慈濟的師姑、師伯，在當地推動慈善志業。

蔡昇航(左)前往照顧戶蘿拉(Lola)婆婆家中關懷及發送物資，蘿拉婆婆向蔡昇航訴說感激之情。攝影／艾莉佳

隔年十二月，菲律賓慈青社成立，適逢街頭上到處充滿了慶祝耶誕節的歡樂氛圍，蔡昇航突發奇想：「我們去報佳音募款吧！」於是在聖誕節前夕，他領著妹妹青兒及奇珊、弟弟昇倫及華人慈青夥伴們一起報佳音募款。這是菲律賓慈青的第一次活動，從此每年的慈青報佳音，除了唱耶誕聖詩，還會唱慈濟歌選〈感謝天感謝地〉。

菲律賓慈青社剛成立的前幾年，每次蔡昇航回到臺灣參加「海外慈青幹部研習營」，聽到各國慈青社飛速成長的經驗，而菲律賓卻不增反減，讓他感到十分焦急。

蔡昇航明白，在菲律賓的慈濟志工人數少，不可能有多餘的人力幫他推展慈青社；

身為負責人，他不斷地鼓勵自己：「我沒有權力氣餒，唯有繼續往前走，才能帶動更多慈青。」

語言隔閡、中文程度低、宗教信仰差異等，都是推動慈青社成長的障礙，蔡昇航舉辦慈青靜思生活營，帶動慈青做環保、到老人院關懷，還推出以英文為主的《慈青會訊》。漸漸參與的人數增加後，也帶動家長加入志工行列。

有一次，蔡昇航參加人醫會義診，醫師告訴他所有帶去的藥都用完時，他直覺反應：「藥帶太少了嗎？」一旁的慈濟志工告訴他：「不是藥帶不夠，而是病人太多，遠遠超過預估的人數。」

義診結束時，有一位牙醫師悄悄地走到蔡昇航身邊說：「今天我拔了一千多顆牙齒喔！」蔡昇航感嘆：「菲律賓怎麼有這麼多貧病交迫的苦難人？」有人因為沒錢，一輩子沒看過醫生，義診是他們唯一能期待的醫療資源，從此他便發動慈青跟隨慈濟志工的腳步參與義診、發放。

二〇〇九年九月，凱莎娜颱風侵襲菲律賓，馬尼拉區馬利僅那市百分之八十的地區受災，面對嚴重災情，證嚴上人提出菲律賓萬人以工代賑，重建家園的想法。

「萬人以工代賑」，對平時只帶領幾百名本土志工的蔡昇航而言，簡直是超級任務。起初，蔡昇航透過鄰里間的組織布達，但是參與以工代賑的人數總是寥寥幾百人。

「再這樣下去，永遠無法達成上人的期待。」他決定挨家挨戶邀請居民，他的誠意感動了當地民眾，漸漸地，參加的人愈來愈多，終於完成上人的託付，萬人以工代賑，讓災民人心安頓。

一個年輕生命的消逝，加上「信己無私 信人有愛」的信念，菲律賓第三代華僑蔡昇航，突破種族的藩籬，經過十五年的帶動，二〇一〇年在菲律賓首次舉辦「本土慈青靜思生活營」；身為慈青學長及本土志工的負責人，他希望能帶動更多年輕人，讓慈濟志工本土化。

而這個心願，在兩年後馬利僅那體育館的萬人浴佛中，一如盞盞被點亮的蓮花心燈，在黑夜中，綻放光明。

淳樸的楷模──黃淳楷

文／謝華美

一九九二年八月，十一歲的黃淳楷隨同全家，踏上南非這個陌生的國度。二〇〇〇年初夏，他應同學朱彥芳邀約參加慈青活動，當時為了壯膽，還帶著弟弟一起參加，媽媽也因此接觸慈濟，後來受證為慈濟委員。

「奇怪！怎麼每次在螢幕上看到上人，就會莫名地流淚？」黃淳楷接觸慈濟之後，常常忍不住問自己。

別人總是告訴他：「是因為你跟上人及慈濟有前世的因緣。」直到二〇〇四年十二月，他以慈青德本區幹事身分，回花蓮參加「海外慈青慈懿幹部精進研習營」親眼看到上人時，哭到無法自抑，才找到答案，就是「自己內心對上人的大慈悲心產生共鳴」。

黃淳楷的學業成績很好，南非的大學要求很高，一般學生不容易四年修完學位，而他不僅選修最難的數學系，且以高分畢業。同時獲得南非全年僅一個名額的全額獎學金，赴英國劍橋大學修碩士，也僅花了九個月的時間就完成學位，其間還跟著慈濟

黃淳楷(前右一)與南非德本慈濟志工為社區貧苦孤兒送來物資。 攝影／朱恆民

德本負責人潘明水，頻繁進入黑人貧民區進行訪視。

他還記得，第一次關懷愛滋病患，一股莫名的恐懼湧現：「我會有危險嗎？病人很恐怖嗎？」看到身旁的黑人志工也露出害怕的神情，因為當地居民傳聞，觸摸到愛滋患者，就會死；志工潘明水當下自在地與病患互動，用行動化解大家的不安。

二〇〇五年七月，黃淳楷完成碩士學業時，毅然決定返回南非德本，繼續進修並兼任大學講師；同時每週兩天跟著潘明水，以及祖魯族黑人志工下鄉訪視及舉辦慈濟茶會。

接下來的日子，他經常與黑人志工為愛滋病患擦澡、按摩，以及清理家園。終於有一天，他疲憊地問潘明水：「怎麼會有照顧不完的病患？我們這樣做真的有用嗎？」

對於黃淳楷的困惑，潘明水沒有給予太多的安慰，只是提醒他，要多帶動本土黑人志工；他這才了解，要讓慈濟志業在南非永續發展，必須深耕社區，邀請更多祖魯族志工參與。但投入黑人社區，必須面對時間長、環境骯髒及危險等現實挑戰。

潘明水的身教，讓黃淳楷的信念更加堅定，無論華人區的茶會、慈少慈幼班、慈濟人共修，或是本土學校的人文教育互動、機構關懷、黑人區的愛滋病患關懷等活動，都有他的身影，其中多項還承擔帶動者的角色。他常常到志工家、社區中心、教堂，甚至在大樹旁，舉辦了一場又一場的慈濟人文活動，讓德本的本土志工擴增到近六千人。

許多本土志工非常貧困，有的住在違章建築區，有的是政治暴力受害者，甚至有的是愛滋病患，但他們放下仇恨，用愛付出的真實故事，讓黃淳楷看到了南非的希望，發願要跟緊上人腳步，隨著潘明水一起陪伴關懷本土志工。

父母取名淳楷，就是期望他能保有「淳樸」的本性，並能當別人的「楷模」，如今他都做到了。

繞著地球跑——葉昭君

文／廖耀鈴

一九九二年高中畢業的葉昭君，和雙胞胎妹妹一起到美國愛荷華州讀書。兩年後葉昭君趁著暑假，回臺灣參加慈濟慈青生活營。

「好感動喔！但讀書的地方沒有慈濟人，真可惜！」營隊結束後，昭君帶著一顆遺憾的心回美國，開始每日閱讀家人寄來的《慈濟》月刊及聆聽證嚴上人的開示錄音帶，稍稍彌補這分失落感。

「親愛的師姑、師伯，大家好！我一直覺得慈濟是要去力行的，只有感動沒有用。我發了一個小願，未來讀碩士的地方，一定要有慈濟才去。所以請您們介紹一下附近不錯的學校。」

一九九七年三月，昭君看著慈濟道侶上，美國各聯絡處傳真號碼，把寫好的信，一一傳真出去。同年九月，她終於來到有慈濟人的地方——波士頓，繼續攻讀碩士，並加入慈青社，一個月後承擔起社長的職務。

兩年後，葉昭君到臺灣參加海外慈青幹訓營，她覺得海外慈青之間相處的時間太

巴爾的摩社區公園(Chinquapin Park)環境美化暨環保活動，葉昭君(左三)介紹慈濟環保毛毯，分享環保觀念。
攝影／廖靜雯

短，且彼此分隔太遠很難聯絡。與慈青夥伴林美依討論後，終於想到一個讓全球慈青互相認識的方法。

「由我們開始，每位慈青親手寫上個人簡介，再貼上照片後，寄到下一站紐約。紐約慈青寫完後，再繼續寄往另一個城市。」昭君說出她的想法。

「Good idea！這麼說來全球慈青都是作者，用畢業紀念冊的形式，讓大家有自由發揮的空間。」林美依拍手附和著。

於是，《全球慈青錄》首先由波士頓慈青完成建檔後，開始環遊世界，前往美國、加拿大、英國、南非、馬來西亞、泰國等六國、十三個城市。

「美依，妳看它會不會寄丟了？還是其他地區的慈青沒有時間編寫？怎麼都沒有消息？」接力期間，北美以外的慈青聯絡困難，昭君的一顆心也隨著《全球慈青錄》音訊全無，而七上八下。

七個月後，距離年底海外慈青幹訓營的日子愈來愈近，昭君生起放棄部分慈青錄的念頭，甚至發了一封電子郵件，告訴大家「不做了」。但就在這時，一通泰國慈青的電話，告訴他們已完成《全球慈青錄》接力傳承的消息，並準備寄回波士頓。

於是這本環遊世界的《全球慈青錄》珍貴手稿，在二〇〇〇年十二月二十五日回到終點站臺灣花蓮，由波士頓慈青恭呈給上人，而這份手寫的文件，到現在仍繞著地球一直傳遞下去。

昭君畢業後，二〇〇二年回到慈濟美國總會上班，負責全美慈青和慈少業務。她發現每當慈青與慈少在畢業或轉換環境後，容易失去聯繫。因此在二〇〇七年三月創設全美慈青臉書（Facebook），至今已有約兩千四百位成員加入，其中百分之七十至八十的成員，是美國慈青團隊。

十幾年來，葉昭君深刻感受到慈濟最動人的地方，就是人與人之間的互動，現在科技劃破時空，透過臉書，增加彼此的聯繫及關懷，再遠都沒有距離。葉昭君已成功將很多畢業慈青找回來，她信心滿滿要繼續把慈青的棒子傳承下去！

除了謝東憲、蔡昇航、黃淳楷與葉昭君外，其實在全球各地還有無數像他們一樣的青年，恆持一分初發心，秉持一分使命感，為慈濟團體灌注他們的熱情理想。

放在我心上——醫療青年

文／葉金英

二〇一〇年「國際慈濟人醫會年會」開幕儀式即將展開，來自全球二十三個國家地區、三百多位成員，齊聚臺灣的花蓮靜思堂，靜心期待。

突然間，燈光全熄，現場一片黑暗，當大家以為是大會安排的特別節目時，擔任學員長的張群明與黃恩婷，不慌不忙地走上臺，以輕鬆的語氣開場，緩和了氣氛。大家才知道，原來是「凡那比」颱風來湊熱鬧，製造停電效果。

張群明是大林慈濟醫院外科醫師，黃恩婷是新加坡護理人員，面對突發狀況，兩位主持人對答如流，展現醫、護間十足的默契。臺下的李彝邦醫師，與兩位學員長一樣，都是參與慈青後，履行誓言，在職場與志業上，一同精進。

放在我心上——張群明

一九九五年初秋，張群明第一次離開家鄉，從臺南來到花蓮，路程雖遠，但他內心充滿期待；當他第一眼看到慈濟醫學院，建築物尚在興建中，校園依偎著中央山脈，風景優美，他知道，未來七年，將在這裡展開獨立的新生活。

某天，張群明看到一則校園公告，寫著寒假期間，學校將在秀林鄉的佳民國小舉辦「原住民快樂兒童生活營」。他心想：「看起來不錯喔！好吧，就報名參加。」幾週後，這個來自西部的大男孩，出現在東部偏遠鄉間的一所小學中。

「大家坐好，大家聽我說……」一個個好動的孩子，坐上椅子沒多久，屁股就開始扭動了起來。為期三天的生活營，以團康、衛教、劇場、遊戲等方式，引導原住民小朋友，養成良好的生活習慣。但這些孩子像是不受拘束的山中精靈，相處的第一天，就讓大家傷透腦筋。

隔天早餐時間，孩子們異常安靜地坐在位子上，不需要大哥哥、大姊姊再三叮嚀，每個人就乖乖地喝豆漿、吃土司，連滴在桌面上的果醬都不放過。這幕景象，讓一旁的張群明深感好奇，「為何最平常的白吐司與豆漿，他們卻吃得津津有味？」

到了中午，孩子又是安靜地吃著便當，個個臉上露出滿足的神情。一問之下，才

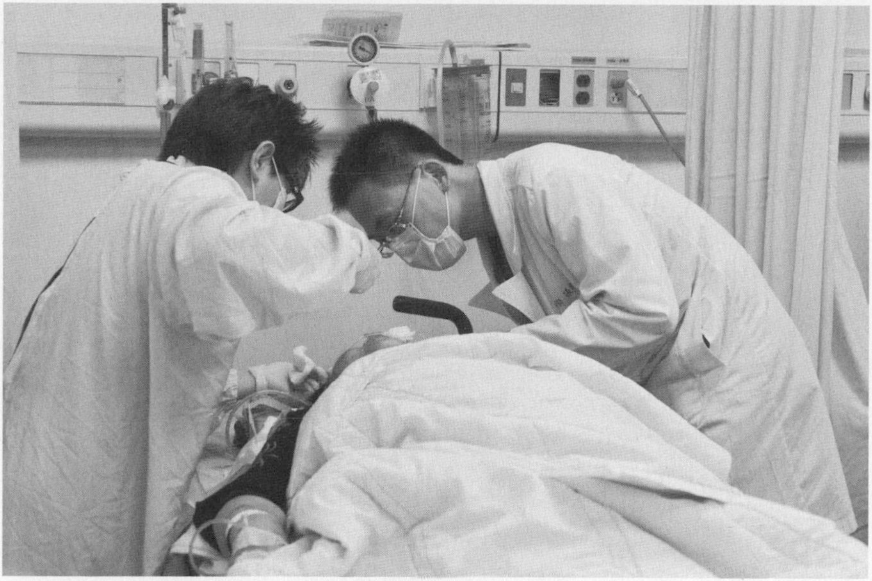

2011年4月27日阿里山小火車因遭斷裂樹枝擊中，導致翻覆意外，造成多人傷亡；受傷遊客送至大林慈院治療，張群明(右)為傷患處理傷口。照片／慈濟基金會提供

知道，他們家裡的經濟狀況都不好，常常無法按時吃三餐。

一天的課程，在斜倚的日光中，告一段落；吵鬧的教室，霎時回歸靜謐。校外的小路上，則傳出嘻笑打鬧的聲音。

張群明與同學陪伴孩子回家，走進原住民社區，眼前一間間錯落在山區的簡陋平房，就是孩子們的家。在狹小空間的限制下，孩子們丟下書包，就到屋外玩耍；但只要家中長輩呼喚，又要急急忙忙地分擔家事，甚至上山幫忙工作。

「我是多麼幸福，原來家人無微不至的照顧，不是理所當然，以前我只要專心讀書，但這裡的孩子，卻要這麼辛苦地生活。」張群明深受震撼，心想：「為了他們的未來，我能幫他們做些甚麼？」

三天營隊結束要離開時，大家不捨告別。「大哥哥、大姊姊，你們還會再來嗎？」孩子們烏溜溜的眼神，再次打動大家的心。

營隊輔導員張榮攀問學員：「你們要將記憶影像從此典藏，偶爾想起，再拿來回味？還是願意再利用假日，關心原住民小朋友？」

這群大學生的助人心念，就此被激發，回到學校後，創立了「慈濟醫學院慈青社」，由張群明擔任第一屆社長，開始投注心力在原住民社區服務。

畢業後，張群明選擇到老年人口多、醫療資源相對缺乏的嘉義大林慈濟醫院服務，並且以一般人不願從事的外科醫師為職志。

二〇一一年，年僅三十四歲的張群明，取得肝臟移植醫師的資格，當時這樣的醫師，在臺灣不滿百位。他常提醒自己，把病人放在心上，莫忘學醫的初衷，儘管犧牲休息時間，仍要把愛放在最需要的地方。

嶄新的人生方向——黃恩婷

如果張群明是從活動中體會助人利他的重要，黃恩婷則是從小就有著一分正義感和熱情的心，一直想找機會付出。

這天，郵差先生送來一封信，收件人──黃恩婷。「恭喜妳，獲得警察學校錄取名額，同時取得助學金……」恩婷高興得手舞足蹈，「哇，媽！媽！我考上警校啦！」媽媽卻面無表情看著她：「妳非得當警察嗎？」

「也不一定啦！當監獄官也行啊！」一旁的三姊忍不住插嘴：「妹，妳想幫助別人？做警察太危險；做監獄官每天也要面對四堵牆，乾脆妳去考護士，也一樣可以救人啊！」

姊姊的一句話，讓原本身陷兩難的恩婷找到出口，「好吧！就一年時間試試看護理系，如果無法適應，再轉其他科系吧！」隔天，恩婷就照三姊的建議到教育部申請轉系。

在佛教家庭裡成長的恩婷，總是樂於助人、熱情有禮。有一回，同學邀請她參加慈青茶會，她在茶會中看到一段影片，是身著制服的年輕人，到各地幫助貧困家庭的

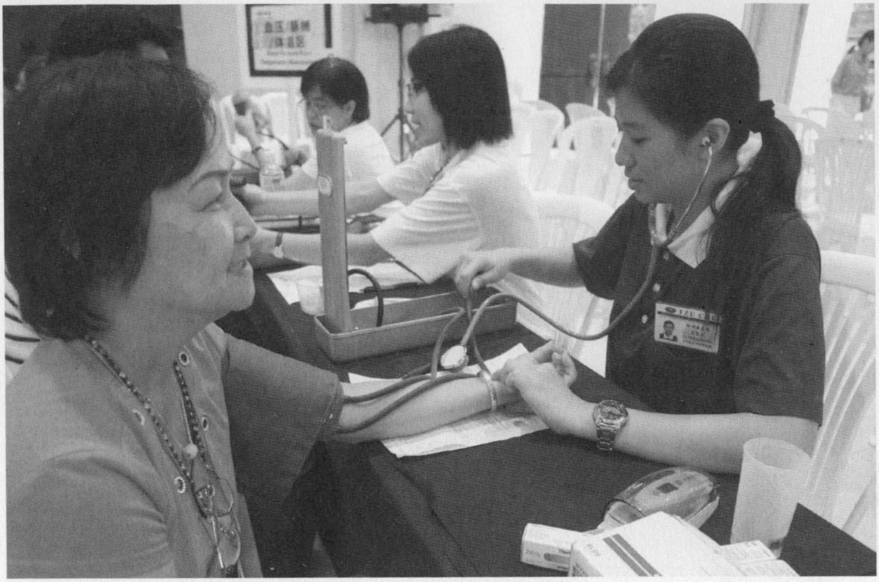

新加坡分會與裕華民眾俱樂部合作舉辦健康檢查活動，黃恩婷為民眾測量血壓。攝影／陳志勛

歷程。深受感動的她，決定加入慈青，實踐助人的心願。

黃恩婷開始參與訪視工作，隨慈濟志工拜訪個案，有一位個案竟然就住在她家附近。獨居的老伯住處，窄小如鴿子籠般，家具僅有一張床、一張椅子，以及一個空蕩蕩的冰箱；地上堆滿各式的老舊雜物，佔據了狹小的空間。

老伯伯沒有親人陪伴，空氣裡瀰漫著一股潮濕的霉味，與寂寥冷清的氣息。恩婷難以想像，在新加坡這樣富裕的國度裡，竟然有這樣窮苦的人家。訪視結束後，恩婷發願無論是工作或是當志工，一定要把握生命的每一刻，關懷貧苦的人。

實習期間，恩婷感受到護理工作的使命，一位資深護理長告訴她：「病人的微笑是最大的安慰，護理工作是神聖的，相信妳一定可以做得到！」

二〇〇四年畢業，恩婷開始在新加坡國立大學附設醫院（NUH）腎臟科擔任護士，年紀輕輕的她，每天接觸洗腎與臨終病患，陪著許多人走完生命最後一程。年底發生南亞大海嘯，隔年醫院就派她到斯里蘭卡，協助南亞海嘯的救護工作。除此之外，她也曾經跟隨慈濟新加坡分會的義診團，遠赴印尼巴淡島從事眼科義診，並定期在牛車水地區關懷獨居長者。

二〇〇七年，恩婷因為海外服務經驗與志工背景，二十三歲就被國大醫院推薦參加新加坡政府鼓勵傑出醫療人員的「仁心獎（Healthcare Humanity Award）」遴選，並脫穎而出，成為歷年來最年輕的得主。

頒獎典禮上，恩婷慷慨致詞：「得獎給我很大的鼓勵，我要把獎獻給所有在這條護理菩薩道上，努力不懈為這領域付出的人，大家一起加油！」這一句話，已預告著她將持續為貧病者付出的人生。

以笑臉迎接病人——李彝邦

十八歲是青春燦爛的年紀，也是聯考壓力逼近的當口，人生至此，跨過這個階段，應該是希望昂揚的時候，然而，這個時候的李彝邦，在聯考之前，生命正經歷一場始料未及的大考驗。

夜晚清風送爽，騎著摩托車回家途中的李彝邦，一不留神，「啊！」一聲驚呼後，人車已倒臥在地。不久，救護車呼嘯而來……

父母親接到通知後，急忙趕到醫院急診室，只見李彝邦渾身是傷，躺在病床上。「怎麼辦？怎麼會發生這種事，再過不久，他就要聯考了。」媽媽擔心他的狀況，忍不住流下淚來。「不要擔心，他會沒事的。」同樣心急如焚的爸爸，強忍悲傷地鼓勵太太。

意識模糊的彝邦，隱約聽到他們對話的聲音，才驚覺自己躺在醫院的病床上。養傷期間，同學的媽媽林玉雲來探望，鼓勵他好好休息，把身體養好後，再重新準備聯考。身穿藍衣的林媽媽，話語有如暖流，讓他備感溫馨，多年後他才明白，原來她就

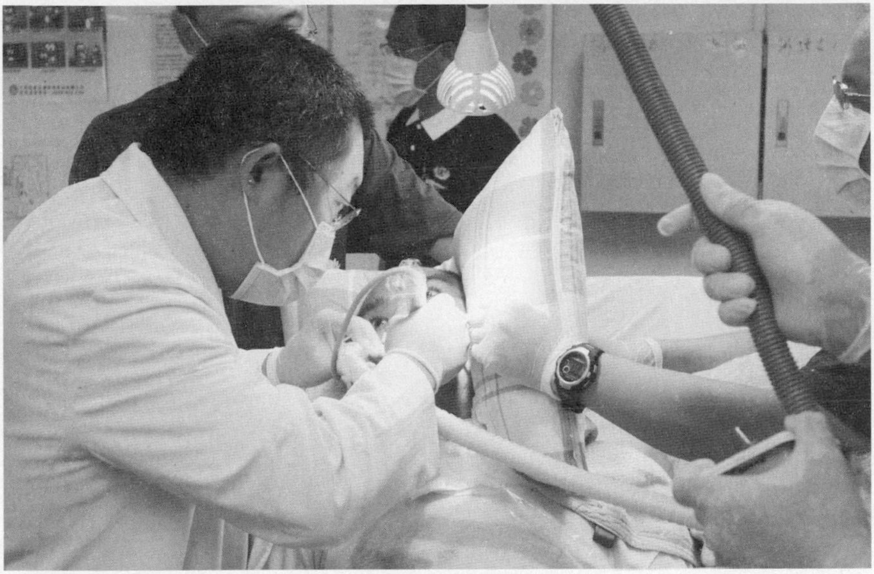

李彝邦(左)參與中區慈濟人醫會，前往創世基金會苗栗分院為院內植物人洗牙，維護牙齒健康。攝影／徐明江

是慈濟委員。

考上中山醫學院後，偶然的機會裡，他參加佛學社慈青組的茶會。活動中，他發現這個社團很特別，除了同學以外，還有長輩會來陪伴；社員不多，但每個人都充滿活力。

有一天社團的胡良林學長問他：「學弟，你要不要去參加花蓮醫院志工隊？」李彝邦不解地問道：「什麼是志工隊？」學長告訴他，是志願到醫院服務病患的團體。一知半解下，彝邦踏上了「回」花蓮的路。

「他是一位三十多歲的病患，不小心從電線桿高處摔下來，造成全身癱瘓，十多年無法動彈，只有七十歲的老母親在照顧他。

等等你幫他沐浴，要小心一點……」走進病房關懷之際，學長的叮嚀言猶在耳，當走入病房那一刻，映入眼簾的情景，卻讓他相當不捨，這位年輕人看來和他年紀相仿，但是卻已經失了健康，同一空間、兩種人生，彝邦努力平復心中的激動。畢竟是一個年輕的生命，動也不動地躺在床上，只能等待生命終了的模樣，讓他感到相當震撼。

在學長的指導下，他一同扶著病患走進浴室，三個人擠在狹小的空間，熱氣加上汗水，將他的衣褲都弄濕了，當看到病患洗淨後臉上的笑容，霎時間覺得自己一點點的付出，好像比醫師開藥還有用。

醫院志工的體驗很充實，社團的投入卻造成學業的退步。有一回，甚至讓父親心急地趕到花蓮瞭解狀況。彝邦自此反省，要助人前，必須先顧好自己的課業與健康，才不會讓父母擔心。返校後，他果真努力唸書，成績逐漸趕上進度，父親才放下心來。

畢業後，當了牙科醫師的彝邦，面對病患時，總是以在慈青時學到的待人之道——微笑，迎接每一位患者。

「阿南，加油喔！幫您清洗牙結石，這個姿勢很棒喔！」

「健仔，加油喔！放輕鬆！快要好了。」

這一天，他的診間不在醫院，而是在一所植物人養護機構，一個個病人無語、不動地躺在床上「等待」著他，雖然知道不會得到回應，他也一一問候；為患者清理口腔時，總是以溫柔的口吻鼓勵他們。雖然每一次的流程都一樣，「回應」也一樣，但彝邦的笑容從未消失過。

「電來了！」燈光亮起，年會的工作人員終於鬆了一口氣，學員長群明和恩婷也通過停電應變的考驗，有序地帶領與會者完成開幕儀式。颱風的攪和，雖然造成停電的不便，但在微光中的開幕式，別有一番溫馨。人生不也是瞬息難料，唯有在每次的考驗中，將善念放在心上，以「對的事情，做就對了」的精神，那麼困難就是最好的學習。

與我同行——教育青年

文／張晶玫、謝瑞君

一年一度的全球「慈青日」總是在聖誕節後展開，這個時候，全球各地的慈青和已畢業的慈青學長們，就會像候鳥一樣，準時回到花蓮靜思精舍。王佩茹、顏秀雯、黃愷宜這三位已為人師的慈青學長，也會跟著加入營隊，陪伴大家，重溫青春洋溢、充滿熱血的「慈青」歲月。

開疆闢土的先鋒——王佩茹

二十年前，王佩茹還是新竹師範學校的學生，常跟隨就讀清華大學研究所的張子貴參加當地的慈濟活動，那時慈青才剛剛發展，所以地理位置接近的幾所大學：交通大學、新竹師範學院、清華大學，常常跨校聯合支援慈濟活動。

那時電腦科技不發達，沒有電子信箱，通訊還是靠郵局寄件的「手工年代」，

花蓮慈濟小學課程活動，王佩茹與學生互動的情形。
攝影／林炎煌

任何活動文件全都是手寫稿。幾個年輕學子振筆疾書，手痠了、肩膀痛了，仍是有說有笑，「任何事情，都是大家一起做，覺得特別快樂。」

佩茹回想起那段充滿義氣與交心的時光，仍可以感受到那種投入的熱度。大學時期的每一年寒、暑假，她幾乎都在花蓮舉辦慈青營隊，從冬令營、志工隊、親子營、幹訓營，到文化交流……對年輕的她而言，什麼事情都是第一次，文書作業、團康帶動，十八般武藝樣樣都要會，點點滴滴都化成青春生命的印記。

然而，忙於慈青活動一段時間，她漸漸覺得不踏實，懷疑地自問：「上人要慈青們

『課餘做慈濟』，我的腳步是不是走錯了？」她要清清明明地「做慈濟」，決定暫時離開慈青活動，靜心思考慈濟在她生命中的價值。半年後再回到這個社團時，她更勤於參加慈濟活動，學校成績也變得更好，因為她學會了時間管理，善用零碎時間，本分事做好，做慈濟就會更踏實。

二〇〇〇年的暑假，慈濟中、小學準備創校開學，佩茹決定到花蓮慈濟小學任教。她和幾位年輕老師住在學校裡，常常半夜才離開辦公室，天未亮又到學校來，大家都笑稱是過著「不見天日」的生活。但看著學校從無到有，老師們不分你我為理想付出的堅持，每天雖然辛苦，卻過得很開心；結束一天的忙碌工作，走在校園裡仰望滿天星光，有時會錯覺自己現在還是一個慈青——那年她承接「慈濟青年聯誼會」第二屆全省總幹事時，見證「慈青」從無到有，也同樣是一群年輕人在校園裡一起拚搏、打氣。

隨著校舍一棟棟興建完成，幾位住校的老師們也一棟棟地「遷徙」。她在心裡細數：「幾乎每一棟我都住過呢！」因緣不可思議，此時她懷孕了，同樣是慈青學長的先生熊毅認為家人就是要在一起生活，因此決定留下來在慈濟中學教書，全家在花蓮落地生根；慈青學長們給她的女兒取了個「杜老爺」的暱稱，「杜老爺？我女兒和冰淇淋有什麼關係？」她滿肚子疑問，學長笑著說：「是妳女兒把妳家老爺『度』進慈濟工作，所以叫『度老爺』嘛！」

在慈濟小學創校之初，佩茹有許多特別的班級經營模式，其中一項非常「另類」的班規——優秀的學生可以獲得打掃廁所的榮譽；「優秀」的定義不是功課好，而是能把本分事做好、學習態度佳，且樂於助人。這個班規獲得校方的認同與支持，十多年後的今天，它仍是慈濟小學的傳統，而這些創意發想，都來自於她慈青時代的歷練與學習。

現任慈濟小學教務主任的佩茹，感恩所有遇過的人、事讓她成長；更體會到從慈青到慈小，每個做事的當下就是歷史，好的被留下來就變成傳統。雖然社會對「慈濟老師」有著高標準的要求，但這一路走來從沒有後悔過，不管工作上、生活中遇到多少考驗，她總是告訴自己：「一群有心的老師在一起，就會創造一所特別的學校，這就是慈濟。」

跨世紀的優秀傳承——顏秀雯

顏秀雯與王佩茹相隔了一屆，接下了跨越千禧年的慈青第四屆全省總幹事，雖然少了佩茹拓荒時的艱辛，但任內卻遇上九二一地震，讓她也在其中快速成長。

一九九九年八月十七日，土耳其伊斯坦堡發生芮氏規模七點六大地震，造成了四萬多人傷亡；六十多萬人無家可歸，「我們慈青能為他們做什麼？」時任第四屆慈青全省總幹事的顏秀雯，看著土耳其大地震的傷亡人數不斷攀高，她問著自己。

那一年，顏秀雯參加慈青營隊回到了花蓮靜思精舍，看到證嚴上人為時下年輕人飆車、失序的情形而憂慮著；聽到上人殷殷叮嚀慈青要承擔起社會棟樑的責任，一群慈青學長決定要有所作為。

九月十九日，土耳其大地震屆滿一個月，顏秀雯帶領全臺將近五千位慈青進行「九一九藍天白雲宣言」活動，全臺各校慈青誓師串聯走上街頭，選擇在人潮聚集的地方，以街頭表演、行動劇，為土耳其大地震向擦肩而過的人募心、募款。

「您看過『千層派』嗎？大地震讓土耳其的房屋全部像千層派一樣倒塌，造成很

臺南慈中老師顏秀雯（左一）和穿上可愛蔬果服裝的小學生們，舉辦義賣活動，將募得的善款捐給慈濟。
攝影／鄭素貞

大的災難，請幫幫他們……」顏秀雯向每一位路過的人募款。

「你們慈濟很無聊，自己臺灣不救，還救國外？神經病！」一個路人朝著她毫不留情地批評著，她愣在那裡，心中吶喊著：「怎麼會有人這麼無情？只想著自己？」

她很快地振作起精神，一旁的夥伴給了她一個鼓勵的微笑；在這之前，她其實從沒有舉辦過大型活動的經驗，她深感惶恐，但是慈青夥伴們強烈的凝聚力及使命感，以及慈誠懿德爸媽的全力支持，讓她義無反顧往前走。那天他們一元也不嫌少，認真募款，光是北區就募得八十多萬元。但沒想到，募款之後，僅僅隔了一晚，臺灣就發生了「九二一」大地震，災區房屋也變成了「千層派」，孩子們需要安撫，顏秀雯緊接著又帶領慈青走入災區，執行慈濟「九二一安心計畫」，陪伴災區的孩子心靈重建，也舉辦了「慈青娃娃」布偶的義賣活動，為賑災募款。這些慈青都還沒出社會，就自己學著「慈青娃娃」的倉儲、配送、匯款等等手續，讓顏秀雯覺得自己當時儼然就像個「大人」。

二〇〇〇年，全英文版的《亞洲》周刊創刊二十五年，在亞洲十八個國家選拔年滿二十五歲的優秀青年，經過周刊的調查及採訪後，顏秀雯成為代表臺灣的優秀青年，她一直認為《亞洲》周刊認同的是慈濟青年志工服務的價值，而她只不過是代替所有的慈青領取這個獎項而已。

「課業」、「愛情」、「社團」，是大學生們普遍認為求學生涯中最重要的事情，顏秀雯在慈濟醫院當志工的時候，卻親眼看到一個年輕女子，為了挽回愛情不惜自焚，喚不回逝去的感情，剩下的只有漫長的復健，生命中最重要的僅是每天用力地張開因燒傷而沾黏成蹼狀的手指。「什麼叫快樂？戀愛的快樂是真正的快樂嗎？」顏秀雯的人生觀念有了很大的轉彎。二〇〇七年，她決定到剛創校的臺南慈濟小學任教，先生為了一圓她「幫助證嚴上人」的夢想，也選擇到成功大學教書，舉家定居臺南。

在她擔任輔導主任的工作期間，忙碌極了，剛開始她覺得孩子好難教、家長好難溝通，然而慈青的歷練，讓她曉得不能對事情的表象妄下斷言：家家有本難唸的經，每一個孩子行為的背後，都牽涉到一個家庭的故事，她學習如何去同理孩子和家長，而不是只將他們當成「難纏的個案」；因為包容，讓她的心更加柔軟。

二〇一二年的暑假，她啟程前往中國大陸四川省進行「人文教育交流」，期待將品格教育帶入四川的慈濟中小學；對她來說，推動教育理想的心隨時都在——揚帆啟航。

幸福的青春約定——黃愷宜

走過動盪的九二一，顏秀雯的棒子輾轉交到了第六屆總幹事黃愷宜的手上，慈青生涯讓她學會獨立生活的能力，更早體會世俗生活以外的「幸福」人生，她希望能把這種「幸福」與更多人分享。

「他好可憐喔！他為什麼會這樣？他怎麼辦？」小小的愷宜拉著媽媽的手，不肯再向前走，從小她就是個心腸柔軟的孩子，每每看到可憐的人就會一直問。然而在那個年代，她的學生生涯是充滿壓力的，課業是學生生活的重心，一直到她考上臺北市立師範學院，在媽媽大力的鼓勵與支持下加入了慈青社；從社員到承接社長，一直到承擔北區慈濟大專青年聯誼會負責人，一路走來，愷宜覺得是周邊所有的人，成就了不怎麼能幹的她。

愷宜是家中最小的孩子，爸爸、媽媽和姊姊的能力都很好，從未離開過臺北獨自生活，她無法想像自己也有「獨立」的一天。第一次覺得自己很棒的時候，是大一升大二的那年暑假，她一個人坐火車去花蓮參加慈青營隊，在營隊的那幾天，她學著照顧自己、自己洗衣服，第一次學著自己一人去面對生活，那是一個令她難忘又充滿成就感的回憶，也是她尋求生命智慧的首航之旅。

那時市立北師慈青社剛成立，社員人數非常少，最常去社團的人就是愷宜和另一位同學，每次社團活動總是他們兩位帶頭做心得分享，個性內向的愷宜一開始很不自

2008年慈濟大專青年生活禮儀學習營，黃愷宜與學員分享親子關係。攝影／陳盈如

在，但也不知道是什麼力量推動著她，一次又一次當她試著把自己的感動和收穫說出來的時候，漸漸地，她也就習慣了，開始喜歡上這種分享的感覺。

大三時，愷宜承擔市立北師慈青社長的職務，大四承擔北區慈濟大專青年聯誼會負責人，慈青活動多在晚上舉行，每當她看到年紀足以當她的爸爸媽媽的慈濟志工，儘管白天要上班，但志工們下班後，還是會為剛下課來不及吃晚餐的慈青們，準備非常豐盛的餐點，那種無私奉獻的關懷，是一種說不上來的溫馨與感動。學長、學姊們給她的指導與鼓勵，也會在她腦海裡，不時浮起「勇於承擔是一股動人的力量」這句話，讓愷宜也想像他們一樣，有能力去做關懷別人的事，成為慈濟大家庭的一分子。

大學三年級時愷宜皈依證嚴上人，大五實習課那年開始為慈濟募款，當時只收了十幾個大學好友的捐款，根本沒想到要當慈濟委員，她總覺得自己還很年輕，當委員的事還離很遠；直到有一次參加慈青進階幹訓營，了解上人殷殷期待著慈青能快快長大來承擔慈濟志業，她的想法有了改變，她問自己：「為什麼要設限時程？更不應該把勸募的事情設限成為以後的事情，應該把握當下馬上開始行動。」二十六歲時，她受證成為慈濟委員，也發現自己的責任是除了募款外，更重要是主動關心周圍的朋友。

只不過，在慈濟路上，愷宜有時會感到孤單，看著某些大學時代一起為慈青社付出的同學，因為出社會工作或其他的因素而沒有繼續參加志工活動，這些斷線的風箏都曾使她感傷；她藉由不間斷的募款機會，讓這些遠颺的人，能接續與慈濟的因緣。

長年以來，愷宜覺得自己是個非常幸福的人，年輕時就找到生命的目標，雖然她和平常人一樣也會遇到挫折與困難，但她卻比同年齡的人懂得要更快地轉換念頭，走出無明困頓。當年這個喜歡關心別人的小女孩長大了，個性依然溫順，她總會想著：

「這一世能認識慈濟，應當是累生累世與上人所結下的法緣，我真的很幸福。」

跟所有的慈青學長學姊一樣，她相信自己這輩子都會在慈濟裡，更期望這一世與她相關的人及朋友都能像她一樣，與慈濟結下更深、更完整的緣分。

王佩茹、顏秀雯、黃愷宜這三位隔代接任的慈青總幹事，彼此都是好朋友，她們現在都已經當了媽媽，在小學任教，同時也是已受證的慈濟委員；三個人常常在「慈青日」再聚首，會面時不需太多言語，只需相視一笑，彼此都知道對方那熱愛慈濟的初衷——一路走來，始終如一。

傳送美好——人文青年

清晨六點半，大愛臺新聞部的倪銘均端坐在主播臺，開始播報來自全球的慈濟新聞，透過衛星，畫面傳到全球，也送到了花蓮靜思精舍，有些新聞被收錄下來，成為證嚴上人志工早會開示的內容之一。八點半左右，任職於靜思人文的翁培玲，已經收到志工早會上人開示的聽打稿，她專注地閱讀和思考文稿內容，是否可以編輯放入上人書籍的規劃裡。與此同時，靜思書軒營運長蔡青兒，手裡拿著幾本靜思人文剛出版的上人著作，正在新舞臺靜思書軒與一群新進店長、幹部，介紹書軒傳布上人精神理念的使命。

倪銘均、蔡青兒、翁培玲三位慈青學長，服務於慈濟人文志業不同的領域，他們共同的心願與使命，就是要將慈濟人文，傳送給全世界。

傳送美好——倪銘均

文／曾美姬、古繼紅

一九九二年，準備二技考試的倪銘均，報名參加微積分補習班，老師是慈濟委員陳乃裕；上課時陳乃裕談到他前往大陸賑災，幫助災民的感動，銘均聽得入神，淚流不止。他回想曾經看過慈濟的報導，但這一次卻是親耳聽聞「慈濟的好」，讓他心嚮往之。

曾經聽過法鼓山聖嚴法師的一句話：「佛法這麼好，知道的人這麼少。」當銘均愈深入瞭解，愈發現認識慈濟的人太少：「慈濟這麼好，為什麼知道的人這麼少？我一定要讓更多人認識慈濟。」就在參加了一九九三年七月的「慈青生活營」後，這分心念更加堅定了。

接著，銘均考上了南臺灣的屏東技術學院。第二年，在他的推動下，學校終於成立了「慈青社」。但屏東還有四所大專院校沒有慈青，於是他直接找認識的人，或前往這些學校的學生社團，逐一詢問：「我們有很棒的活動，您們要不要來參加？」憑著這一股熱情與衝勁，就是要把慈青種子推出來。畢業時，屏東各大專院校，慈青皆已蓬勃發展。他心願已滿，離開學校去當兵。

大愛電視臺兒童電視體驗營的學員來到新聞部，倪銘均（右一）用幾何圖形向小朋友說明新聞的意義。
攝影／何增福

「我跟你說：把手洗乾淨，上面畫個眼睛，你就不會抽到『金馬獎』！」新兵入伍訓練時，有人這樣告訴他。銘均雖然不願意抽到金馬獎，但對這句話也不以為意。他心中發願：「我寧可到一個很艱辛卻可以發揮生命良能的地方，也不願到一個很輕鬆但可能虛度兩年的單位。」所以他沒有洗手，也沒畫眼睛，卻在手心上寫著——觀世音菩薩、慈濟、證嚴上人、發揮生命良能。

果真他中籤——抽到了金門！

「既然是自己發願的，那就安心地在金門推展慈濟吧！」

到了金門，銘均聯繫上當地的慈濟委

員李國銘和孫曉蘭，邊當兵邊做慈濟。接著又認識任教於金門高職的董瑪琍老師，董瑪琍經常與學生分享慈濟的故事，學生們聽了都很感興趣，於是她就替十位女同學報名參加暑期慈濟大專青年生活營。

當這些同學從花蓮營隊回來，銘均積極和她們商討在校內成立慈濟社團，因為是高職，不能稱為慈青，所以取名為「慈幼社」，但隨著同學進入大專，這些種子陸續萌芽成為金門第一批的慈青。

退伍後，精舍師父發現銘均主持功力不錯，建議他去大愛臺應徵。父親是一寸歌王倪賓，對媒體並不陌生，只是年輕的心還不定，拗不過精舍師父三度詢問，自己也喜歡慈濟，終於點頭答應。

進入大愛臺，他從基層的執行製作開始，慢慢培養成為新聞主播，把慈濟美善的好事報導給大家知道。銘均切實感受到，主播是一份神聖的工作。因為「大愛臺是間沒有手術刀的『醫院』，它每一天都在救人；而我每一天都可以讓這個社會更好。」

花蓮有一位媽媽，因為他的報導，決心投入志工，把愛送給更多需要的孩子；三重有一位媽媽，因為他宣導不要燒紙錢，決定把錢省下來，轉捐給慈濟助人。凡此種種，都讓銘均更加珍惜主播及網路的影響力。

他開始設立自己的部落格。把握零碎時間寫文章，也將自身在慈濟所見所聞，都放在部落格上跟大家分享。同時在不影響工作的情況下，盡可能抽空接受各地演講的邀請。如今他的足跡已遍及臺灣各鄉鎮、離島，及美、澳、馬來西亞等等地方，演講超過一千場，年輕時發願要讓更多人知道慈濟的好的心念，一直都在……

跨國企業的夢——蔡青兒

文／洪綺伶

相較於倪銘均無意間走入新聞主播，蔡青兒卻是一路走來，就很篤定要在全球性的跨國企業上班。

一九九五年春暖花開的季節，花蓮的天空清朗無雲，蔡青兒拎著蛋糕走進慈濟醫院，身旁同穿灰衣白褲的年輕隊伍格外引人注目。

由於青兒父母親的有心付出及牽引，一家人遠渡重洋，從菲律賓回到臺灣學習；青兒並邀約一群朋友同行。

「什麼時候才回家？」團員中不只一次傳出抱怨，「以往的旅行都是遊山玩水，這次怎麼都在醫院？」不耐煩的臉色開始質疑這趟旅行的目的。負責帶隊的志工顏惠美為了要安撫這群公子哥兒，帶他們去打撞球、喝珍珠奶茶，才慢慢拉近與團員們的距離。

「祝你生日快樂！」青兒送上蛋糕，壽星是病榻上骨瘦如柴的年輕人，聽說十分孝順，年紀與青兒相仿，癌末的病情，讓他彷彿看見生命的終點，團員各個被震懾住，無常好像伸手就摸得到。

另一個無常的示現，是一位二十歲出頭的高材生，被同一部車來回撞兩次，造成下肢癱瘓，志工持續愛的陪伴才化解他的憤恨。他正手摺紙蓮花準備「慈濟萬蕊心蓮」活動義賣。

此時，青兒一夥人想去為他加油打氣，卻被他反問：「年輕人，請問你們有對社會做什麼事嗎？」又說：「我雖然無法運用雙腿，但是我還有手可以用，還是可以鼓勵別人，那你們呢？」

「我們可以做什麼？」

這句問話伴著青兒回到菲律賓，她邀集同為企業家第二代的年輕人，幾個人討論的結果，應該為社會盡一點心力，決定利用假日跟著青兒的父母到養老院關懷，從而開啟了青兒的志工路。憑著單純「做好事」的心念，青兒參與許多活動，對她來說，每一次都是歷練，成長的空間無限寬廣。

除了慈青，青兒還投入很多不同的社團，累積了豐富的服務與辦活動的經驗，為了完成畢業論文，她與同儕採訪了三、四百個企業，結果論文得獎，許多跨國企業向她招手。當下青兒必須抉擇，畢竟對跨國企業有興趣，希望眼界更開闊，於是她向父親要求半年的時間專心做志工。她擔心踏入職場後，原本單純的心念會完全改變，青兒感恩父親的成全，這半年慈善也做，醫療也做，凡是與慈濟有關的事，她都積極參與。

青兒的二哥昇倫一直說服她要回慈濟志業體上班，昇倫說：「世界上有一位老闆，不是為了貪瞋癡，不是要賺很多錢，而是為了眾生，這位老闆當然就是上人。」青兒有一點心動，當時半年志工計畫結束後，兄妹倆前往花蓮打算住一兩個禮拜，認真思考未來出路。

中國江蘇省蘇州靜思書院暨靜思書軒啟用，蔡青兒(左一)與靜思書軒同仁及小志工合影。攝影／吳寶童

花蓮靜思堂正在準備三十五周年慶布展，青兒與昇倫被安排去協助志工羅美珠；上人每天都會去看展覽，有時傍晚開完會經過展區，青兒就跟著上人的車回家。之後上人行腳時，青兒也都跟著去，那時候去了九二一地震災區很多所學校，青兒都累垮了，但是上人的精神還非常好，永遠在為學生、為大地、為教育著想。

青兒決定留在基金會工作，從大愛臺助理、兒童節目主持人，每一個新嘗試都讓生命更豐厚。二〇〇二年，新舞臺靜思書軒要設立，要找一位店長，青兒惶恐地接任，結束大愛臺工作，專心經營書軒，成為最年輕的營運長。

當她遭受挫折時，會記起上人的叮嚀：不要霧裡看花，當你把心靜下來的時候，霧就會散去，花還是花。再大的困難，也要很清楚、很了解，不可退轉。十七年前，醫院那兩位年輕人示現的無常，提醒她把握當下、守住初發的一念心。

隨緣盡分——翁培玲

文／懿念

個性文靜的翁培玲，從年輕時就展現了和倪銘均、蔡青兒迥異的內向特質，在慈濟裡隨緣盡分的生活，卻一步步將她帶入了上人浩瀚無涯的心靈世界。

大三那年，在同學的邀約下，聽了佛光山星雲法師的一場演講，讓翁培玲有如當頭被敲了一棒；驚覺佛法存在二千多年，為何二十多年來，自己竟未曾聽聞？卻只知道求神拜拜，尋找庇佑？

受到佛教啟蒙後，開始抄經、做早課，同學認為她或許適合修行，便建議她去參加短期出家。在體驗禁語、出家生活的九天當中，讓她對於佛法概要、因緣果報，又有了進一步的體悟。

由於「戒壇日記」的省思誠實深刻，幾位法師便鼓勵她留下來出家，然而，因學業尚未完成，面對法師的鼓勵，心生猶豫，這一停頓，恰好連接起慈濟的因緣。

當時發心帶動中區慈青的張榮攀，在學校信箱間張貼海報，希望想加入慈濟的同學，回覆信箱及寢室號碼，便請培玲協助女生宿舍的逐一拜訪。從逐一的拜訪中，發現有人是從書籍認識慈濟，有人聽廣播認識慈濟，有人從預約人間淨土的活動中認識慈濟，有人聽演講認識慈濟，透過每晚一點一滴的聆聽，漸漸發現光是分享，就能有很大的帶動力量。

而每晚拜訪，會送上一卷《渡》、《悟》的結緣錄音帶，其中洪金蘭師姊的現身說法，最令培玲震撼。金蘭師姊昔日好與人爭，不僅先生的朋友得罪光了，連鄰居也處不來，在接觸善法後，竟能生起一念慚愧心，自我調整，到得罪過的鄰居家中，一一登門道歉，即使面對許多冷言冷語，都能忍受下來，用行動證明她的改過自新。「這需要何等的勇氣啊！」她想。這股讓人由黑轉白的力量，實在有太大的吸引力。

大學生涯的最後一年，培玲幾乎以慈青事為主。每個月上人行腳臺中，她忙著在當天速記上人開示，用稿紙謄寫好，晚上影印好和學弟妹分享；迎新宿營，除了得

「見證慈悲、深耕人文」四十周年慶大會。翁培玲(持麥克風者)訪問表演「三十七道品」手語的同仁。
攝影／陳美蓉

學手語，還要負責活動記錄；第一次舉辦慈濟大專青年生活營，和陳寶惠兩個人包辦了事前的手冊製作等文書工作……畢業了，就隨師從臺中回到花蓮，進入花蓮本會文宣組工作，成為第一批回慈濟志業體工作的慈青。

一九九三年七月一日報到前夕，上人問了培玲：「你是自己要來的，還是別人叫你來的？」培玲回答：「自己要來的。」上人便說：「哦，是自己甘願要來的喔！」當時不解上人何出此問，未久，立即面臨考驗。報到後的第一個任務，竟是到醫院帶大專生志工。她個性內向，加上醫院志工也非強項，使得煩惱頻生，原想請辭；不料，來到上人面前，她一句話都說不出口，上人看出了，只說：「就是需要，才找妳去，難道還挑工作嗎？」她一時臉紅羞愧，不敢再因這樣的事驚擾上人。

之後，因為撰寫榮董傳極需寫手，於是她北上就職；半年後，臺北文史組成立，她被調派至花蓮接替《慈濟道侶》的駐地記者，工作內容歷經幾次調動，但都與文字有關。後來有幾年為了照顧孩子，當了幾年的全職家庭主婦，直到二〇〇三年再重返文發處文史組工作，承擔了慈濟大藏經及慈濟年鑑的編輯任務；現於傳承法脈的靜思人文志業，負責編輯上人文獻及人文行政工作，雖然任重道遠，但她牢記主管的期勉：既有福緣投入靜思，務必法入心、法入行，成長慧命。

倪銘均、蔡青兒、翁培玲三人一路走來，不論是積極找尋目標，或是隨緣盡分完成任務。做中學、做中覺的過程，讓他們都能用心品嘗到慈濟世界裡的人味、法味及生命的真滋味，他們也將這一分體會到的「美好」，傳送給更多人知道。

演好手中的劇本——無悔青年路

文／賴霈澄

「生、老、病、死」是人生四個階段，但不一定是每一個人必經的過程。每個人手中的人生劇本不同，演出的內容也大不相同，尤其對重病纏身，被迫提前體悟人生現實的年輕心靈，更令人感到不捨。陳宜君——急性淋巴血友病患者，吳泰儀——惡性淋巴瘤患者，兩人都經歷過與死神博鬥的過程，雖然結局不同，但都激發出一股任誰也帶不走的勇氣和對生命價值的了悟。

陽光總在風雨後——陳宜君

陳宜君從臺北慈濟醫院的大門走出來，輕輕揉著痠麻的肩膀，夕照迎面而來，深深吸一口氣，「啊！能穿著這身護士服真好！如果我放棄了這一身照顧人的能力，那我就太對不起自己的人生了。」

陳宜君(左)參加臺北慈濟醫院歲末祝福暨授證典禮後留影。攝影／簡元吉

已記不得自己對於護理工作的依戀從何時開始，似乎是小時候生病打針時，頭頂上總會傳來一陣溫柔的聲音；當宜君抬頭看，雪白的護士帽、潔淨的護士服，安撫了她那時心底的不安。

後來外婆買了一套「迷你護士服」送她，宜君興奮地打開包裝，換上一身素白的新衣裳，在鏡子前轉轉跳跳，好久好久……

那一晚的情景，多少年後依舊在宜君的記憶裡熚熚發光，也讓她更篤定長大後要成為護士的志向。

「妳怎麼可以自己報考耕莘護校，沒有跟我們討論呢？」

「爸！媽！我好不容易才考上，你們為什麼不成全我呢？」

看父親扳著臉質問，宜君想起下午接到錄取通知時的喜悅，回應也跟著激動起來。過去父母親總說護士工作很累，不適合她，但這卻是自己從小到大，最期盼的夢想。

這場家庭風暴，最後以父母的退讓收場，他們認為宜君還年輕，也許以後受不了辛苦，就會放棄那不切實際的夢想。

宜君的護校生活，宛如一條曲折小徑，讓她預料不到下次轉彎會遇上什麼考驗。二〇〇三年，臺灣捲入全球SARS風暴當中，有從耕莘護專畢業的護士受感染而往生，學校也停課了；宜君從中看到了更多護理工作的真實面，但她不因此而卻步，一心只想著何時能回到學校繼續學習。

然而，就在學校要復課的時候，她被診斷出罹患急性淋巴血友病。十六歲，才剛剛開始接觸自己的夢想，在學校認識的老師、好朋友，一切生活不是近如昨日嗎？現在竟然是自己一個人躺在隔離的病房中。此時的宜君，特別想家……

「陽光總在風雨後，烏雲上有晴空……」學校的同學、朋友錄了音樂送來醫院給宜君，那是她從昏迷中醒來，聽到的第一首歌。這段接受治療的期間，讓宜君更貼近看到醫護人員生活的全貌，卻也讓她不敢想像自己羸弱的身體，能否支持得住護理人員須承受的身心負荷。而最初的夢想，開始遙遠得像夜空中的弦月，被層層阻隔在病房的窗口外，讓她不敢奢望。

「妳要記得把心窗打開，只要打開來，就會有很多星星在外頭跟妳微笑。」靖媛學姊拉開窗簾笑著對宜君說；她是宜君還在醫院養病時，認識的慈青學長會的學姊。出院後，宜君礙於健康未復，依舊無法回學校上課，靖媛學姊經常陪伴她、鼓勵她，甚至帶她去安養機構，跟慈青夥伴一起做志工。宜君陪著老爺爺們唱歌聊天，看著身旁同年齡的年輕人，她想起靖媛學姊說過證嚴上人的一句靜思語：「每天無所事事，是人生的消費者；積極有用，才是人生的創造者。」也許，是回學校去的時候了……

重新踏入校門，景物依舊，人卻有了新的變化，宜君不再只是憧憬穿上護士服的小女生，生死關頭幾番來回，接觸慈濟的活動，讓宜君更加珍惜當下的每一刻，她與好朋友培欣一起在耕莘護專成立了慈青社。

創社社長的使命感，推著宜君更深入了解慈濟，在一次花蓮的營隊活動中，宜君聽到上人從小木屋修行，後來創立功德會，甚至發願蓋醫院、建學校的歷程，也了解上人期待慈濟醫療體系的學生、醫護人員能夠「視病如親」。一趟心靈之旅回來，在宜君心裡，重新燃起為病苦眾生服務的夢想。

畢業後，宜君投身到醫療資源貧瘠的花蓮服務，而後隨著因緣到臺北慈濟醫院。對宜君來說，罹癌的過往，迫使她體驗了病人一口又一口吞嚥人生的苦楚，而後身受慈濟的薰陶，像是掬取苦盡甘來的清泉。如今再度套上護士服，宜君能穩當地穿在身上，既貼身也貼心，因為一針一線，乃至於每一顆鈕扣上，都有她的願力和生命的智慧。

夢想已然成真，她將不顧一切地堅持下去。

以病為道場——吳泰儀

陳宜君幸運地與死神擦身而過，但加拿大慈青吳泰儀手中，卻沒有這樣的人生劇本……

機場的自動門一打開，洪華容就聞到故鄉的氣味。她沒想過再度踏上故土，竟是為了要帶兒子回來檢查腹部的不明硬塊；吳泰儀倒是沒有一點近鄉情怯，也許是當初遠赴溫哥華時年紀還小，天性樂觀外向的他，反而期待著馬上就會見到的花蓮靜思堂

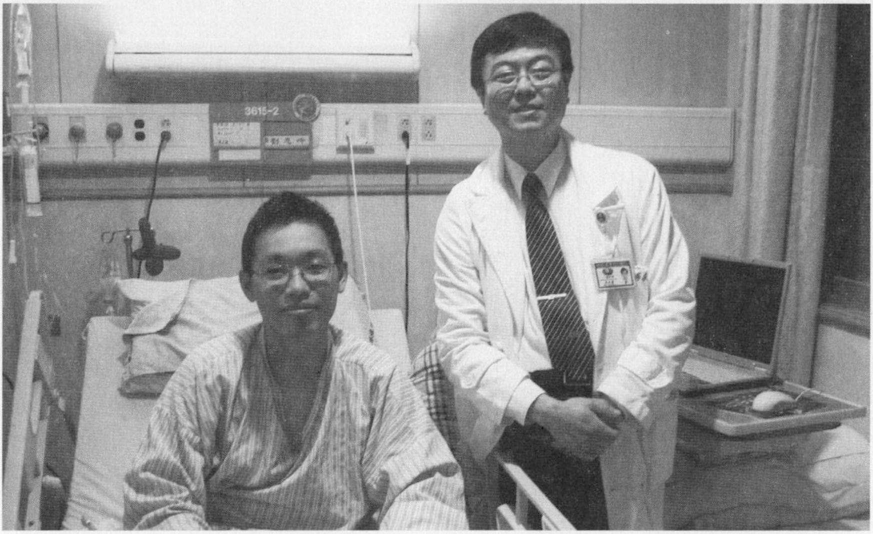

2006年從加拿大回臺進行治療在後腹腔淋巴瘤的吳泰儀，由於淋巴瘤已纖維化，吳永康醫師(右)建議動手術摘除，因而再次住院。攝影／程玟娟

與慈濟醫院，一時也忘了自己身體的不適。

在醫院裡接受血癌治療的幾個月，點滴、棉棒、餐盒、輪椅、便器、緊急按鈕、升降病床、冰枕袋、化療藥、手術室、護理臺、電視裡的大愛節目……泰儀整天在這裡生活著，任憑化療副作用像挖土機一樣，在身體裡胡攪蠻掘，他卻笑得把病房空調當作河邊清風一樣；一般人覺得生不如死的療程，他卻像是住在家裡一樣自在，只因為──母親就在身邊。

只有那天，泰儀要接受幹細胞移植，華容因為考慮到其他無菌室裡的病患，而放棄進去陪伴泰儀的機會，她對泰儀說：「媽媽不能進去，你如果害怕，就把選茵阿姨當媽媽依靠吧！」

進到手術室後，泰儀緊緊抱著護理師呂選茵嚎啕大哭，他的眼淚像是潰堤的江川，怎麼也止不住，彷彿把一路上堅強的、疲倦的、真誠的、掩飾的……通通還原。此刻，他一如赤子面對自己。

幹細胞移植後的日子裡，泰儀讓自己的身心重新出發，他推著點滴架，笑容裡帶著一絲緊張與興奮，身體狀況好時，他也像醫院志工一樣，在這個「新家」四處幫忙，跟著送餐、噓寒問暖，展現出在溫哥華素里區參加機構關懷時的那分活力。

不過，今天他有特別任務，醫院住進了一位來自加拿大的年輕病患，因為毒癮太深，必須接受治療。泰儀想著同為年輕人，同樣遠渡重洋，或許自己能給對方一些鼓勵與打氣；一旁的華容也不落後兒子的腳步，跟那位年輕人的家長聊起為人母者的心路歷程，她邊聊邊看照著泰儀的狀況。

華容的餘光，瞥見泰儀豎起大拇指鼓勵對方，那是他的招牌動作，跟他的笑臉常常一同出現在家裡、在學校、在慈青的活動裡，此刻在病房裡，華容又看見了。窗外的陽光，灑落在泰儀充滿活力的身上，這抹身影讓華容看了好久、好久。開心的同時，彷彿也擔心著，這樣的笑容，是不是能一直都停駐在兒子的臉上……

隔離病房的玻璃厚重而透明，維生機器的運作聲音傳不出來，但站在窗前的華容，看著身上滿是管線的兒子，她仍可以感受到他微弱的呼吸。泰儀右手緩慢在板子上寫著「I thinking……」接著左手豎起大拇指，繞著胸口劃了一圈，並打著手語的「感恩」，向所有這段時間陪伴他的人致意。

二〇〇六年十二月二十五日，泰儀在「全球慈青日」的活動中離去，上人賜他法號「誠願」，而他也帶著數百位慈青夥伴的信與願，繼續行他未來的道路。上人在泰儀生前曾到醫院探望他，要他立志立願；泰儀因為氣切插管無法言語，用手指著自己的心，比出「ＯＫ」的手勢，表示已經準備好了。上人讚許泰儀就是那樣念純和心寬，心不離法，行不離道，一生都在修行。

生命貴在利人，泰儀將自身的價值，不只用在生前，更在往生後，繼續發光發熱。隨著眾人的助念聲，華容目送泰儀進入手術室，成就病理解剖，她勉勵在場的慈青夥伴：「回去好好發展慈青。」她知道這是兒子最後的心願。

今生的劇本，也許在過去生早已寫就。陳宜君和吳泰儀也許不明白，老天爺為何給他們這樣艱深的人生劇本，但他們都接納了這個角色，並做了最完美的演出。

親子篇

攝影／李宗格

第一堂

用媽媽的心
來愛普天下的孩子

三個班媽媽

文／黃玉櫻、羅世明

舞臺上幾位班媽媽飾演的大陸災民，正在領取慈濟的援助米糧，她們的衣服穿了好幾層，卻沒有一件能保暖，扣子也都掉光了……

「媽媽，這些大陸同胞要怎麼送回去？」兒童班中，因為戲劇演出的逼真，有孩子把演戲當真，發出了疑問，一旁擔任隊輔的班媽媽不禁莞爾。

一九九一年，三位媽媽懷抱共同的心願，要創立一個屬於慈濟的兒童班。

發起人游素貞，一位身兼慈濟委員的平凡媽媽，聽到證嚴上人提出佛法要向下扎根的呼籲，懷著一分疼愛孩子的單純心念，與志同道合的李阿利和廖芳美，討論舉辦「兒童班假日學校」的想法。她們三人都是慈濟委員，而且孩子的年紀都在國小、國中之間。

非常喜愛小朋友的李阿利，毫不猶豫地答應游素貞的邀請。十二歲的時候，她加入中華民國女童軍，開始日行一善；十五歲就自己到社區去陪伴幼童軍；一直到結婚後，還在彰化社區陪伴童軍，因著這樣的機緣而認識其中一位女童軍的家長游素貞。而三位媽媽中，廖芳美的職業最接近「兒童假日學校」的人力需求，她在臺中清水經營一家幼稚園，她的女兒與游素貞的女兒，恰恰是同班同學。

隔年，游素貞和李阿利在彰化市華陽公園，採用童子軍營隊活動模式，試辦五十位慈濟人親子活動。四次課程中，有靜思語說故事、團康律動、大地生命體驗等內容，活潑又多元的課程，得到學員及家長熱烈的迴響。

年底臺中分會靜思堂啟用，首次舉辦歲末祝福活動，游素貞藉此安排一齣話劇《錢不是快樂的泉源》，由她們三人的女兒負責編劇及演出，生動又啟發人心，再度獲得大家直接的肯定，讓她們更堅定要成立兒童班的想法。

活動結束後，李阿利、游素貞、廖芳美由志工林美蘭陪同，向行腳到臺中的證嚴上人分享，並提出希望在臺中分會舉辦兒童班的構想。上人很肯定她們的想法，並叮嚀她們：「我的教育就是這樣的人格教育，是從幼兒到博士班完整的教育。人家將孩子交給妳們，妳們要好好把人家帶好。」

有了上人的肯定，大家開始討論要為兒童班取什麼名字？李阿利等人提議稱為

「臺中快樂童子軍」，一旁的上人附上一句話，「孩子來慈濟道場要精進學習。」

於是一九九三年三月十四日「臺中快樂兒童精進班」（簡稱兒童班）正式成立，由李阿利擔任首屆班主任，游素貞和廖芳美擔任副班主任。開始招生共四班，一班是「幼幼班」，其餘國小一至三年級的孩子編成「信心」、「毅力」、「勇氣」三個班，每班約五十位學員，每個月上課一次。

兒童班雖然開辦了，但在佛教團體裡，要怎麼教導活潑好動的兒童，尤其還要教他們學佛行儀，大家都拿捏不到尺度在那裡。

「阿利師姊！孩子不可以唱歌！」

「阿利師姊！這裡是道場，孩子不可以蹦蹦跳跳，要安靜！也不能講話！」

一堆佛教修行的規矩，立刻強壓在這一群懵懂無知孩子的身上，讓童軍出身的李阿利也不知如何是好。

開班的第二個月，三位班媽媽又去請教上人，上人告訴她們：「孩子喜歡什麼，妳們就給什麼。」簡單的一句話，安了大家的心。李阿利心想：「是啊！小孩是這樣活蹦亂跳的，怎麼可能讓他不說話，乖乖坐在那邊！」

上人又告訴她們：「妳們需要慈濟歌曲，我會讓妳們用不完。」後來莊奴及王建勛為慈濟創作許多歌曲，其中的〈慈濟小菩薩〉，成為兒童班的班歌。

於是，兒童班學佛行儀的課程，開始採用輕鬆的教學方式，也安排趣味競賽。報名的人數愈來愈多，甚至有許多幫孩子報名的家長，也投入班媽媽的行列，一起來學習如何教育孩子。

一九九五年，另外兩位生力軍加入，讓兒童精進班的課程設計更臻完善。當時彰化師範大學輔導系教授曾漢榮，和他的太太彰化陽明國中輔導室主任張秀巒，因為李阿利與游素貞的邀請，成為兒童班的顧問。

他們發揮心靈輔導及情境教育的專長，定期規劃班媽媽及家長輔導長課程，透過戲劇、藝術、生活體驗教育及慈濟人文等多元內容，增進家長與孩子的溝通技巧。當中他們尤其重視教案設計和情境營造，不時指導這些班媽媽學習。

後來一位班媽媽要在兒童班演出《補魚網》，為了揣摩補魚網的生動情境，她特地從臺中搭火車到苗栗苑裡，請漁夫教她怎麼補魚網。漁夫知道原委後很感動，居然將完好的魚網剪破，為她示範正確的縫補方式。

當曾漢榮看到這位媽媽的演出，只是一個重複補魚網的小小動作，卻願意花這麼大的工夫，把動作揣摩得這麼逼真，讓他相當震撼。他終於明白為何一群不見得專業的班媽媽，卻能夠把兒童班經營得那麼好，就是因為她們用心融入，讓孩子充分體會課程設計的情境，達到了她們透過戲劇、活動，傳達人格教育理念給孩子的目的。

接下來兒童班的招生更加熱絡，從最初的六十位學員開始，漸增至四百多人。每屆僅能提供一百多位新生名額，卻仍有四、五百人報名，還有家長因為抽籤「落榜」，竟然當場落淚。同時，班媽媽方面也快速成長，六年內，共有一百二十五位班媽媽發心培訓成為慈濟委員。兒童班的教學，不僅帶給一般的兒童完整的人格教養，更為養育身心障礙兒童的家長，帶來一線希望。

賴恆毅是兒童班第一位抽籤進來的肢體障礙的學生，罹患先天隱性脊柱裂的他，下肢發育不良，無法像正常孩子一樣自由行走，這樣的缺憾，不僅讓恆毅悲傷，也讓身為母親的黃秀珠經歷很大的痛苦與考驗。

恆毅剛來到兒童班時，大家都很緊張，不曉得要怎麼陪伴這樣的孩子。李阿利向上人請示，上人慈祥地回答：「不能放棄任何一個孩子，孩子進來就是和我們有緣。」回去之後，兒童班特別安排一位班爸爸陳隆安，專責陪伴恆毅，從上課到放學，要背著恆毅上下樓梯，還要為他推輪椅、換尿布。

年過四十的陳隆安，在家不曾做過這些工作，因為照顧恆毅，讓他體會到身障孩子背後父母親的辛勞。班媽媽高季慧也用心鼓勵每一位小菩薩幫恆毅推輪椅、倒水等，愛心、耐心的引導，令恆毅身邊常有一群小朋友開心地玩著。

原先媽媽黃秀珠很擔心恆毅真的能來上課嗎？班主任李阿利告訴她：「菩薩都已經接納他了，我們怎能不接納他呢？」兒子在班上快樂的學習，讓黃秀珠也從中找回自信，有勇氣再帶著恆毅走出去，不再怨天尤人，並參加志工培訓，受證成為委員。

三位班媽媽，從單純愛孩子的心，帶動起一波波成立兒童班的風潮，繼臺中成立兒童班之後，接著臺北、屏東、高雄、臺南也陸續成立。二〇〇一年彰化分會設立後，游素貞、李阿利回歸彰化成立兒童班，廖芳美承擔兒童班班主任，號召更多人才加入課務團隊。

兒童班不僅提供了孩子們一個快樂的天堂，更是媽媽們的成長教室，三個班媽媽為了孩子，卻意外帶出了一群媽媽跟著她們一起成長。

孩子，你是媽媽的明鏡

文／陳怡伶

一九九五年農曆正月初三，陳乃裕按照往例，前往花蓮靜思精舍，向證嚴上人請示慈濟教師聯誼會在年度開始應努力的方向。上人囑咐德惇師父將海外寄回來的一封信，交給陳乃裕。

讀過信件後，陳乃裕認為可能有人對慈濟不甚了解，才會寫這封信來，若要化解外界對慈濟的疑慮，就必須要讓更多人了解慈濟。陳乃裕回覆證嚴上人，臺灣有很多慈濟志工在社區默默付出，慈濟人的「實踐」，理應讓社區人們看得到，同時也應該要提供小孩薰習的環境，以及正向的人生目標。

「我希望能在社區推動親子成長班，以及到海外進行慈濟人文教育交流，促進彼此了解。」陳乃裕提出初步的構想。證嚴上人望著他微笑頷首應允。

連續兩年利用寒暑假，陳乃裕一馬當先，帶領一群教聯會老師到馬來西亞、新加坡等地進行教育交流。尤其在美加連續進行十四場演講時，靜思語的魅力，讓早年為孩子教育而移民的華人大開眼界。

「我們很憂心海外教育思想較開放，人倫道德的觀念較淡薄……」亟盼遠離升學主義，讓孩子受更好教育而來到海外的華人，紛紛表示意想不到，故鄉竟然有這麼好的教育，甚至有人迫不及待想回臺灣學習。

陳乃裕感到任重而道遠。回臺後，席不暇暖地趕回花蓮向上人報告：「唯有將教育這扇門打開，往下扎根，並擴及家長，才能加速更多人來了解慈濟，進而受到愛的啟發。」

陳乃裕刻不容緩，邀集教聯會老師成立「社區親子成長班」，並親自設計教學方案。

此時，慈濟教聯會已成立五年，靜思語教學經由學校老師融入教育，班級經營的氛圍產生了微妙的變化；同學相處的吵架嬉鬧聲變少了，取而代之的是協調融和的氣氛。這些看得見的改變，獲得校方及家長的肯定與支持。於是，在既有基礎下，松山、信義、內湖等區，如雨後春筍般順利地開辦。

其中，信義區三興國小的李秀鳳老師，是資深的教聯會成員，很自然地投入帶動親子班。而早在兩年前，她就把小兒子陳奕修送進慈濟「兒童精進班」。彼此經過靜思語滋潤後，日常生活中，常會交織出許多有趣的智慧火花。

「媽媽，衛生紙只要一次抽一張就好。」奕修望著習慣性連續抽好幾張紙的媽媽，溫和地提醒著。

「為什麼？」媽媽問。

「那是要『砍樹』的呢！」奕修回答。

「這孩子還真是力行環保。」李秀鳳不覺莞爾。有子如此，夫復何求？

一九九八年元月一日，冷冽的風颼颼地吹，天上還飄著雨絲，李秀鳳和九歲的奕修，大手牽小手，歡欣雀躍地一起到中正紀念堂參加大愛電視臺開播典禮。

人生旅程一路走來順遂美滿的李秀鳳，豈會料到十天後，老天爺竟然給她一家人一個晴天霹靂的意外考題。

那天，午後三點多，李秀鳳和往昔一樣，悠閒地到科學實驗補習班準備接回奕修，在踏入電梯的剎那，驚見許多人手忙腳亂地護送好幾個受傷的孩子出來，而她的愛兒——奕修，也赫然在列。她不作二想，馬上一起護送孩子到醫院，救護車上，她緊緊地抱著孩子，望著那腫脹脫皮的傷口，就像雨後的爛泥巴，幾乎無法辨識孩子的臉龐，「這是我的奕修嗎？」眼前的一切，籠罩著心頭，一陣陣疼痛：「這麼殘酷的事情，怎麼會發生在我孩子身上？」

原來，兒童科學班做酒精燈實驗時，指導老師操作不當，導致失火灼傷六名學童，奕修是其中最嚴重的；他的臉部及頸部、胸部分屬二度及三度灼傷，甚至部分深及皮下脂肪層。

受傷的其他幾位孩子痛得又叫又跳又喊：「老師，怎麼可以這樣！老師，怎麼可以這樣！」他們拒絕老師的探望。只有奕修默默地承受著痛楚，沉著穩定，沒有半句怨言。

擔任慈濟志工多年，李秀鳳打從一開始就想原諒肇事者。但是「孩子的爸會答應嗎？奕修也能原諒他嗎？」李秀鳳心中沒有把握。

「奕修，老師可不可以來醫院看你？」她試著輕輕問。

「可以啦！老師又不是故意的。師公不是常說『普天之下，沒有我不原諒的人』嗎？」奕修忍著痛，微微張開嘴巴，讓李秀鳳愣了一下。原來，孩子是那麼單純真摯，平日在慈濟耳濡目染下學到的靜思語，竟然會用在今朝。

燙傷的第三天，李秀鳳照樣到學校上課，利用午休時間，趕往醫院探視奕修。奕修輕問：「媽媽，妳來看我，那妳的學生怎麼辦？」一聞言，李秀鳳忍不住轉身拭淚，心中不禁心疼又感動：「兒子！你在承受痛徹心肺的過程，依舊處處為別人著想，真是媽媽的好孩子！」

奕修的爸爸陳永昌，因為擔任法官的關係，被其他家長推派與補習班斡旋，眼見兒子這般善解人意，也決定原諒對方，並且規勸家長「以和為貴，與其花長時間進行訴訟，不如利用時間多照顧孩子，讓孩子的傷口早日癒合。」終於讓一場可能的訴訟風暴平和落幕。

歷經四次大手術及漫長的復健，李秀鳳每每以「人世間的艱難與折磨，就是一種考驗」等靜思語來為孩子加油鼓舞，以「信心、毅力、勇氣三者具備，則天下沒有做不成之事」勉勵自己度過一次又一次的關卡。

不過，雖然原諒了對方，但李秀鳳心中還有一個很深的疑慮，那就是孩子變醜了怎麼辦？她把所有會反射影像的物件通通收起來，希望奕修暫時看不到自己。

有一天，奕修終於開口問：「我的臉會不會恢復到原狀呢？」「可能無法恢復到原來。」陳永昌並不迴避問題，反而坦誠地告訴他。「孩子，你放心，爸爸媽媽會盡全力找最好的整容醫生，甚至送你到美國治療。」

「媽媽，『外表的美是短暫的，內心的美才是永恆的』啊！」奕修回答得理所當然，又讓李秀鳳驚訝得無以復加，慚愧地想著：「原來只是我這個媽媽在愛漂亮啊！」

日夜見兒子與傷痛奮戰，備受折騰，李秀鳳一邊改著學生作業，一邊落淚，悲戚的面容，盡失光采，學生們不忍，於是在卡片上，寫下好多好多的「靜思語」安慰她。

「哇！這些靜思語，是我平常教你們的，現在你們卻反過來教我！」當看到學生們寫的卡片時，和從奕修口中迸出的靜思語一樣，常常令李秀鳳充滿訝異！

從那一刻開始，她擦乾眼淚，揮別憂傷，用心教學不曾停頓；奕修也勇敢地走過復健過程，不曾中斷學業，不畏縮而勇於面對難關，如願考上臺大，如今即將負笈美國哥倫比亞大學繼續深造。

經歷這場意外後，李秀鳳對靜思語教學領悟更深刻。「如果教一個學生能影響到他的家庭，這才是真正的教育。」證嚴上人言猶在耳，李秀鳳正是最受用的見證人。退休後，她承擔起教聯會區幹事，以自身的經驗，在社區親子成長班大力推廣靜思語教學，成為陳乃裕推動慈濟社區教育向下扎根的一大助力。

田庄的大代誌

文／廖耀鈴

「各位鄉親，我們現在用最熱烈的掌聲，歡迎木柵國小高年級的同學，為我們帶來一段武術表演。」

二〇〇八年十二月，夜幕低垂，大地一片漆黑，高雄縣內門鄉三平村朝天宮前的廣場，卻是燈火通明，鄉長、地方賢達人士及村民坐滿了觀眾席。承擔三平社區愛灑感恩會司儀的朱妍綸校長，站在臺上，看到村民們砍下竹子做成的圍籬，還有利用自種的火鶴花、蘿蔔、玉米、高麗菜等布置的會場——這場由社區自主舉辦的活動，讓她相當感動。

這樣的活動始於二〇〇三年底，朱妍綸單純地想為三平課業輔導班孩子舉辦一場課業發表會，順便把慈濟人文帶進去。村民知道後，自發性地綁素粽、做菜包來贊助。接著過年前，又有家長發起搓湯圓給孩子們吃，整個村子裡，家家戶戶開始搓湯圓，全村都動了起來，像辦喜事一樣熱鬧，年復一年如此，漸漸地變成三平社區每年

高雄實踐大學慈青每週三都會到內門三平社區，幫孩子作課業輔導。攝影／唐江湖

固定的大事。而這一切都只是從一群志工當初不忍鄉下孩子課業荒廢，又沒錢到外面去補習開始，卻造就了整個社區成長的動力。

三平社區地處偏僻，是一個典型的田庄。村內的年輕人為了討生活，紛紛到外地工作，造成這裡隔代教養、單親家庭情況不少。所幸社區裡還有人關心孩童的教育，家長會長洪文慶透過慈濟志工廖財源的協助，結合實踐大學高雄校區慈青社，從一九九八年開始每週一次，傍晚在三平社區活動中心，幫孩子進行課輔，稍微彌補家庭教育的不足。二〇〇二年九月，朱妍綸到木柵國小任職後兩個月，洪文慶和廖財源就相偕來訪。

「朱校長，三平課輔遇到了瓶頸，學生人

數越來越少，妳可以來幫忙嗎？」朱妍綸了解課輔班現況後，馬上答應，且重新規劃課輔內容，上半段時間實行補救教學，下半段進行靜思語教學。

朱妍綸是一九九二年高雄慈濟教師聯誼會創會成員之一。當她在一九九〇年接觸到靜思語時，就非常喜歡，開始把它融入教學當中，沒想到孩子們接受度高，品格無形中提升。因此三平村課輔的新規畫，也是採取課業和品德雙管齊下。

「噹！噹！噹！」放學鐘聲響起，四年級的小禎步行到三平活動中心；為了讓慈青盡快到達三平村，廖財源等人親自接送；而活動中心裡，志工媽媽們已煮好晚餐，等待學童及年輕老師的到來。

「大姊姊，雲是由水蒸氣組成的嗎？」小禎指著今天的自然作業，抬眼望著一旁的慈青。「我們來看看課本怎麼說。」佳虹姊姊耐心地翻閱課本教導她。

坐在角落裡的朱妍綸，看著會議桌前一對對的大、小孩子，現在參加課輔的人數愈來愈多，小孩七十幾位，慈青也有三十幾位。再看看四周，家長「站崗」的景象早已不再。

剛開始，家長對課輔總是有些懷疑，相約來教室外「站崗」，想弄清楚老師在玩什麼把戲。「他們一定都有錢可以賺！」「天底下哪有那麼好的人？沒錢還教得那麼認真，還給他們飯吃，學期結束，還有獎品，過年還有紅包！」許多家長堅信，天下沒有白吃的午餐，賠錢的事不會有人要做。

耳語、風聲不斷，但家長來站崗也有好處，當朱妍綸勉勵孩子們時，家長也看在眼裡，親身感受到慈濟志工的那一分愛，加上小孩成績開始進步，在靜思語教學下也變得聽話懂事，不再調皮好動，此時大家又再度口耳相傳：「去那個『補習班』，不用交錢，還可以領獎學金、紅包，真正是最好的補習班！」

純樸的鄉下，人情味特濃，感受到志工的好，就想盡辦法要感謝他們。每年年底，家長知道朱妍綸和很多慈濟志工都會來參加晚會，就把家裡的高麗菜、生薑等等土產，全部搬出來送給他們。後來村裡的居民覺得這樣還不夠盛情，開始特意為志工們種植各種青菜，等待每次晚會舉辦，才摘來讓他們帶回去。

曾經有位家長告訴朱妍綸，這麼好的菜只有前來的慈濟志工享用，好像太可惜了，應該分享給更多慈濟人才對。因此朱妍綸特地帶慈濟少年服務社的小朋友，到這裡「戶外教學」。村民們很熱心地帶小朋友去拔、煮蘿蔔，還教他們做稻草人。大人、小孩，手牽著手，一起在蘿蔔田裡合唱〈愛和關懷〉歌曲，共享農村的悠閒時光。

從課輔班一念愛心的注入，這分愛的漣漪，就開始無聲無息地在每一位村民心中擴散開來。漸漸地，朱妍綸看到家長們會主動擔任志工去幫助別人。尤其每年內門宋江陣觀音遶境時，村民會主動打掃環境，不再像以前一樣，覺得這不干他的事。

田庄的日子在歡喜中一年年過去。有一天，學生阿舉跑到活動中心來，氣喘吁吁地詢問朱妍綸：「校長，學校的腳踏車是不是全不見了？」

「嗯，學校已經在處理了。」朱妍綸平靜地回應阿舉。

阿舉曾經是朱妍綸小學課輔班的學生，還在念國中。有一陣子加入幫派被朱妍綸知道，刻意要他下課後到學校幫忙，藉此遠離幫派。這一次為了學校腳踏車被偷的事，他又想去找幫派的人來解決。

「這件事我來處理就好，校長妳不用煩惱。」阿舉對著朱妍綸說。

「你要怎麼處理？」朱妍綸不以為然地回答。

「交代給我就沒有錯了！」阿舉拍拍胸脯保證。

「你要去處理，不是要去用拳頭，也不是用嘴去罵人，就是要用耐心，去跟人家說好話，這才是處理。」

「校長，妳就是人太好了，所以人家才都欺負妳。腳踏車都不見了，現在不能說好話哩！」阿舉提高分貝地說。

朱妍綸扳起臉來告訴阿舉：「你若要這樣處理的話，我會很不高興。你不要處理，我也不希望你來，因為你不聽我的話！」

「不能這樣的，我們幫派都很講義氣的嘛！他們這樣做太沒道理了。」阿舉失望地回答。

朱妍綸藉機教育阿舉：「人與人之間的相處，不是比拳頭武力，而是相對應的。當你去疼他的時候，他就會來疼你；當你對他說好話的時候，他也會跟你說好話。」

阿舉沒有回答，朱妍綸繼續開導：「你若要處理這件事，就要處理得很歡喜，要做到讓校長很歡喜。」阿舉抿了一下嘴，聳聳肩，最後還是軟化下來：「好啦！我聽妳的！」

一個小時後，阿舉果真把車子牽回來，還帶著一群輩份比較低的「小尾仔」過來。朱妍綸看著這些誤入歧途的小朋友，心疼都是社區裡的孩子，因此當場告訴他們，一定要重新來過，人生雖然走錯路，但是知錯能改，善莫大焉。

二〇一二年，三平村課輔已邁入第十四個年頭，朱妍綸也已經從學校退休，專職承擔高雄區慈濟教師聯誼會總幹事，但每回走入三平村，就好像回到自己家裡一樣輕鬆自在，隨處都可以停下來和村民們閒話家常。尤其這幾年來，鄰村的教會、寺廟也紛紛成立免費安親班，教育已成為這個偏鄉社區裡重要的「大代誌」。

朱妍綸很感欣慰，農村的資源或許缺乏，但當社會、家庭、學校共同努力時，孩子的未來仍然可以像繁星一樣，在社會各個角落閃閃發亮。

從說一個故事開始

文／林淑懷、陳婉貞

二○○○年九月的某個早上，晨光灑落在臺中市文山國小的校園裡，隨著早自習的鐘聲響起，錢素蘋一手牽著小女兒，一手帶著昨晚寫好的靜思語海報，忙不迭地走進一年級的教室，這是她第一次要為小朋友說靜思語故事的晨間課程，當貼上「心不專、念不一，做事難以成就」的靜思語後，在小朋友反覆的誦讀聲中，她開心地展開校園靜思語教學。

每週一是錢素蘋和一年級小朋友約定的說故事時間，還有最受歡迎的手語歌教唱；「來！大家把手伸出來，兩手掌相握，左右搖動，這是朋友的意思。」素蘋耐心地解說，小朋友有的雙手打結，有的晃來晃去擺不停，她一一調整他們的手勢，一首〈快樂的朋友〉歌曲，大家唱得不亦樂乎！

自從增加這樣的課程後，小朋友開始在聯絡簿上抄寫靜思語，老師讀後也慢慢地有了改變。原本每次素蘋來說故事時，這個時段，導師蕭老師總是去參加教師晨會；

有一天，蕭老師忽然從教室後門走進來，悄悄地跟著小朋友聽故事、學手語，也跟著小朋友笑得很開心。

下課後，素蘋問蕭老師怎麼了？蕭老師對她說：「原本早自習時間，低年級的小朋友常會講話、走動，無心自習，曾讓我很困擾；現在他們都會用靜思語互相提醒，故事內容和靜思語對孩子確實很有影響力，不用教鞭，也能讓小朋友的秩序與生活習慣都變好，而且只要是妳要來說故事那天，都沒有人會遲到。」這樣的好事，漸漸在校園傳了開來。

素蘋的靜思語教學大受歡迎，蕭老師問她：「隔壁班也希望請您去說故事，好嗎？」她欣然答應。之後，蕭老師又問：「另一個隔壁班也希望您去說故事。」熱情有勁的她也樂於前往。因此，每星期從原來一次增加到三次，需求不斷增加，但她覺得自己的時間已經無法再分割了。

有一天，她正說著故事，無意間朝向窗外望出去，看到其他班級的情景，想著：「咦，好多班上都有家長在說故事耶！如果都能把他們邀來，一起講靜思語故事，那該有多好！」

這個想法開始在素蘋的腦海盤旋著，但怎麼安排才能讓社區媽媽們歡喜參與，又能從中有所成長呢？二〇〇〇年十一月，她主動拜訪臺中市文山國小陳校長，順利在該校舉辦「靜思語教學研習」，並開放給全南屯區的愛心媽媽參與。研習一結束，大新國小愛心工作隊隊長就希望素蘋把手語和靜思語故事介紹給學校的媽媽們。於是，二〇〇一年四月首次在大新國小舉辦「愛心媽媽靜思語故事講述研習」，之後便有媽媽在晨光時間講「靜思語故事」，素蘋也開始走入社區推廣。

所謂「發心容易，恆心難」，每週進班級說故事，是愛心媽媽與小朋友愛的約定。愛心媽媽必須不畏夏天的陽光與冬天的寒冷前來說故事，因此要如何讓媽媽們恆持住一念愛別人孩子的心，讓素蘋苦思良久。

轉念一想，她覺得最好用的還是上人的法語，知道這些年輕的媽媽，除了學手語與說故事，還有「求知」的期待，因而在二〇〇一年十二月，她興起舉辦「讀書會」的念頭。讀什麼？怎麼讀？正絞盡腦汁之際，一位專業的讀書會帶領人黃祥慧出現在手語班，素蘋抓住她的手叫著：「我正在找讀書會帶領人！」

「真的嗎？」祥慧一臉狐疑。素蘋回答：「真的！我們要讀書，請妳來帶領。」

就這樣，讀書會就此開始運作，第一本《塵盡光生》獲得許多迴響，黃祥慧還盡情分享講述故事的祕訣。素蘋藉由讀書會，與媽媽們的心緊緊相繫。

由於靜思語教學的盛行，慈濟愛心媽媽進校園說故事，在全臺各地順勢發展。二〇〇二年三月一日，慈濟中區愛心媽媽成長教室成立後；同年九月十四日，證嚴上人行腳至高雄灣興新會所，正式將慈濟愛心媽媽更名為「大愛媽媽」。

二〇〇三年爆發SARS疫情，為了避免人群聚集傳染，一群大愛媽媽選在通風又綠意盎然的臺中市立美術館前，舉辦第一次種子講師培訓，分成繪本講述、布偶說演、戲劇演繹等團隊，從此大愛媽媽的拓展就由素蘋個人延伸成多組的成員，靜思語教學便從一位媽媽發展成數十人的團隊。

素蘋一心想將「愛的連線」擴大成「大愛網絡」，她思忖：假若臺中市各區都各有十來位大愛媽媽參與靜思語教學，那麼全臺中就可能有上百人投入；而如果影響了一位校長，就等於讓靜思語推廣到一所學校。於是，她開始拜訪各校校長，只不過「今天要拜訪那一所學校？會被排斥嗎？校長是不是正在忙？會接我的電話嗎？我要怎麼做比較好？……」一天早上，先生上班，孩子也上學後，錢素蘋換上藍天白雲的

大愛媽媽在校園裡用活潑生動的方式帶動小朋友學習靜思語。攝影／葉素貞

慈濟志工服，一個人坐在客廳的籐椅上，一顆心七上八下地擺盪著。

「難道就這樣脫下制服嗎？」另一個聲音告訴她：「不行！不能這樣作罷！」忽然間，抬頭望著書櫃中證嚴上人的法相，腦中隨即浮現，上人當年要蓋醫院的艱辛，決定要拜訪當時內政部長林洋港先生幫忙的過程。當下她想到自己只是在社區內找一所學校而已，瞬間，擔憂的心放下了。可喜的是，因為慈濟的良善招牌與素蘋用心的規劃，校長們一一答應了靜思語教學進入校園。

媽媽們走入校園講靜思語故事，不僅讓孩子變得乖巧，最重要的是自我的成長；媽媽回家後，不再大聲罵人、不再動不動就生氣，親子關係也跟著改變；互動增加、話題更多樣，家庭變得更和諧。靜思語教學的力量，讓素蘋感到不可思議！

在某次共修結束前的分享時間，種子大愛媽媽陳玉惠緩緩談起，自己在週歲後高燒不退，聽力受損，雖然戴著助聽器，卻沒人教她學說話，於是不會表達，更聽不懂別人在說什麼。八歲後被送入啟智班就讀，由於同學們都用臺語溝通，如此六年下來，只學會說臺語，一旦接觸到周圍的人說國語，她就像「鴨子聽雷」，有如活在另一個國度。

直到國中時，在老師與同學的陪伴下，玉惠開始懂得學習的重要，在無聲的世界中，她努力跟上進度。有感於成長過程的艱辛，她對自己孩子的期望要求遠甚於其他父母。為了讓孩子發音標準，在兒子兩歲時就送去幼稚園，並與先生兩人拚命賺錢，希望給孩子最好的學習環境，但經過長年累月的忙碌，玉惠的脾氣變得暴躁、說話大聲，孩子還經常成了她的出氣筒。

後來，因為先生的鼓勵，玉惠加入慈濟大愛媽媽的行列，認識靜思語，從研習走入校園，踏上講臺說靜思語故事給小朋友們聽，也將所學和說故事技巧，帶回大甲母校「順天國小啟智班」與學弟學妹們分享。

聽了玉惠的故事，素蘋深受感動。雖然玉惠的耳朵重障，連口齒發音都有障礙，卻因為參與大愛媽媽，從說靜思語故事中反省自己，改善親子關係，不再凡事要求完美、不輕易生氣，更不給自己過度的壓力。

這樣感人的故事，因為大愛媽媽團隊持續成長擴編，一一流傳。素蘋由一位專業的作文教師，卻甘於陪伴資質參差不齊的媽媽志工，規劃周全的課程，用教育訓練吸引大家學習與精進，讓大愛媽媽們從不懂到嫻熟，可以獨當一面說生動的靜思語故事。

「素蘋師姊，北區教聯會舉辦一天的研習，請中區大愛媽媽來承擔。」教聯會北區總幹事陳乃裕邀約著。「好啊！」素蘋答應得相當輕鬆，因為種子團隊已經形成，這一整天的課程，包括故事講述、布偶故事、繪本故事、戲劇演繹和大愛引航讀書會，精彩可期……

攝影／李生旺

第二堂

一起走過青春期

嗶！二十四秒違例！

文／劉對

一九九四年的冬天特別溫暖，十二月的陽光，還熱情地照耀在孩子青春的臉龐上。泰北高中校園內，一群大專生正在激烈拚搏著，運球、迴身、帶球上籃……一旁觀賽的李鼎銘一顆心也加速跳動著；今天是第一場聯誼賽，特別請來侄子就讀的美國學校球隊，與剛成立的「慈濟青年籃球隊」聯誼。

「二十四秒違例，球是我們的了。」可是，進攻的一方是不是真的已經二十四秒未出手投籃，須判違例？雙方認知不同，球場上出現騷動，有人提出罷賽。李鼎銘不清楚狀況，問道：「你們不是都懂得籃球規則嗎？」

因為找不到教練，才由球員充當裁判和記分員。球賽提前落幕，接下來的人文課程也了無生趣，隊員有氣無力地比著手語。看著這一幕幕，李鼎銘後悔當初為何答應成立慈籃。

不久前，他開心地陪著「慈濟青年合唱團」在臺北分會練唱，慈青的指導師父德恂師父及慈青總幹事呂芳川對他說，慈青現在已有靜態合唱團，於是要他也來組一個動態籃球隊，廣邀大學青年進入慈濟。

「我是生意人，不會打球，況且三百六十五天都要上班，根本不可能有時間！」李鼎銘馬上回絕。誰知，太太洪若岑也向他勸說：「打球可以健身減肥，而且一個月只有一次。」經不起眾人多次的「連哄帶騙」，李鼎銘點頭應允。

「男兒不做則已，要做就要做到最好。」李鼎銘積極規劃，募球員、找場地，他著手畫地圖，收攬臺北市所有交通便利的學校，再一一詢問場地租借的意願，過程中遍訪不得，還好經友人介紹泰北高中，順利租借場地後，卻又想不到第一次打球就備受打擊。

「我看還是收了吧！帶一個籃球隊沒有那麼簡單，需要專業人才。」李鼎銘告訴太太洪若岑，教練是籃球運動的靈魂，慈籃沒有教練走不下去。然而，一心要引渡他入慈濟的太太依然鼓勵他：「做對的事要堅持下去，慈籃不只打球，還要教育。」有願就有力，第二次在球場上，一位陪孩子來打球的家長石健雄，自我介紹時表示：「我是教練！」從此，石健雄承擔義務教練至今十七年，每週騎著摩托車從內湖住家

新竹慈藍家族竹南組學員練球情形。攝影／陳淑芬

到球場。

球隊在泰北高中運作了半年，而後轉到場地租金較便宜的世新大學，李鼎銘每週開著箱型車，沿著復興南北路載送學員。到了學校，總會碰見一位父親靜默地坐在球場樓下，從來沒上樓看兒子打球。半年後有一天，這位父親被一陣歡呼聲吸引，往樓上走去，看見兒子正投入一球。「爸爸！我這一球投得怎樣？」兒子興奮地跑過來問，父親心想，必須認真觀看才能正確回饋。從此，每場球賽一定親臨觀賞，有了共同話題，父子間的對話也多了起來。看到這對父子有說有笑，李鼎銘的心更堅定，「球打得好不好沒關係，改善

親子關係最重要。」

繼世新整合起步後，慈籃隊開枝散葉，陸續成立十四個籃球隊、一千多位籃球家族，其中有一百多位孩子較特別，他們有來自家暴的受虐兒、有慈濟的照顧戶、有自閉、躁鬱……等特殊狀況。慈籃有教無類，有志工的愛與關懷，是青少年快樂成長的園地。

二〇〇五年起，慈籃學員年齡層從大專降低到國小高年級，也請家人一同參加。那年九月，李鼎銘參加中和組的始業式，當教練喊「解散」，七、八十個孩子一哄而散，其中一個孩子卻就地往後躺成大八字，嚇壞了球場上所有人。球隊聯絡人歐國祥師兄一個箭步往前衝，原來是患有「唐寶寶」的孩子，胖嘟嘟的臉龐已呼呼睡去。

「唐寶寶」是家中老大，媽媽曾帶他參加其他團隊，沒人敢收。教聯會老師介紹他來慈籃打球，由一位男眾志工專責陪他，他只丟不撿的玩法，也練就了這位志工的耐心，因此更懂得珍惜自己健康的兒子，本來動輒打罵孩子的壞脾氣變好了，一家人和和樂樂。類似的溫馨故事每天都在發生，在慈籃各組屢屢可見。

「慈籃家族每次聚會說的不是打球，而是分享一個個感人的故事。」

李鼎銘在慈籃成立十七年後的某一天，對著北區志工分享，隊員們除了練球，也學習慈濟人文，打球前先清掃場地，結束後整理環境。除了每週上一小時的人文課程，還常跟著慈濟志工做資源回收、關懷獨居長者、醫院志工及參與義賣或園遊會等活動，還曾利用暑假，兩度到九二一地震重建區與學童互動。

打球，已不只為了宣洩青少年過剩的體力，更希望透過這個球隊，讓許多家庭、親子一同培養感情、交流心得，進而學習大愛及感恩的精神。有些孩子原本自卑、叛逆，參加慈籃後，漸漸變得有自信、和善有禮，還有家長因認同慈濟，也投入社區志工的行列，讓善的循環在各角落延展開來。

媽媽偏心

文／謝華美

放學回家後，葉宜鑫迫不及待地打開冰箱找零食；打開冰箱的剎那，她臉色一沉，大聲地問：「媽媽！明天慈青要來，是吧！」

「是啊！妳怎麼知道？好厲害喔！」溫玉香正忙著準備大量的餐點，一點也沒發現女兒的不悅。

「每次都是這樣！慈青來，我們才有點心吃，真討厭！慈青每次來都搶電視、搶食物，還要搶媽媽！」宜鑫的抗議並未引起溫玉香的注意，因為她正忙著將五十位慈青要吃的餐點搬到機車上。

宜鑫看著媽媽使力地將餐點放進機車籃，熟練地用繩子捆緊，再綁緊機車後座上裝滿點心的大籃子，吊在機車左右側的大提袋也鼓得滿滿的，似乎隨時都有可能綳破袋子。最後，溫玉香還會小心翼翼地將大鍋子放到腳踏板上，像表演特技般跨上機車，揚長而去。

為何會投入陪伴慈青？溫玉香也答不上來，回想一九九二年回花蓮尋根，看到慈青的帶動唱，就被那股清新的形象吸引，回來後開始進校園陪伴慈青。

為了照顧慈青，她努力學會了包粽子、炒米粉、蒸油飯、做點心……家裡也因此添購了三個電鍋，溫玉香笑著心想：「我真的是從不會學到會，又不用繳學費，還可以增長智慧，真的是賺到了！」

二〇〇〇年的元旦在靜思精舍，上人對著全省十位慈青慈懿會總幹事及領隊呂芳川說：「現在時下的年輕人很令人擔憂，希望能透過慈青清新的形象，來帶動更多的年輕人。」

有感於此，溫玉香在高雄帶著慈青，開始陪伴更年少的青少年加入服務的行列。慈青從活動中被溫玉香照顧的角色，變成要以大哥哥、大姊姊的身分，來照顧青少年的工作人員。他們在溫玉香的陪伴下，從摸索、執行到試辦，獲得家長熱烈迴響，慈青也從活動中得到自我肯定，於是高雄青少年服務隊就在二〇〇一年二月正式成立。

溫玉香發現許多慈青在承擔工作人員前，會覺得自己很行，承擔後才覺得自己的不足，經過一年的磨練後，他們總會有令人驚喜的成長。而青少年服務隊也成了培育

高雄區慈青與青少年服務隊街頭募心活動，一百三十位學員出發時浩蕩長的隊伍。攝影／吳顯功

慈青幹部的搖籃，因為慈青幾乎包辦了所有青少年服務隊的功能組，而師姑、師伯幾乎只是扮演關懷與陪伴的角色。

有一回，青少年服務隊課程在左營舊城國小舉行，活動中發生了年輕學員互相挑釁事件。沒多久，校門口就聚集一群騎機車的年輕人，溫玉香有點擔心，但她決定裝作什麼都不知道，過去跟他們瞎扯閒聊，探一下風聲：「帥哥！你們要來參加活動的嗎？」

「沒妳的事，旁邊去啦！」帶頭的老大狠狠地瞪了她一眼。

「哦！怎麼那麼大聲，嚇我一大跳！年輕人！我以為你們遲到了，所以過來關心一下啦！不要那麼兇嘛！」溫玉香繼續裝作什麼都不知道，暗中察言觀色。突然間，她發現人群中有位這次活動的學員，就故意對他說：「啊！是你找他們來參加活動的喔！邀他們來要事先報備一下比較好啦！」

「不是啦！」帶頭的老大代那位學員回答。

「要不然呢？」

「我要把那位『金毛仔』抓來修理。」老大說。

「唉喲！這麼嚴重喔！兄弟，你們如果進去，那他不就會死得很難看，這樣是不行的啦！」溫玉香對著他們猛搖手。「小事情你就發那麼大的脾氣，那警察的工作就做不完，都不用回家了。好啦！好啦！沒事了！趕快回去！我保證那小子不敢再鬧事了。」溫玉香對著老大拍著胸脯說。

「好啦！今天就給妳一點面子，我們先走。」老大面有難色，但還是心不甘情不願地離開了。這次在溫玉香運用急智、勇於面對下，終於化解了一場危機。

事實上，溫玉香應付青少年的能耐還不只這一樁。十九歲的阿維唸了四所高中還沒畢業，聽說都是因為打架鬧事而轉學，後來他也承認自己是討債集團的大哥。阿維的妹妹參加了青少年服務隊，在營隊中聽到慈濟志工洪武正分享自己由黑道老大成為志工的故事，便回家對爸爸媽媽說：「像那樣的壞人都可以改變，哥哥一定沒問題。」於是，阿維就被家人逼來參加。

第一天上課，到了午齋唸佛時，阿維突然非常驚慌地走了出去。溫玉香馬上跟著過去，關切地詢問他，阿維卻只是猛搖頭。溫玉香告訴他：「你陪我吃飯，想講時再講，如果不想講也沒關係。」

沉默了半晌，阿維才緩緩地說：「我剛剛聽到那個『阿彌陀佛』嚇死了！」

溫玉香故意追問：「你是不是壞事做多了，不敢面對佛菩薩？」阿維抓抓頭、小聲說：「哪有？」

經過這一次，以她多年來與年輕人相處的經驗，溫玉香直覺阿維再出現的機率應該很低。沒想到，下個月的上課日早上八點，阿維竟然拿著掃把來報到，睡眼惺忪地直說他清晨五點才回到家。

「為什麼清晨才回家？」溫玉香好奇地問。

「就是去『喬』事情啦！」阿維說。

「那為什麼還願意來掃街？」溫玉香追問。

阿維認真地說：「我覺得我來這裡做這件事是很有意義的，因為我還會記得我做了什麼事。可是，我昨晚做的那件事，可能睡一覺就忘了，所以即使再累，我都要來。」

幾年後的一場歲末祝福，已經前去當兵的阿維再度出現在眼前，溫玉香發現他的身旁多了一位女孩，阿維特別把女朋友帶到溫玉香眼前，希望女朋友也能認識這位慈青大家庭的媽媽。

「因為有這樣的孩子，讓我們覺得付出很值得，也是我們持續下去的動力。」溫玉香回想自己陪伴慈青已近二十個年頭，青少年服務隊也邁入第十二年了。最令她欣慰的，莫過於當年陪伴過的許多年輕人，已經受證成為慈濟委員或慈誠，或有了正向的人生。

而小時候討厭慈青的葉宜鑫，早已長大懂事，不再埋怨媽媽把愛分給了別人，不僅自己也加入慈青，升大四那年，甚至還被選為高雄區慈青副總幹事，畢業後任職於花蓮慈濟小學人文室；慈青的歷練與媽媽的典範，是她工作中最大的精神支柱。

慈濟社區教育功能團體整合

曾裕真（慈濟基金會宗教處人文教育室）

二十多年前，「靜思語」開始像涓滴細流般，透過一些老師的教學被帶入校園，慢慢形成陣容龐大的「靜思語教學」師資群，同時間開始發展成立的「慈濟教師聯誼會」，漸漸與「靜思語教學」互為關鍵字，自然且當然地成為其代言團體。

約莫同時期，由中區慈濟委員籌辦的「快樂兒童精進班」，也正式成立。接著，校園中親、師、生因為「靜思語教學」的緊密互動、共同成長，「靜思語教學」這條匯聚眾人成就的浩蕩大河，再度從校園灌注進入社區親子教育的各個領域：慈濟社區親子成長班、青少年成長班、大愛媽媽成長班等相關教育功能團體紛紛出現、蓬勃發展，終至蔚然成林。

然而，「慈濟教師聯誼會」（以下簡稱「教聯會」）等慈濟社區教育功能團體，歷經二十多年來的成長，組織、成員不斷擴大，分工過細的結果，慢慢出現了各自發展而無交集的瓶頸。二〇〇九年三月二日，證嚴上人就目前社區功能團體發展的未來藍圖，提出「歸類功能，普遍協助」的指示。茲就《二〇〇九年．春之卷　證嚴上人衲履足跡》開示重點整理如下：

「慈濟人以慈善為基礎……諸如醫療、教育、人文等各項志工功能，皆自慈善源頭衍生而出，復因應社會環境而愈來愈精分功能，其實許多的志工身分是對於特定群類發揮關懷的功能，還是要讓大家回歸基本層面，莫使委員、慈誠組隊功能偏向精細而複雜。」（註一）

「屬於教育之團體功能，諸如兒童精進班、慈少、慈青的慈誠懿德等，應歸類在教聯會，教聯會成員中也有委員、慈誠，若是平常沒有負責教聯會功能，即不須開會，回歸委員組、慈誠隊運作。」（註二）

「負責教聯會的幹部們則在需要時開會凝合共識，清楚明白執行事項，故無須不斷地動員、開會。至於其他周邊功能團體如慈青、慈警會等亦同此理。」（註三）

「功能太過細分專精，容易使人執著於一方，堅持為某種功能團體安排種種活動，也會過於勞動人力。」（註四）

「慈青、慈少、慈幼等都是社會的希望種子，都要予以教育、關懷；可將之統合編為教育一類，莫分散而各自動員開會、活動，可由教聯會老師等一群觀念正確者專門負責，有活動時請委員、慈誠配合，籌畫、行事可較為簡潔。」（註五）

緣於 上人在講述慈濟社區功能團體整合概念時，主要以教育功能團體為例，因此，宗教處人文教育室在請示整合原則之後，立即著手社區教育功能團體的整合規畫。首先，訂定教育功能團隊整合之實務如下：

一、教材整合　資源共享

二、共修整合　道氣增長

三、會議整合　意見相通

四、活動整合　接引恆常

統一教材列為整合的第一步。藉由「菩提種子編輯委員會」的成立，統整全國的「靜思語教學」教材，讓不同教育功能團體之間，利用共通的教材做媒介，一起共修、開會、辦活動，以最自然的互動語言、交流方式，達到組織整合的目的。同時，也讓人力、人才不再重複動員；不同教育功能團體之間透過合作的機會，逐漸達到人心整合的目的。

教材統整逐步進行的同時，社區教育功能團體的整合，也漸漸啟動。在宗教處的規畫中，就是希望教聯會、慈青、兒童班、慈少、大愛媽媽等社區教育功能團體，能藉由共修、會議、活動的共同辦理，慢慢形成一個社區教育功能團隊，對內彼此分工合作，共同承擔任務；對外單一窗口協調事務。這就是「歸類功能」。

上人期待大家不僅只是投入教育志業，除了對內要做組織運作整合，對外還要和社區組隊做「四大合一，八法合群」的緊密結合，換句話說，也就是普遍協助其他志業，如：慈善、環保、醫療、人文等。這就是「普遍協助」。

其次，在實務工作漸漸整合下，也同時逐漸達成整合之目標：

一、人才整合　智慧互長

二、人力整合　增加力量

三、人心整合　法髓一貫

在這樣的運作模式下，慈濟社區教育功能團隊，不但要在「合心、和氣、互愛、協力」的精神下，彼此獨立運作、菩薩招生、人才養成，同時又能相互支援、精簡人力、法髓一貫，這也是慈濟社區教育功能團隊長期發展的目標，期待大家有志一同，朝此方向努力。

●註一至四：有關「歸類功能，普遍協助」，上人開示內容，擷取自《二〇〇九年．春之卷　證嚴上人衲履足跡》三月二日【全球慈濟人建立單純架構——不固守局限於單一功能團體，投入組隊將良能擴及於四大八法印。】第六二三、六二四、六二五、六二七頁。

●註五：此段上人開示，擷取自《二〇〇九年．春之卷　證嚴上人衲履足跡》三月四日【全球慈濟人建立單純架構——宗教處法水入心、統籌志工，謀合共識、向外布達凝聚種子人才帶領。】第六四七頁。

慈濟教師聯誼會暨慈濟大專青年聯誼會全球分布

慈濟宗教處提供

慈濟教師聯誼會全球分布

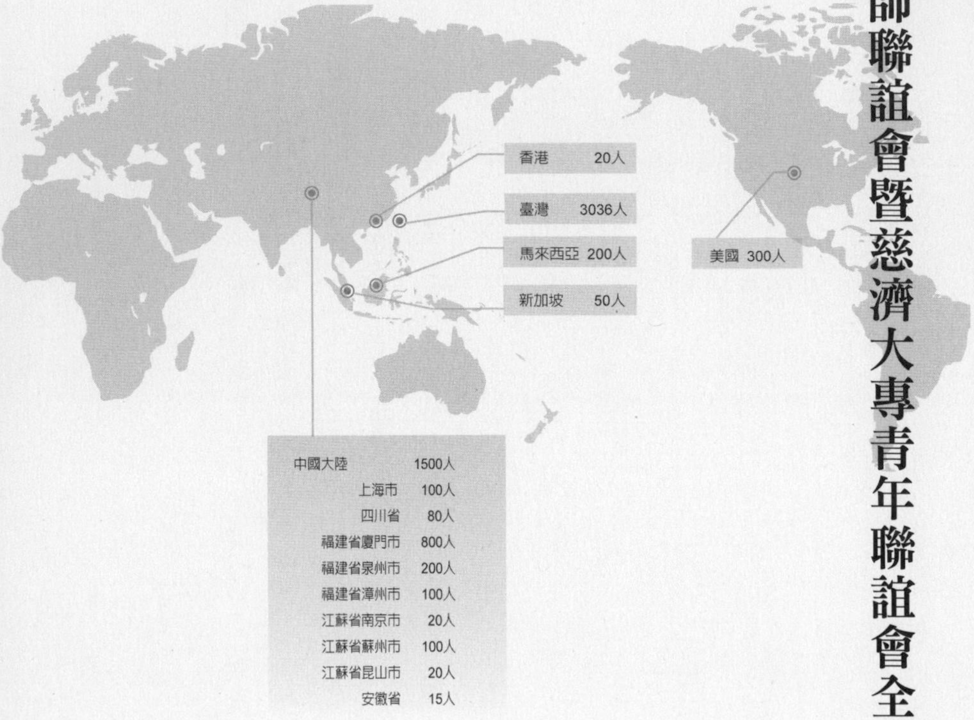

慈濟大專青年聯誼會全球分布

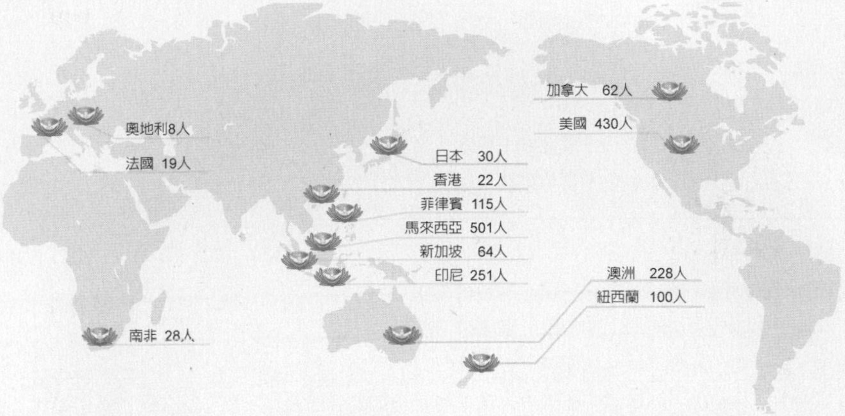
加拿大 62人
美國 430人
奧地利8人
法國 19人
日本 30人
香港 22人
菲律賓 115人
馬來西亞 501人
新加坡 64人
印尼 251人
澳洲 228人
紐西蘭 100人
南非 28人

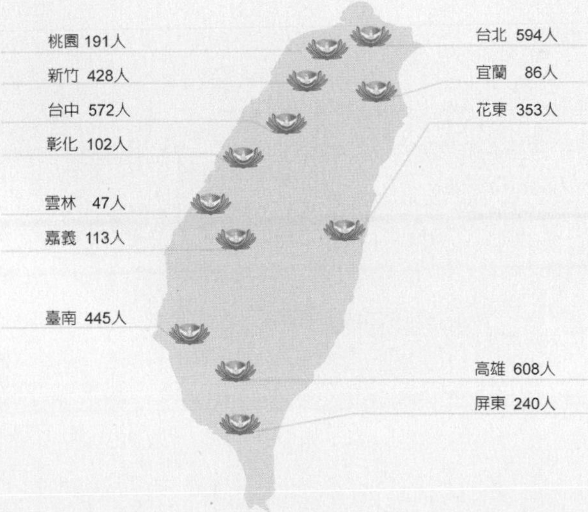
桃園 191人
台北 594人
新竹 428人
宜蘭 86人
台中 572人
花東 353人
彰化 102人
雲林 47人
嘉義 113人
臺南 445人
高雄 608人
屏東 240人

國家圖書館出版品預行編目（CIP）資料

品格學堂二十年／羅世明、陳寶滿、林如萍等作.
——初版.——臺北市：慈濟傳播人文志業基金會，
2012.07　495面；14.8×21公分
ISBN 978-986-6644-69-6（平裝）
1.德育　2.品格
528.5　　101013230

品格學堂二十年

創辦人／釋證嚴
發行人／王端正
總編輯／王志宏
總策劃／何日生
策劃／曾裕真、曹芹甄（慈濟基金會宗教處人文教育室）
羅世明（慈濟基金會人文志業發展處）

叢書編輯／涂慶鐘
編輯群／賴睿伶、黃基淦、羅世明、郭乃禎、沈昱儀
張晶玫、張明玲、沈國蘭、陳國麟、莊敏芳
作者／羅世明、陳寶滿、林如萍等
資料彙整／陳美純、林厚成、胡淑惠、黃玉慈、白如璐
校對／塗美智、洪綺伶、葉金英、黃玉慈、高玫、高芳英
行政編輯／林孟學、姚欣妤
美術編輯／林家琪

出版者／慈濟傳播人文志業基金會
地址／11259臺北市北投區立德路2號
電話／02-28989991
劃撥帳號／19924552
戶名／經典雜誌
製版印刷／新豪華製版印刷股份有限公司
經銷商／聯合發行股份有限公司
地址／23145新北市新店區寶橋路235巷6弄6號2樓
電話／02-29178022
出版日期／2012年 7月初版一刷
2013年 2月初版六刷
定價／新臺幣350元
ISBN 978-986-6644-69-6